교육을 위한 작은 흔적

교육을 위한 작은 흔적

황인수

국학자료원

교육은
누군가의 희생으로

주제넘게 인생을 반추하는 자서전을 냈습니다. 공직생활 36년 동안에 겪었던 체험들을 담았습니다. 더러는 후회스럽고 더러는 보람도 있었습니다. 시골에서 태어나고 자라서 천학하고 비재합니다. 재주가 없으니 중언부언한 졸작입니다. 내놓기가 부끄러웠습니다. 그래도 제가 태어나 살았다는 흔적을 기록해보았습니다.

환경은 정상적인 교육과정을 밟을 수 없었습니다. 형님 덕분에 고등학교는 졸업했지만 이후는 대책이 없었습니다. 희망이라면 자원입대밖에 없었습니다. 그러나 입대도 어려워 탈락했다가 기사회생하여 훈련할 수 있었습니다. 전방으로 배치되어 어려웠지만 원만한 군대생활을 하였습니다. 군대에서 책임의 중요성을 실감하였습니다.

제대를 앞두고 향후가 캄캄했습니다. 고민을 거듭했습니다. 남보다 많이 배우지 못한 한계를 느끼면서 육하원칙의 원리를 생각하였습니다. 그때부터 누가, 언제, 어디서, 무엇을, 왜, 어떻게 란 육하원칙의 5

가지는 영어 첫 음이 'W 더블유'로 시작됩니다. 그런데 'H'로 시작되는 '어떻게'는 왜 'W'가 아닌가를 생각했습니다.

이 원칙은 문장과 수사할 때 지켜야할 기본입니다. 때문에 보도기사 등의 문장에 반드시 적용됩니다. 즉 주인공, 시기, 장소, 목적, 이유 등을 구체적으로 적시하는 문장의 요건입니다. 그럼 'HOW'의 의미는 무엇일까? 개성입니다. 사람마다 같은 일도 추진하는 방법이 다릅니다. 개성은 유학에서 천명을 일컫는 성을 말합니다.

나의 '어떻게'는 공무원의 길입니다. 산림직·행정직에 합격했습니다. 지역교육청으로 발령을 받았습니다. 시군교육청과 도교육청에서 교육을 위해 정성을 바쳤습니다. 정년을 맞아 여생도 한 길을 걷기로 마음먹었습니다. 내가 가진 모든 것을 용정중학교에 쏟았습니다. 우리나라에 하나 뿐인 사립중학교를 운영하고 싶었습니다.

건학이념은 전인교육입니다. 한국의 중·고교는 SKY 진학을 위해 암기교육에서 벗어나지 못했습니다. 이를 극복하려면 바른 습관과 가치관을 기르고 꿈과 추억을 가꾸는 청소년기를 만들어주는 것입니다. 즉 자기주도적 학습능력을 길러 어떤 입시제도에도 대처하고, 사회인으로서 살 수 있는 교육을 실현하자는 게 나의 목표입니다.

교육은 누군가의 희생 없이 저절로 이룰 수 없습니다. 오늘의 용정중학교로 도약하게 도와주신 분들의 덕입니다. 다만 저는 '人'을 갖추지 못했음을 후회하며 이 작은 흔적을 남깁니다. 구술을 정리해주신 김승룡씨와 책이 나오게 도움을 주신 위정철 선배님께 감사드립니다. 끝으로 「용정중학교 20년사」도 발간하려합니다.

진정한 의미의
전남교육 50년사

前 전라남도 목포교육지원청

교육장 이 기 홍

필자는 95년 5월 9일부터 지금까지 황인수씨와 관계를 맺으며 지내 왔다. 그동안 기획감사담당관, 관리국장, 부교육감으로 모셨으며, 퇴직해서는 학교법인 보성학원 설립자이자 이사장으로 용정중학교 교장으로 관계를 맺으며 거의 한 세대에 가깝도록 살아왔다.

황 설립자는 한 말로 전남교육사에서 가장 독특한 인물이다. 전에도 이런 사람은 없었으며, 단언컨대 앞으로도 이런 사람은 나타나지 못할 것이다. 황 설립자가 일하는 방식은 마치 모래알 속에서 금을 찾는 것과 흡사하다. 그 누구도 생각하지 못할 일을 기획하고, 그 누구도 감히 시도하지 못할 방법으로 일을 추진한다.

처음에는 그 엉뚱함에 화가 나다가도 점점 스스로 만들어져가는 완성체에 나도 모르게 감탄하고 탄복하고 스스로 빠져들어 그것을 기어이 끝장을 내고야 마는 일하는 방식, 황 설립자와 직접 근무해 보지 않는 이는 아무리 말해도 이해 할 수가 없다. 우리는 흔히 어떤 일을 시작할 때 어렴풋이나마 가능성을 타진하고 시작한다.

그런데 황 설립자는 절실성의 강도를 확인하고 시작한다. 그것이 현실을 변화시킬 수 있다면 만난을 무릅쓰고 도전한다. 그 결과가 말단 교육행정직으로 출발해 부교육감으로 일단 마무리하고서 종국적으로는 독특한 학교법인 보성학원의 설립자로 나타났다.

가난한 농가의 막내로 태어나 타고난 운명을 거역하였기에 새로운 운명을 창조해 냈고, 전남교육은 그의 운동장이 되어 그가 펼치는 곡예사의 기예에 가까운 교육 행정력에 힘입어 전국적인 관심을 끌었다. 처음으로 추진한 시도교육청 평가에서 전국 1위라는 성과를 거두었는데 이는 순전히 황 설립자의 공이다. 당시 필자는 그 일의 한가운데서 조석으로 황 설립자의 지시를 따랐다.

한 번은 황 설립자가 용정중학교를 설립하고 교색을 무슨 색으로 하면 좋겠는가하는 의견을 구해 왔다. 설립자님이 기르고자 하는 인간이 파란 녀석은 파랗게 기르고, 빨간 녀석은 빨갛게 기르고 싶다고 하셨지 않느냐며 무지개 색으로 하면 좋겠다고 답했다. 며칠을 고민하다 결국은 무지개 색으로 했다. 전국적으로 교색을 무지개 색으로 채택한 한 학교는 용정중학교가 최초일 것이다.

해남교육청 관리과장으로 근무 시 4개 지역교육청 친목회 날 배구장이었던 체육관을 단 5분 만에 회식장소로 만들어버린 일화는 황 설립자가 자기에게 주어진 일을 어떻게 대하고 처리하는 지를 극명하게 보여준다. 이런 자세는 황 설립자가 어떤 곳에 근무하던 어느 위치에 자리하던 공직이 끝날 때 까지 이어지고 학교를 설립하고 운영할 때는 더욱 전문화되고 더욱 절실해 진다.

일을 대하는 진정성과 일을 처리하는 열정성은 황 설립자가 이 회고록을 통해 우리에게 말하고자 하는 것의 전부라고 생각한다. 누가 뭐래도 황 설립자는 전남교육의 전설 그 자체이다. 당신이 설립한 용정중학교가 당신의 소망대로 또한 당신의 어머니와의 약속한 대로 훌륭한 특성화 중학교로 남기를 기원한다. 보성강 물이 결코 바다를 포기하지 않듯이 용정중학교가 황 설립자의 하에 가까운 소망을 결코 외면하지 않기를 바라마지 않는다.

이 책은 그대로 한권의 전남교육사의 한 단면을 보여준다. 젊잖게 미사여구로 다듬어진 교육사가 아니라 속살이 다 내다보이는 진정한 의미의 전남교육 50년사로 볼 수 있다. 투박한 문체로 두려움 없이 써내려간 이야기가 종국에는 입가에 미소를 머금게 한다.

공직사회의 이전투구식 경쟁과 부조리를 고발하면서도 공직사회가 잉태시킨 조국의 번영을 은연중에 보여준다. 황 설립자를 통해 조국이 걸어왔던 교육계의 아픈 모습을 볼 수 있다. 회고록 출간을 축하하며 건강이 여의치 않는데도 발간한 마음을 고귀하게 모신다.

열정과 희생의
헌신적 노력

학교법인 보성학원 이사
용정중학교 총동창회 학부모회장 현 병 두

2003년 여름에 경북 영천에서 대구시로 이사할 때 저의 쌍둥이 자녀들은 영천관내 중학교 2학년생 이었습니다. 이사한 집 부근에서 전학할 마땅한 학교를 알아보려 수소문해봤지만 적당한 곳이 없었습니다. 하여 2학기도 영천 학교에 다니고 내년에 생각해보자고 했지요.

연말 즈음에 강수돌 교수의 '나 부터 교육 혁명'이란 책 말미의 전국 대안학교 안내 리스트에서 용정중학교를 찾아내고 홈페이지에 들어가 보니 마침 3학년 편입 안내가 있어 애들과 의논해 지원하였고 3월에 입학하여 당시 황인수 교장선생님과의 만남이 시작되었습니다.

선생님의 첫인상은 온화하지만 빈틈없는 완벽주의자라고 느꼈습니다. 천리타향에 어린애 둘을 떼어 두고 돌아서니 한동안 마음이 황량했는데 며칠 후 애들이 전화해서 선생님들도 친구들도 너무 좋고 재밌다 하여 시름을 놓았습니다. 재학한 1년 동안 각종 예능 특활과 국선도, 지리산 종주, 중국 수학여행 등으로 심신을 단련하여 성장기의 가장 중요한 시기에 참으로 훌륭한 가르침을 받았습니다.

교장선생님은 전인교육, 인성교육을 강조하시며 학생들의 옷매무새, 말씨, 걸음걸이며 식사습관도 늘 눈여겨보시며 지적해주십니다. 그리시며 늘 인자한 미소로 아이들을 보듬어 주십니다. 체육대회, 가을축제, 졸업식 등의 행사로 학교를 방문하면 학생들의 해맑은 표정과 절도 있고 예의바른 행동에 감동합니다. 용정에 가면 '이런 학교도, 이런 교육도 있을 수 있구나' 하는 생각을 합니다.

학교 설립과 운영의 고단함을 어찌 제가 가늠 하겠습니까만, 오늘의 용정중학교가 있기까지 설립자님의 열정과 희생과 헌신적 노력은 자세히 듣지 않아도 가히 짐작이 되지요. 학교에서 선생님들과 학생들과 기숙하시며 일체의 사생활을 포기하시고 학교의 발전을 위해 불철주야 애쓰신 흔적들이 교정의 곳곳에 묻어 있습니다.

학부모들의 화합을 위해 산우회를 운영하고, 졸업생 학부모 동창회를 조직하여 앞날은 준비하셨습니다. 코로나 사태로 근년에 활동이 중단되었지만 조만간 재기하기를 기대합니다.제가 모임에 참석할 때마다 멀리서 다니느라 고생한다고 손수 담그신 복분자주도 남몰래 건네주곤 하셨는데 구실은 제대로 하지 못해 늘 죄송합니다.

회고록이 준비되었다고 하셔서 원고를 받아 보니 제가 뵙기 전의 설립자님의 인생이 그려져 있습니다. 어려운 환경을 딛고 일어서 탁월한 교육행정가로 성공하기까지의 일화들의 묶음인데 배울 점이 많고 재미도 솔솔 합니다. 넓고 긴 안목으로 기획하고, 빠른 상황판단과 기발한 재기로 문제를 해결해 나가는 대목들이 교훈적입니다.

눈물 많은 설립자님의 온화한 성품에 강직한 심지가 돋보입니다. 36년을 공직에 근무하시면서 멸사봉공의 길을 걸으셨습니다. 많은 공직자들이 참고하여 마음수련에 노력하면 좋겠습니다. 회고록에 이어 '용정 20년사'도 준비하신다니 기대됩니다만, 건강 생각하셔서 너무 서두르지 마십시오. 아무쪼록 치료 잘 받으셔서 쾌차하십시오.

책 속의
선생님께

용정중학교 10기 졸업생

손 하누리

선생님의 저서전이 나오기를 손꼽아 기다리면서 설레고 기쁜 날들을 보내고 있습니다.

저희 제자들에게 선생님은 인생의 큰 한 막을 함께한 분이면서도, 항상 학교와 학생에 대해 말씀하시느라 당신 이야기는 물어볼 틈이 없어서 많이 아는 것처럼 보이나 사실은 모르는 것도 많은 분입니다.

작은 학교를 지키던 선생님의 존재감은 아주 짙어서, 우스운 이야기지만 저는 선생님께서 언제나 제가 기억하는 그대로인, 은색 머리의 무게 있고 다정한 모습으로 몇 십 년이고 살아오셨을 것 같다는 생각을 합니다.

그래서 뇌리에 어린 선생님을 떠올려 보려고 해도, 무게 있고 다정한 채로 덩치만 줄어든 사람을 생각해 낼 뿐입니다. 선생님을 처음 만났을 때의 저처럼, 선생님께서도 비를 맞으면 웃음이 나오고, 말하느라 날이 지나는 줄 몰랐던 순간들을 가지고 계시나요?

저는 여전히 쉽게 상상할 수가 없어서, 전학 오는 친구를 처음 만나는 날처럼 설레면서 선생님의 이야기를 기다리고 있습니다.

선생님. 기억 속에서 커다랗던 많은 것들이, 제가 자라면 자랄수록 작게 보이기 시작합니다. 운동장, 교정의 나무, 단상과 같은 것들이 그렇습니다. 그런데도 선생님만은 점점 더 크게 느껴지는 이유는, 시간이 지날수록 당신이 걸어오신 길이 얼마나 대단한 것인지를 알게 되기 때문입니다.

요즘의 저는 모르는 것 투성이라 선생님의 이야기가 더 궁금합니다. 지금의 제 나이이던 선생님은 앞을 바라보며 어떤 질문을 던졌고, 어느 순간에는 결국 답을 찾으셨나요?

학교를 벗어나 가장 달라진 점은 모르는 문제를 여쭤볼 선생님이 더 이상 없다는 사실입니다. 그래서 지금 책 속의 선생님께 질문할 기회를 어느 때보다 기쁜 마음으로 반기고 있습니다.

마지막으로 오랜 시간을 들여 만들고 고친 글이 세상에 나오게 된 것을 진심으로 축하드립니다. 또, 이미 많은 것들을 이루신 후에도 멈추지 않고 뒤따르는 저희들에게 모범을 보여주셔서 너무 감사합니다. 저 역시 선생님께 부끄럽지 않은 제자가 되도록 꿈을 좇으며 바르게 살겠습니다.

항상 건강하시길 바랍니다.

차 례

| 프롤로그 |
출생과 어린 시절의 기억

| 제1장 |
주경야독! 병아리 공무원

| 제2장 |
교육현장개선

| 제3장 |

전남교육발전계획수립

| 제4장 |
공직을 마감하면서

| 부록 |
연구자료

아버님 황내연(黃來淵)

어머님 김연애(金連愛)

출생과 어린 시절의 기억

선대의 어르신들은 원래 보성군 복내면 장천리 평주부락에서 사셨지만, 나의 부모님은 1943년 초, 외가가 있는 조성면으로 이사했다. 나는 아버지 황래연(黃來淵)과 어머니 김연애(金連愛) 슬하에서 2남 1녀 중 셋째(막내)로 1944년 7월 4일 태어났다.

호적(주민등록)에는 43년 7월 4일생으로 되어있는데 당시 부모님께서 이장에게 출생신고를 부탁하면서 몇 살이라고 하니 이장이 우리가 세는 나이를 그대로 면에 신고하여 1년 차이가 나게 되었다.

초등학교를 다닐 때 학교 뒤에 외갓집이 있었는데 아주 좋은 기와집이었다. 춥거나 비가 오거나 눈이 내리면 외할머니가 학교 정문에서 기다리시다가 외갓집으로 데려가 밥을 먹이고 놀게 하였다.

내가 초등학교 3~4학년 때 일이었다. 형님이 순천사범학교 병설중학교에 다니고 계셨는데 형님 친구가 기차 터널에 떨어져 사망하는 사건이 일어났다. 그런데 그 사건에 형님이 연루되었다. 사망한 형님 친구가 형님 모자를 가지고 있어서 문제가 일어났다. 어머님께서는 큰 충격을 받아 중풍으로 쓰러져 한 쪽을 못 쓰게 되었다.

1975년 어느 산사에서 필자

그때부터 어머님의 머리 손질을 내가 하게 되었으며 집안 형편은 말이 아니었다.

그 일이 있은 후, 형님은 광주에 있는 고등학교에 진학하였고, 나는 집에서 일을 하게 되었다. 가정형편 때문에 형님은 이른 나이인 고등학교 2학년 때 결혼을 하셨다. 그때부터 형수님이 집안 살림을 맡게 되게 되면서 지금까지 고생을 많이 하셨다. 현재는 고향집에서 슬하에 4남 2녀를 두었으며 평안히 사신다.

외삼촌은 일제 강점기 일본에서 사시다가 오신 분이다. 그래서 그 시절에는 보기 드문 신사고를 하고 계셨다. 초등학교 졸업 후 중학교에 진학하지 못한 나를 한시도 놀리지 않으셨으며, 주판을 가르쳐 주셨다. 한 번은 점심때가 지나서 내가 집에 들어가자 형수님이 둥그런 상에 식사를 차려 주셨다. 이를 보신 외삼촌이 '사내 대장부는 네모 반듯한 상에 김치도 반듯하게 새로 썰어 내와야 한다'고 하셨다. 나는 형수님께 미안하였다.

그 후로도 모내기 할 때면 나를 찾으셔서, 여러 가지 잔심부름을 부탁하셨으며, 틈나면 책을 읽도록 하셨다. 모내기를 할 때 나는 못줄을 많이 잡았는데 다른 집보다 넓게 하라고 하시면서 '촘촘하게 많이 심는다고 수확이 많이 나오는 건 아니다'라고 조언해 주셨다. 지금껏 살아오는 동안 외삼촌의 영향을 많이 받았다고 생각된다. 농사가 끝나고 일이 없는 겨울에는 서당을 다니면서 명심보감과 소학을 배웠다. 그때 서당의 하루 일과는 새벽 5시경에 시작되었다. 일어나 불을 켜지 않고(당시 석유 등잔불) 전날 배운 내용을 훈장님께 외워 바친다. 그리고 그 뜻도 외워 바친다. 배운 사람들이 다 외워 바치면 불을 켜고 그날 읽을 내용을 가르친다. 그러니까 전날과 다음날 배울 곳의 한자를 옥편을 찾아 책에 메모한다. 그날 읽은 것을 배우고 나면 각자 집에서 아침 식사를 하고 바로 서당으로 간다. 서당에 오면 훈장님이 붓글씨를 가르친다. 요즘 신문지 한 면 정도의 크기에 왼쪽에 내려 한 줄을 써주신다. 그러면 우리는 위에서부터 글씨 연습을 한다.

글씨 연습이 끝나면 쉬는데 마당에 나가 제기차기 등 여러 가지 활동을 한다. 낮 시간은 읽기와 쉬기를 반복하며 새벽에 배운 내용을 외워야 한다. 물론 뜻까지 외워야 하며 저녁 9시까지 하다 잠을 잔다. 낮에는 방에서 우리끼리 책을 읽는데 그때 훈장님은 밖에서 일을 하시거나 마루에서 주무시는데 가끔 '야~ 누구 왜 책 읽지 않느냐?' 하고 학생들 목소리 그리고 누가 어디를 배웠는지를 다 알기 때문에 가능하였다.

그런데 그때 서당에는 훈장님의 둘째 손자도 함께 공부했다. 큰 손자는 우리 교육계 일반직으로 계셨던 故허산행 선배님이시다. 특히 둘째 손자가 조성에서 보성까지 보성중학교를 통학하는데 저녁 7시경에 학교에서 돌아와 저녁밥을 먹은 뒤엔 훈장님이 불러 함께 글을 읽도록 한다. 그러면 그 친구는 한두 번 읽다가 간다. 그리고 그 다음날 새벽 5시에 와서 전날 배운 내용을 자기 할아버지인 훈장님에게 외워 바친다. 그때 우리 모두는 깜짝깜짝 놀랐다. 졸리면서 외우는데 대단하였다.

우리는 종일 서당에서 그것만 외우는데도 소학 2장 정도 배워 외우는데 그 친구는 5~6장을 배워 가지고 그것을 하나도 틀린 곳 없이 외워 바친다. 그리고 그날 외울 것을 배운 다음에 밥을 먹고 학교를 갔다.

당시 우리들은 그 친구를 천재라고 하였는데 보성중학교를 졸업하고 광주일고를 거쳐 서울대 사범대를 나와 교육부 편수관으로 근무한다는 소식을 나중에 들었다.

우리 용정중학교는 서당식 교육을 벤치마킹(Benchmarking)하여 영어 교실을 운영하고 있다. 한문과 영어는 문법의 구조가 비슷하기 때문이다. 중학교 1학년과 2학년 교과서에서 나오는 단어는 기본단어이며, 특히 숙어는 기본 숙어로 이는 덩어리로 이루어지는 것이다.

영어는 주어 다음에 바로 동사가 나오는데 우리말은 주어 다음에 동사가 바로 나오는 것이 아니라 끝부분에 나온다는 것이 다르다는 것을 반드시 알아야 한다. 그런 이유로 1~2학년 교과서를 외우도록 하는 교실을 운영하고 있다. 영어 시험이 일정 점수 이하인 학생과 희망자에 국한하여 저녁에 주 2시간씩 별도로 운영하고 있다.

우리 학교의 별난 서당식 영어교실 운영 사실을 들은 서울대 교수가 전화로 서당식 영어 교육에 대하여 관심을 보이면서 하게 된 동기를 문의하여 답변하였다. 교수는 잘 생각하였다면서 이스라엘에서도 옛날 서당식 교육에 대하여 많은 관심을 가지고 있다고 하였다.

서당에 다닐 때는 잊을 수 없는 에피소드가 많다. 봄여름이 되면 낮에는 주로 산에 가서 땔감 나무를 해오는 등 농사일을 주로 하였다. 서당에는 주로 밤에 다니는데 친구들과 함께 인근의 참외밭에 가서 몰래 서리를 할 때도 있었다. 참외 서리는 깊은 밤에 하는데 골에 엎드려 참외 넝쿨을 통째로 잡아당겨 참외를 따오곤 하였다. 그런데, 주인이 제발 참외를 따가더라도 넝쿨을 건드리지 말아 달라고 당부하는 팻말을 꽂아 두기도 했다.

겨울에는 저녁이면 가끔 닭서리를 갔는데 3명이 같이 다녔다. 조성에서 산 넘어 겸백까지 갔다. 먼저 한 명이 담 넘어 들어가 사립문을 열면 나머지가 들어간다. 제일 먼저 사립문 옆에 있는 변소에 사람 있는가를 확인한 다음 장독대로 가 빈 장독을 들어 마루 위 방문 앞에 놓는다. 이는 문을 못 열게 하고, 열었을 경우 장독이 깨지니까 시간을 벌기 위한 방법으로 고안한 꾀였다. 그리고 닭장에 향을 피우고 닭장 문을 열고 닭을 잡는데 날개 밑 가슴 있는 곳을 세게 잡으면 닭이 소리를 못 낸다. 그런 후 목을 틀어 숨을 끊는다. 2마리 정도 잡아 자루에 넣고 와서 다음 날 저녁에 털을 뜯고 불을 지펴 털을 사르는 방법은 냄새가 나니 쓰지 못하고 뜨거운 물에 튀겨 털을 뜯어 죽을 쒀 먹는다. 그때 잡히지만 않으면 참으로 스릴 넘친 재미가 있었다.

상(上)일꾼 세가지 조건

20대 외사촌들은 광주와 서울 등지에서 중·고등학교와 대학을 다니고, 형님도 광주에서 고등학교를 다녔는데, 나만 촌에서 일을 하고 있었다. 그때 외삼촌께서는 "일을 하려거든 확실하게 해라. 공부는 학교를 가지 않고서도 노력하면 할 수 있으니, 독학으로라도 열심히 하면 된다. 일이면 일, 공부면 공부, 뭐든지 확실히 해라. 그렇지 않으면 반거지, 건달이 된다."라고 하셨다.

일꾼이 되려면, 외삼촌이 바라는 상일꾼이 되어야 하는데, 상일꾼은 세 가지를 잘하여야 한다. 첫째, 쟁기로 논밭 가는 것, 둘째, 도리깨질(도리깨로 콩, 밀 등 곡식을 마당에 깔고 두드려서 알곡을 수확하는 것), 셋째, 장군질(대변과 소변을 나무로 만든 통에 담고 밭에 가져가 거름으로 사용하는 것)을 말한다.

그런데 소로 논밭 가는 것과 도리깨질하는 것은 배워서 할 수 있었는데, 장군에 대변과 소변을 합친 똥물을 담아 지게에 져 밭으로 옮기는 것은 참으로 힘들었다. 힘이 달려 통에 절반만 담아 지게에 지고 가는데 통 안의 똥물이 출렁거려 걷기가 힘들었다. 상머슴들은 원래 장군 똥물을 통을 가득 채워서 가면 출렁거리지 않고 잘 걸을 수 있었지만, 나에게는 너무 무거운 것이어서 걷지를 못하였다.

15세에서 17세까지는 농사일과 땔감을 해오는 일이 주였는데, 한 1년간은 광주에 가서 친구와 같이 자취하면서 여러 가지 경험도 쌓고, 일자리도 알아보고, 자치제에 대비하여 속기사 공부를 하기도 했다.

그러나 '이렇게 해서는 안 되겠다'라는 생각으로 다시 집으로 돌아와 농사일도 도우며 광주에서 알게 된 통신 강의록으로 공부를 다시 시작했다. 검정고시로 중학과정을 마친 후, 다시 광주에 올라가 고등학교 공부를 하였으나 경제적인 형편 때문에 학교를 다니다 그만두기를 반복하게 되었다. 그때 고등학교를 졸업하고 군 복무를 마치지 않은 채 취직하였던 형님이 5·16 군사정변으로 군대에 끌려갔다. 형님은 군 제대를 한 후 집에 계셨는데 일을 전혀 할 줄 몰랐다. 하루는 형님께서 집안일은 당신께서 할 테니 내게 고등학교 과정을 마치고 졸업이라도 하라고 하셨다. 그래서 나는 다시 공부를 시작해 뒤늦게 학교를 마쳤는데, 친구들보다 3년이나 늦게 보성 농업고등학교를 졸업하

형님 장례를 마치고 형님 가족들과 가족사진

게 되었다. 돌아보면 형님 덕분에 고등학교를 졸업하여 지금의 내가 있지 않은가 생각하니 2021년 1월 10일(83세) 작고하신 형님께 감개무량한 마음이 앞선다.

고등학교 다닐 때 수학과 국사를 좋아하니, 선생님께서 가정형편으로 대학을 못 가게 되면 육군사관학교에 가면 어떠냐고 하셨다. 그러나 육사는 직업군인이라는 것을 아시게 된 어머님이 극구 반대하셔서 지원도 하지 않았다. 육사를 지원하였더라도 시험에 떨어졌을 것이다.

70년도에 내가 동명동 도교육청에 근무할 때에도 외삼촌께서는 공무원의 자세와 성실, 청렴에 대해 말씀해주시면서 늘 마음속 깊이 새기면서 근무하라고 하셨다. 나는 외삼촌께 '꼭 명심하겠습니다.' 그리고 '꼭 성공하여 보답하겠습니다.'라고 답변하였다.

이런 인연으로 외갓집 형님과 이승 조카와는 자주 전화하고 있다. 최근 몸이 불편하여 힘들게 지내고 있는 나를 외사촌 김경열 형님네 조카가 가끔 찾아주어 참으로 고맙게 생각하고 있다. 서울에 있는 김영열, 김한열 외사촌 동생과도 자주 전화를 하고 있다. 특히 이승 조카는 자주 집에 들르고 병원에 갈 때도 도움을 주고 있다. 나에게 외갓집은 큰 힘이 되었고 지금도 되고 있다.

외삼촌이 돌아가셨을 때, 내 친구 모임(광장회)에서 여럿이 조문을 와서 마음속으로 엄청 고맙고 좋았다. 모임 규칙이 부모님이 돌아가시면 부의하도록 되어 있었다. 부모님이 이미 돌아가신 회원의 경우는 당사자가 정한 분에게 부의를 하도록 되었는데, 외삼촌이 돌아가셨을 때, 이 사실을 모임에 알렸기 때문이다.

자원해 입대한 군대 생활

1964년 2월, 고등학교를 졸업하게 되었는데, 나는 졸업식에 참석하지 않고 일반병으로 64년 2월 초에 머리를 빡빡 짧게 깎고 광주훈련소에 자원 입소하였다. 머리카락을 빡빡 밀고 훈련소에 입소하였는데 신체검사에서 불합격을 받았다.

팔뚝에 '귀향'이라는 도장을 찍어주면서 집으로 가라고 하는데 나는 집으로 가지 않고, PX에 가서 최고급인 아리랑 담배 한 보루(담배 열 갑을 마분지로 만든 딱딱한 사각 케이스)를 샀다. 그 담배를 군의관에게 주면서 "저는 지금 군대를 꼭 가야 하므로 도와주세요" 하면서 부탁하였다. 그랬더니 그때 군의관이 하는 말이 "다른 사람은 군대 가지 않으려고 하는데, 저 놈은 별놈이다."라고 말하면서, 난로 가에 가서 앉아 있으라고 하였다.

당시 나는 대학은 갈 수 없는 형편이고 군대를 가지 않으면 농촌에서 일을 해야 하는 처지이기에 반드시 입대하여야 했다. 그래서 조금 앉아 기다리고 있는데 잠시 후 군의관이 불러서 갔더니 '합격'이라고 하였다. '고맙다'고 말하였다. 다른 입소자와 함께 군에 입소할 수 있게 되었다. 비록 정상적으로 이루어진 것은 아니지만 나에겐 행운이었다.

내가 입소하던 해는 31사단에 신병훈련소가 들어선 지 2년째인데 주요 훈련 이외에는 상당 시간을 훈련소의 각종 훈련장을 만드는데 동원되었다. 훈련 대신 하루 종일 훈련장을 만드는 작업을 한 것이다.

그해는 유난히 비가 오지 않았다. 쉬는 동안 물을 쉽게 먹을 수 없었다. 훈련병들이 위에서 소변을 보면 그대로 개울로 내려가는데도, 훈련병 대부분은 그 개울물을 머리를 숙여 짐승들처럼 먹었다. 그러나 신기하게도 배탈이나 피부병을 앓은 병사는 없었다.

훈련받을 때는 초병이었는데 배기 너무 고팠다. 히루는 저녁 보초 당번이었을 때, 시간이 끝나 함께 임무를 선 초병과 식당으로 항고를 가지고 갔다. 식당에 가서 보니 큰 솥뚜껑 위에 썰어놓은 어묵이 있었다. 항고에 어묵을 담아가지고 나와 2명이 실컷 먹었고 남은 것은 사물함에 놔두었다. 그런데 새벽이 되니 설사가 줄줄 나와 힘들었다. '이게 인과응보인가.' 사물함에 감춰둔 어묵은 해결 방법이 없어 화장실에 가서 대변 통에 버렸다.

광주훈련소에서 6주 훈련을 마치고 김해 공병학교로 갔다. 공병학교에서 또 병과 훈련을 6주간 받게 되었다. 입소 첫날 사물함 정리 후 목욕탕에 가서 목욕하고 오라고 하였으나 아무도 목욕을 반가워하지 않았다. 왜냐하면 광주훈련소 6주 동안 2~3번 목욕을 하였는데, 옷 벗고 탕에 들어가면 5분도 안 되어 빨리 나오라고 하여 모두가 싫어했던 기억 때문이었다. 주번하사 말이 서울에도 없는 좋은 목욕탕이니 한 사람도 빠짐없이 가서 목욕하라고 하여 모두가 목욕탕에 들어갔다. 참으로 놀라웠다. 천장에서 샤워기가 빙빙 돌면서 물이 나오는데, '참으로 이렇게 좋은 곳도 있구나'하고 속으로 생각하였다. 공병학교에 있을 때 매주 목욕을 한차례도 빠짐없이 다녔다.

당번이 되어 식당에 2인 1조로 밥통과 국통을 들고 갔더니 배식원이 밥통을 저울 위에 놓으라고 하기에 올려놓았더니, 부대원이 몇 명이냐고 묻기에 24명이라 대답하자 식당 밥솥이 빙 돌아 우리 밥통에 밥을 푸고, 배식원이 몇 킬로냐고 묻기에 답하니, 가져가라고 해서 밥통을 들고 나왔다. 나오면서 보니 국 배식도 식당 국솥이 돌아서 우리 국통에 붓고 있었다. 부대로 와서 대원들에게 개인별로 배식하니 충분히 나눠주고도 남았다. 광주훈련소에서는 쇠고기 국에 쇠고기는 한 점도 없었는데 공병학교에서는 쇠고기 덩어리가 많이 있어 대원들이 놀라워했다.

며칠째 훈련을 받고 있었는데 갑자기 연병장에 전체 훈련병을 모이도록 하였다. 전체가 모였는데 어떤 훈련병 한 명이 선임하사에게 끌려와서 '엎드려 뻗쳐'를 하고 있었다. 끌려온 훈련병 옆에는 양동이 2개가 놓여있었고 놓여진 2개의 양동이에는 야전용 곡괭이 자루가 들어있었다. 중대장이 '이 훈련병은 탈영하다가 잡혀왔다.'라고 하면서 여러분도 헛된 생각을 하면 안 된다고 했다. 중대장이 선임하사에게 빳다 50대를 때리라고 하자 선임하사가 한 10대 정도 때리니 탈영병은 뻗어버렸다. 그러자 선임하사는 양동이의 물을 탈영병에게 쏟아붓고, 탈영병이 움직이니까 또 때리기 시작하였다. 모든 훈련병은 침통해하며 그 장면을 외면했다. 중대장이 전 대원에게 운동장 10 바퀴를 돌게 하여 완주하고 내무반에 돌아왔으나 그 탈영병은 어떻게 되었는지 알 수가 없었다. 너무나 궁금하였다.

공병학교에서 1주일 정도 훈련을 받았을 때였다. 저녁에 잠을 자는데 꿈을 꾸었다. 어머님이 돌아가시고, 상여가 출상하려면 상여 위에 있는 연포가 떠야 하는데 내가 오지 않으니 연포가 뜨지 않는다고 동네 사람들이 말하고 있었는데 내가 거기에 나타나니 연포가 붕 뜨는 것이었다. 그러한 꿈을 꾸면서 많이 울었다. 아침에 기상하니 선임하사가 '황 이병, 오늘은 훈련받지 말고 내무반에서 쉬어'라고 하였다. 내무반에 남아 있는데 하루 종일 불안히 있었다.

그런 꿈을 꾼 뒤, 1주일 정도 지났을까 집에서 등기우편이 왔다. 뜯어보니 형님께서 소액환으로 돈을 보냈고, 편지 내용은 안부를 전하면서 건강상태를 이야기하고 마지막에 '어머님이 돌아가셨다'라고 하면서 관보를 안쳤는데 혹시 내가 집에 와서 귀대하지 않을 수 있어 그리했다고 하셨다. 편지를 받아본 후 한참을 울다가 '아 그래, 꿈도 그렇게 맞을 수가 있을까?' 생각하면서 마음을 굳게 하고 반드시 몸 건강히 군 생활 마치고 꼭 성공하겠다고 다짐하였다.

김해 공병학교에서 6주의 훈련을 마치고 101보충대가 있는 춘천으로 갔다. 101보충대에서 3일간 있다가 저녁식사 후 호송차에 12명이 타고 6시가 넘었는데 비포장인 소양강변 길을 따라 몇 시간이 지나서 도착한 곳이 강원도 인제의 3군단 소속 제1102 야전공병단이었다. 거기서 하루 저녁을 자고 다음 날 저녁을 먹고 6시쯤 12명 중 6명이 같은 호송차를 타고 또 강을 따라 달리기를 몇 시간 후에 도착한 곳이 인제군 북면 한계리(일명 원통리라고도 함)였다. 거기서 다시 2명이 호송차를 타고 강을 건너 계속 달려 도착하였는데 한밤중이었다. 다음날 기상하여 보니 거기가 한계리에서 양양군 오색으로 넘어가는 도중에 있는 장수대라고 하는 곳이었다. 지금 생각하니 그 옆에는 전두환 전 대통령이 머물렀던 백담사가 있었다.

우리 중대는 원통 한계리에서 양양군 오색약수터까지의 군 작전 도로 개통 일을 맡아서 매일 그 임무를 수행하고 있었는데 장수대에 임시 막사를 지어 여름에는 도로 개설 임무를 하고, 겨울에는 원통에 있는 중대 막사에 있으며 인제에서 마식령으로 넘어가는 도로의 정비와 눈이 오면 제설작업을 하고 있었다.

그 부대에 배치되어 2일간은 별일 없이 지냈는데 3일째부터는 전 중대원이 도로 개설 작업에 나도 함께 가게 되었다. 임무는 계곡에 있는 바위나 돌을 발파하여 경치돌이 되면 돌을 길 위로 올리는 것이었다. 작업화를 신고 M1 탄띠를 메고, 경치돌을 등에 지고 길로 올리는데 한 시간 하고 나니 등껍질이 벗겨져 시리고 통증이 심하였다. 저녁에 막사로 들어와 상병에게 좀 봐주라고 하였더니 그 상병은 며칠이 지나면 껍질이 벗겨지고 낫고를 반복하게 되는데 곧 괜찮아진다고 하면서 잘 이겨내라고 하였다. 다른 사람하는 것을 잘 보고 배워야 한다고 하면서 가마니를 구해서 잘라 등 위에 놓은 다음 그 위에 돌을 지면 좋다고 하였다. 그 가마니를 어디서 구하느냐고 하였더니, 떡집에 가서 사면 된다고 하기에 떡집 주인에게 그 이야기 하였더니 떡집 주인이 하는 말이 "군인이 무슨 돈이 있느냐! 저녁밥 먹고 어두워지면 군 막사 안에 시멘트가 많이 있으니 시멘트 한 포 가지고 오면 주겠다"라고 했다.

또 '시멘트 한 포에 시루떡 한 접시도 준다.' 하기에 그날 저녁에 그렇게 해야겠다고 마음먹었으나, 발각되면 큰일 날 것이 두려워 못하였다. 다음날 부대에 함께 온 병사가 등에 가마니를 깔고 하는 것을 보고 물어보았더니 전날 상병의 말처럼 떡집에 시멘트 한 포 가져다 주고 가마니를 구했다고 하기에 나도 몰래 시멘트를 한 포 등에 지고 떡집에 갔더니 부대원 몇 명이 떡을 먹고 있어 많이 놀랐다. 부대원들이 나에게 빨리 오라고 히서 주인에게 갔더니 고생히였다고 히면서 가마니를 주는데, 가마니 하나를 여러 조각으로 나누어서 미리 잘라 놓는 것이다. 가마니 조각을 사물함 밑에 놓고 잠을 자고 이튿날 가마니를 등에 엎고 경치돌을 운반하니 훨씬 좋았다.

그런 일을 한 달쯤 하고 있는데 선임하사가 오늘부터 작업 니가지 말고 사무실에 남아 행정업무를 보도록 하여 작전계 업무를 보게 되었다. 여름철에는 도로 개설 작업에 대한 보고서를 작성하고, 겨울에는 도로 정비 및 제설작업 보고서를 작성하였다. 주요 내용은 부대원 몇 명과 어떠어떠한 장비 몇 대로 일을 하였다면서 시멘트, 목재, 철근, 기름 등 자재의 수불(受拂) 상황을 정리하는 것이다.

겨울에는 원통에 있는 시멘트 블록으로 지은 막사에서 생활하였으며, 여름에는 장수대 계곡가에 천막으로 친 막사에서 생활하였다. 천막 막사에서는 땅바닥을 좌우로 고르고, 좌우로 고른 곳의 바닥에는 아주 작은 자갈을 깔고, 그 위에는 산에서 베어 온 비사리대를 깐 다음 그 위에 메트리스를 깔고 잠을 자는데, 여름 장마철은 계천이 넘칠까 걱정도 되고, 무덥고, 습기가 많아 힘들었다. 그래서 나는 주로 사무실에서 책상 위에 모포를 깔고 잠을 잤다.

어느 날 아침에 큰일이 벌어졌다. 중대원이 아침밥을 먹고 작업 출동을 위하여 인원 파악을 하는데 전날 전입한 신병 한 명이 보이지 않아 소대장과 선임하사가 막사와 취사장을 둘러보았으나 없어서 신경이 아주 날카로워 있었다. 나는 그것도 모르고 전날 전입한 신병을 데리고 사무실에서 모포를 정리하고 있었다. 그때 선임하사가 사무실에 와서 신병이 나와 함께 모포를 정리하는 것을 보고 매우 화가 나서 나를 워커 발로 차면서 빨리 나와 연병장에 '엎드려!'라고 하기에 무서워서 엎드렸다.

중대원들이 모두 모인 그 옆에는 야전 곡괭이 등 장비가 정돈되어 있는데 선임하사가 그 곡괭이에서 자루를 빼서 나에게 '10대를 때리겠으니 세어!'라고 하면서 엎드린 나를 때리기 시작하였다. 곡괭이 빳다 한 대를 맞자마자 나는 그 자리에서 오줌을 싸면서 쓰러져 버렸다. 그런데 그때 중대장이 출근하다가 그 장면을 보고 선임하사와 나를 사무실로 오라고 하였다. 중대장은 그 선임하사에게 사무실 바닥에 엎드리라고 하면서 중대장 책상 뒤에 있는 중대기를 뽑아 그 깃대로 선임하사를 내려치기 시작하였다. 그 장면을 보고 나는 처음에는 시원하게 잘됐다고 생각했는데 그 생각도 잠깐뿐이고, 중대장과 선임하사가 작업 출동 나간 다음에는 종일 불안하였다. 저녁이 되면 중대장은 퇴근하고 선임하사는 막사에서 잠을 잘 텐데 언제 나를 불러 때릴지 몰라 참으로 불안하게 되었다. 저녁 점호가 끝날 때까지 아무런 일이 없이 그날을 보냈다.

그런데 며칠 후에 그 선임하사가 나를 PX로 불러 과자를 사주면서 미안하게 되었다고 말하면서 앞으로 그런 일이 있어서는 절대로 안 되니 군에서 철저하게 자기관리 잘하고 요령을 부리면 안 된다고 하였다. 그 후 몇 개월이 지났는데 그 선임하사가 다른 부대로 발령이 났다. 그래 그 사실을 내가 가서 직접 말하였더니 고맙다고 하면서 나를 때려서 미안하다고 하며, 자기도 고향이 전라도라고 했다. 광주광역시 송정리 출신이었다.

병장 때 일이다. 그때는 서무계 일을 보고 있었는데 경상북도 봉화가 고향인 김진원이라는 친구가 내 조수(보조원)로 나를 도와주고 있었다. 김진원이 어느 날 나에게 '병장님!' 하면서 자기 누나가 곧 시집을 가는데 누나 결혼식 때 휴가를 꼭 좀 보내 달라고 하였다. 그런데 그 휴가를 내 마음대로 할 수 있는 것은 아니었다. 그래도 그 친구가 참 딱하여 중대장님께 그 사정을 말씀드렸더니 황 병장이 알아서 하라고 말씀하셨다.

그래서 '제가 어떻게 할 수 있습니까?'라고 하니 중대장님께서 황 병장이 사단본부에 가서 휴가증 몇 장을 얻어오라고 하셨다. 그래 며칠 생각 끝에 인제읍 제1102 야전공병단 본부로 가서 인사참모 중위에게 사정을 말하였더니 몇 장이 필요하냐고 하기에 3장을 말씀드렸다. 알았다고 하면서 "잠깐 기다려"라고 하더니 조금 있으니 3장을 주셨다. 그래 중대장님께 3장을 드렸더니 2장은 당신께서 다음에 사용하겠으니 1장은 김진원이를 휴가 보내라고 하셔서 10일간 휴가를 보내면서 반드시 1일 전에 귀대하도록 몇 번을 부탁하였는데 귀대일이 지나도 돌아오지 않았다.

그러자 소대장님이 나더러 봉화에 가서 찾아오라고 하면서 황 병장은 김진원 일병이 돌아오지 않으면 탈영병으로 처리되고 황 병장도 제대할 수 없다고 하였는데 귀대일 하루가 지나서 그 김진원 일병이 돌아왔다. 김 일병을 보니 정말 말할 수 없이 반갑고 고마웠다. 그런데 소대장이 "황 병장과 김 일병은 연병장으로 나와!"라고 하셨다. 나와 김진원 일병은 소대장님 앞에 차려자세로 섰다. 그러자 소대장은 "김 일병 빳다 20대, 황 병장 빳다 5대' 이렇게 말하면서 김 일병에게 '엎드려 뻗쳐!' 하였다.

그래서 나는 소대장에게 "소대장님 저부터 맞겠습니다."하고 소대장 앞에 엎드렸다. 그랬더니 소대장이 나보고 하는 말이 그럼 황 병장이 먼저 맞는 거야 하면서 때릴 때마다 하나, 둘, 세라고 하셨다. 그때 김해 공병학교에서 탈영병이 잡혀 와 빳다 맞던 것이 생각나면서 무서워 벌떡 일어나 "소대장님, 빳다 대신 계곡의 얼음 깨고 들어갔다 오겠습니다."라고 말하였다. 그때는 12월 초였는데 이미 계곡에는 얼음이 오래전부터 얼어있었다. 그랬더니 소대장이 "그래 좋다. 얼음 깨고 들어가 10분 있다 나온다." 하면서 나를 데리고 계곡으로 갔다.

나는 얼음을 깨고 웃옷을 벗고 팬티 차림으로 물속으로 들어갔다. 물속으로 들어가니 생각보다 차지 않았다. 그런데 조금 지나니 물기가 닿은 목 주위 피부는 칼로 베는 듯 아팠다. 몇 분이 지나니 소대장이 나오라고 하였다. "황 병장 독하네" 하면서 빨리 내무반에 가서 옷 갈아입고 PX로 오라고 해서, 갔더니 빵과 음료를 준비해 고생하였다며 아주 좋은 경험을 했다고 하셨다. 그 후로 나는 동기들에게 우리 중대는 앞으로 어떠한 일이 있어도 빳다 때리는 일은 절대로 하지 말자고 약속했다.

진돗개 하나 발령

1965년경 초서름에 오색과 인통 사이에 긴칩이 나타났다는 진돗개 하나가 발령되면서 우리 부대 주변에 있는 21사단 보병부대 트럭이 보병을 태우고 지나갔다. 저녁이 되자 하늘에서는 비행기가 야광탄을 터뜨리고, 도로에서는 덤프트럭과 일반 트럭이 헤드라이트를 비추어 산속이 낮과 같이 밝아 보였다.

그러자 중대장이 전 대원에게 연병장에 M1 소총과 탄띠를 메고 집합하도록 하였다. 전 대원에게 실탄을 지급하면서 부대 주변 거리에 보초를 서게 하였다. 오늘 저녁 암구호를 알려주면서 인기척이나 무슨 소리 나면 '암구호!' 하고 두 번 반복하여도 아무 소리가 없으면 무조건 인기척이 있는 곳으로 사격하라고 지시하였다. 전 중대원은 3교대로 나누어 초저녁은 본부소대와 1소대가 맡게 되었다. 전 대원이 거리를 유지하게 한 다음 '실탄 장전! 자물쇠 풀어!' 하였다. 군 생활 중 광주훈련소에서 사격훈련을 할 때 총을 실제로 쏴보고 실탄 지급을 받아 본 것은 처음이었다. 참으로 무섭고 불안하였다. 이런 생활이 1박 2일로 끝났지만, 그냥 보초 섰을 때와 다르게 실탄을 탄창에 꼽고 자물쇠를 풀고 있으니 무섭게 느껴졌다.

시간이 흘러 제대할 날짜가 다가오니 한편으로 좋으면서도 제대 후 어떻게 할까를 생각하니 걱정이 이만저만 아니었다. 군 생활이 나의 인생에 있어서 많은 도움이 되었던 시간이었다. 지나 놓고 보니 참으로 군 입대를 잘하였다고 생각한다. 군대 생활은 특히 강한 인내심과 올곧은 의지와 꿈을 갖게 된 것은 커다란 성과였다.

집에 가면 농사일을 해야 하는데 어떻게 할까 고민하던 중 총무처에서 처음으로 공무원을 채용한다는 보도를 군대에서 듣게 되었다. 제대를 앞둔 나는 공부를 시작하였다. 당시에는 매월 1회씩 상급부대에서 암호해독 훈련을 실시하였다. 암호는 매월 변경되고, 돌발 상황이 발생 시는 즉시 변경했다. 암호와 해독 내용은 매월 연락병이 상급부대에서 수령해 왔다. 암호해독 훈련은 1102 야전공병단 또는 대대본부에서 산하 부대를 동시 또는 개별 부대별로 하는 경우가 있었다. 훈련은 전화로 하는데, 상급부대에서 전화로 '암호훈련 준비' 한다. 그러면 전화 받는 사람은 '암호훈련 준비'를 복창한다. 이때 전화 받은 사람은 빨리 연락을 취해야하는데, 내가 바로 전화 받으면 내가 직접하고 그렇지 않고 나에게 연락하면 내가 가서 받았다. 그래 나는 대체로 몇 일경 언제쯤 있게 될 것을 예상하고 저녁 식사 후 매일 같은 시간에 항상 사무실에 대기하고 있었다. 방법은 상급기관에서 숫자로 부른다. 나는 전화를 받으면서 숫자를 기록하고 말로 복창한다. 예를 들면 24에 35, 27에 15 이런 식으로 4개 단위로 부르면 옆에서 한 사람이 별도로 기록하고 또 다른 사람은 빨리 금고 안에 있는 해독 책자를 꺼내어 4단위 숫자를 찾아 한 단어씩 알아내고 풀이가 끝나면 보고하는 형식으로 이루어진다.

그러면 훈련을 실시하는 상급부대에서 산하 각 부대의 소요시간을 가지고 평가한다. 우리 부대가 거의 1등을 차지하게 되었다. 그때부터 나는 글씨를 빨리 쓰게 되었고, 흘려서 쓰는 버릇이 생겼다. 상급부대에서 칭찬을 많이 받았고 부대에서는 공부하라고 시간도 많이 내주었다. 오후에는 주로 책을 많이 읽었고, 오색, 양양, 속초, 하진포 해수욕장 등으로 구경도 많이 다녔다. 당시 군대 후송차에 휘반유 한 드럼을 가지고 나가면 양양, 속초 등에서 2~3명이 저녁밥을 먹고 올 수가 있었다.

산림직·행정직 시험합격

1964년 2월 입대하여, 1966년 10월에 제대하였다. 집에 오니 바로 가을이라 밭과 논의 수확이 시작되는 시기였다. 11월 말까지 눈코 뜰새 없이 바쁘게 농사일을 도왔다. 12월부터는 공무원 시험공부를 시작하게 되었는데, 정보를 알 수가 없어, 마을 이장댁에 서울신문이 들어온다는 사실을 알고 매일 점심 먹고 이장댁에서 서울신문을 보게 되었는데, 이듬해 3월경에 총무처에서 산림직을 뽑는다는 정보를 알게 되었다.

그때 산림청이 처음 신설되어 전국적으로 50명만 뽑아 어렵겠다고 예상했으나 응시를 준비하였다. 그런데 4월경에 총무처에서 행정직 5급을, 재경직 5급을(지금의 9급)을 모집하는 공고가 났다. 먼저 산림직에 응시하였는데, 이장님댁에서 공무원시험에 합격하였다는 연락을 받았다. 그러나 공부를 계속하여 4월에 있는 행정직에도 합격되었기에 산림직의 특수성을 고려하여 등록을 포기하고 행정직을 선택해 등록하였다. 그리하여 1967년 그해 12월에 보성교육청으로 발령을 받았다. 참으로 기뻤다.

제1장

주경야독!

병아리 공무원

첫 임지 보성교육청 발령

그때 총무처에서 행정직, 재경직 합쳐 약 천 명 정도 뽑았는데 나의 등록번호가 31번이었다. 당시에는 몰랐지만 그 후 도교육청에 근무하면서 등록번호가 성적이라는 것을 알게 되었다. 그 성적이면 자기가 원하는 곳으로 얼마든지 발령을 받을 수 있었는데 등록할 때 보성을 희망하였다. 고향으로 발령난 것만도 아주 기뻤다. 교육청 관리과 경리계로 발령받았는데, 경리계 직원은 계장과 나를 포함해 5명이었다. 맨 끝에 앉았다. 몇 개월 동안은 아무 일도 시키지 않았다. 겨울철이어서 사무실에 난로를 피우는데 청사 뒤 창고에서 석탄(조개탄)을 가져다 사무실 난로에 넣고 불 피우는 것이 유일한 일이었다. 그 일을 겨울철 내내 하였다. 그리고 오후 3시경에는 청사 바로 앞에 있는 보성역 플랫폼에서 파는 국수 한 그릇과 막걸리 한 잔 먹는 것이 유일한 낙이었다.

몇 개월이 지나자 계장님께 "왜 나는 일을 시키지 않냐"고 물었더니 학교 교직원 봉급 사무를 담당하라고 하였다. 지시를 받아 일을 하였으나 겁이 났다. 낮에는 사무실에서 초등학교 교직원 봉급명세서 3장씩을 묵사지를 넣고 쓰고, 밤에는 주판을 할 수가 없어 함께 자취하는 군청 직원과 둘이서 연필로 계산하다가 도저히 안 되어 다음날 군청 직원이 주판을 잘 놓는 동료 직원을 데리고 와서야 해결했다. 군청 직원이 봉급명세서를 써 가지고 오면 자기가 계산해 주겠다고 하여 두 달 동안은 버티면서, 저녁이면 보성읍에 있는 고등공민학교에 가서 주판을 배워 해결해 나갔다.

1968년도에 국회의원 선거가 있었다. 공화당의 Y모씨와 민주당의 L모씨 후보가 붙었다. 현재 포항제철이 있기 전인데, 선거 때 주요 이슈가 된 것은 경상도에서는 포항에 제철공장이 들어오게 되었다고 하고, 전라도에서는 보성 득량에 제철공장이 들어오게 되었다고 하여 양 지역에서 선거 이슈가 되었다. L모씨는 현직 의원이고 Y모씨는 공화당 공천을 받았는데 선거 결과, 공화당 Y모씨가 당선되었다. 그 후 낙선한 L모씨가 소송하여, 일부(벌교 지역) 선거 무효 판결로 벌교 지역만 재선거를 치르게 되었다. 당초 선거 결과 L모씨(고향 보성 득량)가 벌교를 제외한 전 지역에서 앞서 있었고 벌교지역에서는 Y모씨가 앞서 있었다. 벌교 지역만 선거무효가 되어 그곳에서만 재선거를 치르자 양당 소속 전 국회의원이 벌교 지역에 총 집결하였다. 부락마다 양당 국회의원이 배치되어 있었다. 교육청 직원도 선거운동에 동원되어 벌교지역에 매일 출장을 가게 되었다.

출장을 가보니 양당에서 소속 의원과 직원들이 총재까지 파견되어 있어 잘못 걸리면 큰일 날 것 같아 다음날부터는 모두 나가지 않았다. 그러자 경찰서 정보과에서 교육장에게 전화하여 '왜 교육청 직원들은 출장을 안 가느냐?'고 하여 오전에는 담당 학교에 가서 교장·교감에게 인사하고 오후에는 조성 우리 마을 주막에서 매일 윷놀이를 하였다. 당시 이강호 씨도 함께 하였는데 그때는 몰랐다. 김정중씨도 교육청 서무

1968년 보성교육청 근무시 해인사 관광
(앞줄 앉아있는 사람이 필자)

계장이었는데 후에 알게 되었다. 퇴근 후에는 마을에 가지 않고 교육청사 옥상에 올라가 윷놀이를 하다가 교육장님께 혼이 나곤 하였다.

투표 당일은 종일 벌교지역에 상주하였다. 벌교남국민학교에 가보니 오후 5시경인데 운동장에 사람이 많았다. 민주당 소속 국회의원이 있는데, 벌교경찰서장이라고 하는 분이 정복을 입고 운동장으로 들어오자 김모 의원이 서장에게 여기가 어디라고 함부로 오느냐면서 발로 서장의 다리를 계속 차니 가버렸다. 그때는 보성에 보성경찰서가 있는데 벌교에도 경찰서가 또 있는가 의문이 갔다. 그 시간대가 투표 마감시간대로 투표를 계속하느냐 마느냐 논란이 되었던 것 같았다. 지금 생각하니 투표 마감시간 안에 투표장에 도착하면 투표할 수 있기

에 그 문제로 옥신각신하였던 것 같았다. 투표소마다 양당 국회의원
이 참관인으로 일일이 대조하느라 투표가 지연되고 있었던 것이다.

투표가 마감되어 투표함을 봉함하여 트럭에 싣고 보성군청으로 가
는데 투표함 옆에 양당 국회의원들이 지키고 있었다. 보성군청 회의
실에서 개표하는데 참관인인 국회의원들이 표를 일일이 확인하면서
평상시 개표는 새벽 3~4시경에 끝나는데 벌교지역만 개표하는데도
다음 날 오전 9시가 넘어서야 결과를 발표 되었다. 군청직원과 읍사무
소 직원이 개표 종사원으로 동원되었는데 보성읍 사무직원이 과로로
사망하기도 하였다는 소문이 있었다.

벌교지역 선거 개표 결과는 Y모 후보가 L모 후보보다 많은 득표를
하였다. 그러나 보성군 전체 지역을 합산한 결과, 벌교지역을 제외한
지역에서는 L모 후보가 많이 앞섰기 때문에 결과적으로 L모 후보가
당선되었다. 보성지역의 국회의원 선거는 말썽이 많았다. 닭죽사건
으로 재선거가 치러지기도 하였다.

그동안 벌교지역 재선거 기간에 아버지께서 와병 중이셨다. 어느 날
아버지가 위급하여 집에서 돌보고 있었는데 형님께서 내일모레가 추
석이니 교육청에 가서 일을 보고 오라고 하여 교육청으로 출발하였다.
교육청에 도착하자마자 직원이 방금 아버지가 돌아가셨다고 연락이
왔다면서 빨리 집으로 가라고 하였다. 그날이 음력 8월 13일이어서 추
석날 발인하였다. 결국 나는 아버지와 어머니 두 분의 임종을 지켜보
지 못한 불효자가 되고 말았다.

야간대학 진학의 몸부림

조선대학교 야간대학을 진학하기 위하여 대학입시 예비고사에 응시하기 위해 고등학교로 원서를 쓰러 갔다. 선생님께서는 졸업한 지 몇 년이 지났는데 떨어지면 학교에 미치는 영향이 있는데 그래도 원서를 제출할 것인가를 물었다. 그래도 꼭 원서를 써주십사 해서 어렵사리 예비고사에 응시하여 합격하였다.

조선대학교 야간대학을 다니기 위해서는 직장을 광주로 옮겨야 가능할 것 같아 허산행 선배님께 문의하였더니, 도교육청 인사 주무과장인 문정과장에게 부탁하면 될 것이라고 말씀하셨다. 며칠 후 도교육청 문정과를 찾아갔다. 문정과 직원이 무슨 일로 왔느냐고 묻기에 과장님께 볼일이 있어 왔다고 하니 과장님은 지금 자리에 안 계시니 기다리라고 하였다. 조금 있으니 과장실로 누가 들어가는 것을 보고 내가 들어가도 되느냐고 물으니 들어가라고 하여 들어갔다. 가서 과장님께(당시 전월봉 과장님) 차려 자세로 "보성교육청 행정서기보, 과장님께 용무가 있어 신고합니다."하고 인사를 드렸다.

과장님께서는 방금 무어라고 하였느냐고 되물으셔서 다시 "보성교

졸업식에서

육청 행정서기보 황인수입니다" 하였더니, 문을 열면서 "저분들한테 가서 이야기하라"고 하시기에 "꼭 과장님께 말씀드려야 합니다." 하니, 다시 "무엇이냐고?" 하시어, "조선대 야간대학을 다녀야 하기 때문에 광주로 발령을 내주십시오." 하니, "알았으니, 밖에 나가 저분들에게 말하라"라고 하시었다. 나는 다시, "아닙니다. 과장님께서 과장님 수첩에 적혀야 된다고 하였습니다." 하니. 과장님이 웃으시면서 "뭐라고 하였지?" 하시기에, 저를 "광주로 발령을 내주십시오." 하니, 과장님이 수첩에 메모하시는 것 같았다. 다시 정중하게 인사를 하고 나왔다.

그런데 69년 12월 1일자로 행정서기보에서 서기로 승진하여 강진 교육청으로 발령이 났다. 그러나 강진교육청으로 가지 않고 바로 광주로 와서 문정과장님의 자택을 알아가지고, 이튿날 아침 일찍 지산 동 자택을 방문하였다. 그랬더니 사모님이 나오셔서 '어찌 왔느냐?'고 물어, 과장님 뵈러 왔다고 하니 작은방 문을 열면서 들어오라고 하셨 다. 그런데 나는 들어갈 수가 없었다. 전날 눈이 많이 와서 눈이 녹아 길이 질퍽거린 터라, "제 구두가 물이 세어 양말이 다 젖어있어 구두 를 벗고 들어갈 수가 없으니 마루에서 기다리겠습니다"라고 하였더 니 사모님이 "다 알고 있어 괜찮으니 신발 벗고 들어오라"고 하시기에 양말을 벗어 구두 속에 넣어두고 맨발로 방으로 들어갔다.

사모님께서 차를 가지고 와 무슨 일이냐고 물으셔서 자초지종을 말 씀드렸다. 그러면서 "과장님이 수첩에 적으셨다."라는 말을 빼먹지 않았다. 그때 과장님이 아침 식사를 마치고 내가 있는 방으로 오셨다. 과장님이 오시니 사모님께서 "'이 젊은 사람을 당신이 수첩에 적으셨다면서, 왜 광주로 발령내주지 않고 강진으로 발령냈느냐?"고 따지듯 물으며 내년 3월부터 조선대 야간대학을 다녀야 하는데 어떻게 할 것이냐고 하시었다. 그러자 과장님이 "내가 자네 이야기를 수첩에 메모하였다는 게 사실이냐?"고 물으셨다. 내가 "진짜 수첩에 메모하셨습니다"고 하니, "그래, 그럼 내년 3월에 학교 다닐 수 있게 조치해 줄 테니 걱정하지 말고 잘 근무하고 있으라" 하였다. 방에서 나와 구두를 신으려고 하는데, 구두 안에 벗어놓은 젖은 양말은 없어지고, 새로운 양말이 놓여있었다. 또 마루에도 양말 한 켤레가 놓여 있었다. 새로운 양말을 신고 있으려니, 사모님이 오셔서 마루에 있는 양말을 나에게 주시면서 가지고 가라고 하셨다. 그래 그 양말을 받아 코트 주머니에 넣고 나왔다. 지금 이 글을 쓰니 나도 모르게 눈물이 나온다. 나는 그 길로 보성으로 내려와 청에 인사드리고 강진교육청으로 내려갔다.

강진교육청에 부임하니 경리계로 보직이 되어있었다. 그 자리에서 하숙집을 걱정하였더니 경리계 직원이 서무계장님도 광주에서 오셨으니 함께 알아보라고 하면서 인사를 시켰다. 서무계장님(알고 보니 박병식이었다)도 광주농고에 계시다가 승진해 왔다고 하시면서, 함께 하숙하자고 하여 그렇게 하여 한방에서 하숙하게 되었다.

그때 나는 퇴근하면 바로 집에 와서 공부를 하니 서무계장님께서 "무슨 공부를 그렇게 열심히 하느냐" 물으셔서 자초지종을 이야기하면서 내년 3월에 조선대 야간을 다녀야 하는데 그 안에 광주로 가야 한다고 말씀을 드렸다. 계장님 말씀이 전보 제한으로 일정 기간 안에는 발령이 안 된다고 하셔서, 문정과장님이 해주신다고 했다면서 안 되면 사표라도 내고 가야 한다고 했다. 계장님은 대학 나온 사람들도 공무원 못 들어와 난리인데 무슨 소리냐고 잘못 생각한 것 같다며 다시 생각해보라고 하셨다.

그런데 2월이 다 되어도 발령이 나지 않아 계장님께 사표를 내야 하겠다고 말씀드리니 조금 더 기다려 보라고 하셨다. 그 후 계장님께서 내 이야기를 관리과장님께 자세하게 말씀드렸으니 조금 기다리라고 하셨다. 당시 강진교육청 관리과장님은 과무하신 박동립 과장님인데 보성교육청에서 모셨던 분이었다.

발령 없는 도교육청 발령

며칠이 지났는데 계장님께서 나에게 자네 도교육청으로 발령났으니 내일 아침 9시까지 문정과로 출근하라고 하시면서 전별금까지 주시었다. 그날 저녁 하숙집의 짐을 챙겨 광주로 와서, 다음 날 아침 일찍 문정과로 출근하였다. 뒤에 생각하여보니 이번 나에 대한 인사발령은 계장님이 과장님에게 말하자 박동립 과장님께서 직접 문정과장님에게 말씀드렸던 것으로 보인다.

도교육청으로 출근하였더니 서무계 직원이 무슨 일로 왔느냐고 물었다. 그래서 도교육청으로 발령이 나서 왔다고 대답하니, 웃으면서 무슨 발령이 났다고 하느냐, 발령 난 사실이 없다고 하였다. 초조하게 기다리고 있는데 과장님이 들어오시면서 나를 가리키며 계장님에게 저 친구 초등교육과에 근무토록 하라고 하시면서 과장님실로 들어가셨다. 그래 나는 계속 그 자리에 앉아 있는데 계장님과 직원이 과장님 실로 들어간 뒤 한참 있다가 나오셔서 다시 강진교육청에서 근무하고 있으면 곧 연락할 테니 그때까지 기다리라고 하였다.

나는 "어제 강진에서 나올 때 전별금도 받고, 하숙집 짐도 다 챙겨 가지고 왔는데 어떻게 다시 강진교육청으로 가겠습니까?" 하였다. 그 때 내 생각은 만약 안 되면 사직서를 제출하려는 참이었다. 그러자 직원과 계장님이 강진교육청으로 전화를 하였다. 그때는 시외전화를 신청하면 20~30분 소요되었다. 통화하면서 강진교육청 박 과장님께 내가 말한 내용을 확인해준 것 같았다.

그 후 모두 웃으시면서 나에게 광주 연락처 전화를 적어놓고 가면 연락하겠다고 했다. 나는 광주에 외갓집이 있는데 거기는 전화가 없으니, 조선대학교 법정대학 야간 교무실로 연락하면 저녁에 학교 가서 매일 확인하겠다고 하였다. 알았다고 하면서 돌아가라고 하여 돌아왔는데, 20여 일이 되어도 연락이 없었다. 그 동안의 과정을 광주공고에 근무하는 허산행 선배(고향 한마을임)에게 이야기하였더니, 모 계장님의 학동 자택 주소를 가르쳐 주면서 내일 아침 일찍 찾아뵈라고 하시기에 계장님 자택을 찾아가 죄송하다고 하면서 사정을 말씀드렸더니 알았다고 하시면서 열심히 근무하고 학교도 열심히 다니라고 격려해주시면서 조금만 더 기다리라고 하셨다. 그런데 이틀 만에 연락이 왔다. 아침 일찍 문정과로 출근하였더니 초등교육과로 데리고 가서 여기서 착실히 근무 잘하라고 하시며, 나경수 초등과장님에게 나를 소개하여 주시고 가셨다.

나경수 과장님께서 앉으라시면서 나에게 부탁한다고 말씀하셨다. "그 자리가 6개월 이상 공석이었는데, 이유는 거기에 근무하는 일반 직 직원이 자격증을 위조해 발급하여 전국적으로 문제가 되었다." 라고 하시면서 그동안 과정을 자세히 설명하여 주셨다. 1970년 3월 중순부터 초등교육과에서 정식 발령없이 근무하게 되었다. 몇 개월 후 알게 되었는데 나의 초등교육과 근무는 정식 발령이 아니고 파견근무였다. 그 후 1971년 2월 16일 가교 북성중학교로 발령된 상태에서 계속 도교육청에 근무하게 되었다.

그런 후 몇 달을 근무하고 있는데 문정과장님이 찾는다기에 내려가 인사드리니 근무 착실히 잘하고 학교도 잘 다니라고 하시면서 노란 봉투를 주셨다. 받아 가지고 와서 보니 돈이 들어 있어 다시 내려가 무슨 돈이냐고 물었더니 학교 다니면서 학비에 보태라고 하셨다. 그 후에도 두 세 차례에 걸쳐 촌지 봉투를 더 주신 것으로 기억된다. 주실 때는 항상 학비에 보태라며 격려하셨다. 그 뒤 전 과장님은 2년인가 후에 광주교육대학으로 발령받아 가셨다. 내가 81년 사무관으로 승진되어 서석동 자택을 방문하였더니 그동안 나에 대해 소식을 잘 들었다고 하시면서 사무관 합격은 참으로 잘하였다고 격려해주셨다.

나중에 알고 보니 과장님의 처남이 조광흠 조선일보 광주본부장과 조계흠 시교육청 직원이었는데 나는 그것도 모르고 두 분과 가끔 연락하고 지냈었다. 얼마 후 전월봉 과장님이 돌아가셨다고 하여 조문을 간 이후로 연락이 끊겼으나 지금도 가끔 조계흠씨와 광흠씨를 만나면 나의 생애에 전기를 마련해주신 전월봉 과장님과의 추억을 되새기고 있다.

몇 년 전인가 내가 보성에 있을 때 주말에 무등산 서석대를 혼자 간 적이 있는데 거기서 조광흠 씨가 아들과 함께 등산 왔기에 반갑게 만났으며, 그때 사모님 안부를 물으니 서울에 계신다는 소식을 접했다.

야간대학 동창의 광장회

얼마 전 몸이 안 좋을 때, 한번은 광장회 친구들과 함께 동적골로 등산 간 적이 있다. 등산을 마치고 내려와 점심을 하는데 식당에서 조계흠 형과 사모님을 오랜만에 만났다. 참으로 반갑고 감개무량 하였다.

1973년경 조선대 동창들과 무등산에서
(뒷줄 왼쪽에서 세번째가 필자)

지금 생각해보니 나의 오늘이 있기까지 전월봉 문정과장님은 잊을 수 없는 상사분이시다. 항상 마음속에 간직하고 있다.

조선대 야간대학을 다니면서 사귀게 된 친구들과 함께 당시 전남여고 앞 북경당 한약방에서 가끔 만나 화투 치며 놀던 때가 그렇게 좋았다. 그때 친하게 지내던 전순수(사망), 설문수(중소기업

중앙회 근무), 박경림(강진서장), 설영무(중령 예편), 김신평(광주 관내 교장 정년), 심중선(순천대 교수), 설문수 친구와 친형제같이 자주 연락하면서 지내고 있다. 당시 심중선 친구의 권유로 그의 고향인 장성 출신들 모임에 들어가게 되었는데, 내가 들어가 광상회가 되었다. 그때 친구들의 직업이 다양하여 좋았다. 도청에 근무한 친구, 보건소에 근무한 친구, 수의사 친구 등 다양했다. 수의사인 친구는 그 뒤 축협조합장이 되었다. 명절이면 농성동에 사는 정마호 집에 무여 화투를 치곤했는데, 그때 만호 어머님께서 후라이팬에 전을 부쳐주시고 고막을 구워 주신 것이 오래도록 기억에 남는다. 도청에 근무하는 조상일 친구 부인이 가게를 운영했는데 이 친구 집에서도 가끔씩 가서 놀았다. 장흥으로 장가를 가는 친구가 있었는데 친구의 함을 내가 지고 가기도 했다. 장흥읍 여관에서 자면서 그날 저녁에 여러 가지 사건을 만들기도 했다.

75년경 곡성교육청에 근무할 때 그 친구들이 광주에서 술을 먹고 저녁 11시경에 택시를 타고 곡성 내 하숙집에 쳐들어 온 적이 있다. 곡성읍내 여러 술집을 돌아다니며 북장구 치면서 밤을 새워 술을 먹은 적이 있는데 참으로 좋은 추억으로 남아있다. 그 뒤에 도청에 근무하는 직원 몇 명이 더 들어와 모임이 아주 씩씩하게 잘 이뤄졌다. 그 친구들과는 최근까지 증심사를 거쳐 무등산에 오르는 등 몸이 안 좋았을 때 많은 버팀목이 되어 주고 있다.

초등교육과의 자격증 사건

70년도에 초등교육과에 가보니 1년 전에 일어난 자격증 사건으로 몸살을 앓고 있었다. 나경수 과장님은 아주 위엄이 있으셨다. 과 직원이 과장님 앞에서는 꼼짝도 못하였다. 조주선 계장님은 아주 실력파이시고, 안석두 계장님은 참으로 인자하시고 성품이 선하셨다. 과장님과 두 계장님이 나를 아주 예뻐하시니 장학사님들이 시기하였다. 아마 그것이 직원을 부리는 지도력이 아니었나 싶었다.

그때 장학사님들은 다 교장을 거쳐서 들어오신 분이었다.

1년 후에 정모 장학사가 오셨다. 당시 대부분 장학사들은 50대 후반인데 정모 장학사는 40대 초반으로 젊고 실력파였다. 그 장학사님과 나는 친하게 지냈고 함께 늦게까지 야근하였으며 토요일이면 청사 앞에 있는 밥집에서 소주 한잔 하면서 당신이 그동안 거쳐오신 과정을 이야기 해 주신곤 하였다. 하루는 교원 인사작업을 하는 여관에 잔심부름을 하려고 갔었다. 가서 보니 여관 벽에 온통 시·군 명단과 교사 정원수가 적혀 있었다.

교사 한 명을 어느 군에서 하면 바로 마이너스 점 하나, 어느 군으로 하면 바로 플러스 점 하나, 하는 식으로 일하는데 놀랍고 신기하였다. 점심시간에 안석두 계장님이 나에게 지인 중에 자네에게 부탁한 사람이 있으면 광주를 제외하고 어디라도 좋으니 한 사람만 말하라며, 말썽이 나면 안 되니 친인척 중에서 하라고 하셨다.

당시 초등교육과에 안순경씨와 나만 일반직이어서 친하게 지냈으며 나를 친동생같이 대하여 주시어 그 형께 많이 의지하고 지냈다. 그 말을 실무자 안순경씨한테 말하였더니 자기한테는 아무 말도 안 하셨다는 반응을 보여 괜히 말하였구나 하였다. 다음 날 안순경씨가 계장님이 자기한테도 말하셨다고 하면서 절대로 말썽이 없어야 하니 꼭 부탁할 사람만 말씀드리고자 하였다. 나는 퇴직자 복직하는데 희망지는 나주를 말하였다. 그런데 다음날 보니 거의 인사가 다 짜여 있었던 것 같았다

그 후 모 장학사님께서 나보고 보자고 하여 잠깐 복도에 나가 뵈웠다. 장학사님께서 황 선생은 왜 자기한테 말하지 않고 안 계장님께 말하였느냐고 호통을 치는 것이다. 그는 점심때 내가 부탁한 사람 다음 발령 때 해주시라고 말하니 "그럼 이번에는 그렇게 하세"하였다. 그때는 모든 서류를 수기로 작성하는지라 수정하기 곤란하여 빨간색으로 두 줄을 긋고 국장님의 결재를 받았다.

당시 교사 발령은 학무국장 전결이었다. 그런데 다음 날 안석두 계장님께서 나에게 자네가 나주로 부탁한 사람 취소하라고 한 것이 사실이냐고 하면서 확실하게 말하라고 하시는데 상당히 기분이 나쁜 표정이셨다. 그래 아무 말도 못하고 있었더니 황 선생 뜻을 알았으니 당신 하는 대로 보고 있으라고 하시면서, 자기들은 교장, 교감 다 하면서 직원이 선생 하나 부탁을 하는데 안 들어주냐고 나쁜 사람들이라며 들어가셨다. 그 후에 보니 국장님 결재 난 것을 비고란에 한자로 생을 쓰고 그 자리에 국장님의 도장을 받아 가지고 오셨다. 참으로 바늘방석이었다.

인사가 끝난 후 계장님께서 나에게 그 사람한테 절대 많은 돈 받으면 안 되고, 당신에게 인사할 생각 말고 자네 학비에 보태쓰라 하셨다. 그 후로 항상 미안한 마음을 갖고 있었는데 고 모(某) 장학사님이 "계장님 도장이나 상아로 하나 파 드려" 하면서, 당신들은 상아 도장 갖고 있는데 계장님이 나무 도장을 찍으니 당신들 도장을 못 쓰고 있다고 하셨다. 계장님께서 듣고 있다가 '도장이 일하는가, 사람이 일하지. 일만 잘하면 되니 황 선생 헛된 생각 절대 하지 말아.'라고 하여 한참 고민하였다.

그 후에 과장님께서 나를 불러 자네 인사운동 하였는가 하시며 아무것도 모른 사람 이제 좀 가르쳐 놓으니 다른 데로 가려고 하네 하셨다. 나는 절대로 인사 부탁한 적 없다고 하니, "그래, 그러면 그렇지, 알았어!" 하였다. 그러다가 어디론가 전화를 걸어서 나에 대해 이야기 한 것으로 보였다. 다음 날 문정과장님이 나를 재무과로 보내려고 하였는데 초등과장님이 반대해서 못하였다고 하였다. 나의 인사문제는 국장님께서 해당 과장에게 물어보고 하라고 하시기에 그리되었다는 것을 나중에야 알게 되었다. 초등교육과 근무 당시 나의 소속은 강진 교육청이었다.

7급 승진과 북성중 발령

1971년 2월 무렵, 행정주사보(지금의 7급)로 승진되어 광주 북성중학교로 발령이 나, 당연히 북성중학교로 가서 근무할 줄 알았다. 그런데 문정과에 알아보니 나보고 선택하라고 하였다. 그래서 안순경 씨와 상의하였더니 북성중학교에 가면 육성회비 수당이 있다고 하시면서 야간 대학 다니기에는 좋을 것이라고 조언해 주었다. 그러나 초등교육과장님께 육성회비 수당을 받기 위해 북성중학교로 가겠다고 말을 할 수가 없었다. 마침 안순경 씨가 여기에서 근무하여도 육성회비 수당은 받을 수가 있다고 하여 지금처럼 교육청 파견 형식으로 그렇게 있기로 작정하였다. 비록 파견근무를 하고 있었지만, 북성중학교에 가서 교장과 서무과장에게 인사를 드렸다. 그런데 봉급날 봉급을 수령해 보니 육성회비 수당이 없었다. 안순경 씨에게 말하였더니 안석두 계장님께 말씀드렸다면서 조금 기다려보라고 하였다. 그렇지만 몇 달이 지나도 수당을 주지 않았다.

그런데 하루는 안석두 계장님이 나에게 수당 문제를 물어서 받지 못하고 있다고 하니 대단히 기분 나쁜 표정이었다. 다음 날 안순경 씨가 말하기를, 한 달 전에 문정과 계장님과 안석두 계장님이 북성중학교 서무과장님과 시내 향진 일식집에서 식사를 하면서 나의 수당 지급을 부탁하였다는 말을 듣고 참으로 민망하였다.

알아보니 당시 본청에는 중·고등학교 소속으로 있으면서 파견 형식으로 근무하는 직원이 몇 명 있었는데 전부 수당을 받고 나만 못 받았다. 안석두 계장님이 그 사실을 알고 내가 관리국 소속이 아니고 학무국 소속이라 못 받는 것이 아닌가 하는 생각을 가지고 어디 이럴 수 있느냐며 북성중학교 측에 항의한 것 같았다.

그러자 다음 달부터는 수당의 반 즉 1/2을 받았다. 나는 이 문제로 더 이상 시끄럽게 할 수가 없어 계장님께 전액 다 받았다고 하였다. 그 후 조모 서무과장이 서울인가 어디로 간 다음부터는 전액을 다 받았다. 안석두 계장님께는 참으로 감사하고 죄송하였다. 그 후 안석두 계장님께서는 강진교육장을 하시다가 시내 교장으로 근무하였다는 말을 들었다.

수사관의 일탈, 몸수색

초등교육과에서 2년 근무한 뒤, 문정과 감사계로 자리를 옮기게 되었다. 그때는 전월봉 과장님은 다른 곳으로 가시고 최성규 문정과장님이 있을 때라고 기억된다. 지금 생각하면 나는 도교육청의 시설과와 사회체육과를 제외한 모든 과를 두루 거쳤다.

초등교육과, 문정과 감사계, 서무과 공보계, 재무과 세입계, 관리과 행정계, 중등교육과 학사계장, 과학기술과 진흥계장, 행정과 행정계장, 감사기획담당관, 총무과장 등을 두루 거쳐 근무했다.

문정과로 간 뒤, 며칠 되었을 때, 초등교육과에 내 후임으로 온 모씨가 나에게 와서 지금 빨리 초등교육과로 가야 한다고 하여 화급히 초등교육과에 들어갔더니, 모두가 나를 쳐다보면서 과장님실로 가보라고 했다. 과장님실로 들어갔더니 모르는 사람 두 명이 들어가자마자 나에게 '두 손을 머리 위로 올려!'라고 명령하면서 다짜고짜로 나의 주머니를 뒤지고 몸수색을 하였다.

몸을 뒤져도 특별한 것이 없자 내가 근무한 자리로 가자고 하여 갔다. 내가 있었던 책상은 전부 봉함이 되어 있었다. 그 사람들이 열어라! 하여, 열어주니 전부 뒤졌다. 나는 영문도 모르고 졸지에 당한 것이다. 그 사람들이 간 뒤에 안순경 씨는 당신 책상과 집기에 있는 모든 서류 전부를 다른 곳으로 감추었는데, 얼마 지나지 않아 그 사람들이 와서 안순경 씨를 찾으면서 책상을 봉함하고, 바로 안순경 씨 집까지 수색하였다는 것이다.

나는 몹시 회의감을 느꼈다. 권력기관이 내 책상을 봉함하고 데려오라고 하였으면, 최소한 나의 후임자는 그런 상황을 내게 얘기해줘야 하는데, 아무 말도 해주지 않은 것이 너무나 서운하였다. 아무리 세상이 변했다지만 동료인데… 사건의 발단은 검찰청에 접수된 투서에 안순경과 서무 보는 사람이라고 적혀 있어 교육청에 순경(경찰)이 파견되었는가 생각이 들었다고 하였다.

검찰직원이 안순경 씨를 찾으니, 안순경 씨가 '제가 안순경입니다.' 하니까, 수사관이 '당신이 안순경이야?' 하니, '제 이름이 안순경입니다.' 라고 대답했다. 그러자 수사관이 어처구니가 없는 듯 '우리가 속았어! 어찌 경찰이 교육청에 근무할 리가 없는데…'하면서 중얼거렸다. 그 뒤에 모 장학사님이 검찰청에 불려 다니곤 하였다. 그 장학사님은 신상에 좋지 않은 일이 벌어졌다.

안순경씨는 이름 때문에 검찰청에서 며칠씩 조사받고 나왔다가 또다시 불려가곤 하였다. 교육청이 좀 혼란스러웠다. 당시 안순경 씨는 검찰에서 나오면 나와 만나곤 하였는데, 모든 것을 자기가 안고 갈 생각이고 교육청에 누가 되지 않도록 하겠다고 하곤 하였다.

그 일이 어느 정도 일단락되었을 때 월례조회에서 교육감님께서 안순경 씨에 대한 격려와 일반직이 자기 직장과 다른 사람에게 누가 가지 않도록 하는 정신을 높이 칭찬하셨다. 그 후 나는 안순경 씨와 가끔 연락하고, 동생 안현경과 안부를 주고받고 있었는데 건강이 좋지 않아 조대병원에 계신다는 사실을 알고 병문안을 갔는데 인공호흡기를 부착하고 계셔서 말 한마디 못 건네었다. 그 뒤 얼마 안 되어 돌아가셨다는 연락을 받았다.

나의 과외수업 지도방법

1971년도 무렵, 대학교 재수생과 고등학교 재수생 과외교사를 6개월 동안 했다. 대학교 재수생은 수학1을, 중학교 졸업하고 고등학교 입학을 하지 않은 재수생은 국사를, 한 달에 만 원씩 받은 것 같다. 수학1과 국사를 과외 할 때, 놀이 식 수업을 하면서 장난을 많이 하였던 기억이 생생하게 남는다. 예를 들면 98이 5개면 몇이냐? 서울에서 광주까지 오는데 5시간, 광주고속이 5분마다 한 대씩 오고 간다. 지금 현재 광주 서울 간 도로에는 광주고속 버스가 몇 대가 달리고 있니? 하면서 많이 웃었다. 그리고 국사를 하는 애들에게는 우리나라 지도 공부를 많이 시켰다.

산맥과 산 밑에는 물이 흐르고 물 옆에는 평야가 있다. 우리나라의 큰 산줄기는 백두대간인데, 함경북도에서부터 경상도에까지 뻗어있다. 그것을 근거로 해서 동고서저 즉, 동쪽은 높고 서쪽은 낮다고 가르쳤다. 백두대간의 물은 거의 서쪽으로 빠지고, 그 밑에는 노령산맥이라든가 차령산맥으로 연결되고 강이 형성된다. 강이 있으면 평야가 있고, 평야가 이뤄지면 사람들이 모여 곡창지대가 된다. 이런 식으로 역사를 이해하기 쉽게 가르쳤다. 지금 생각해보아도 좋은 학습법이었던 것 같다.

적성에 안맞는 감사업무

감사계에 근무할 때 박모씨와 함께 K 지역 관내 중·고등학교 복무 독찰 겸 세입금 등을 감사하게 되었다. N 중학교를 갔는데 당시 교장은 여수 모 학교에 재직하고 있다가 화재사건으로 좌천되어 와 있었다. 그런데 서무과 세입금 상당액이 비었으며 다른 경비와 합쳐보니 큰 금액이 되었다. 박 모(某)씨가 교장에게 호통을 치니 교장이 쇼크로 그 자리에서 쓰러져 버렸다.

세입금 사고 내용을 문정과 모 계장님께 보고하였더니, 상당한 시간이 지난 다음에 연락이 왔는데 출장을 주말까지 연장하여 줄 테니 더 있다가 오라고 하였다. 그 사실을 박모 씨에게 말하였더니 박모씨는 다른 학교도 더 보라는 뜻으로 해석하고 나는 그것이 아니라고 하였다. 내가 그렇게 생각한 이유는 당시 K 모씨가 D 지역 군수였는데 서무과장이나 세입 보는 직원이 K 모씨와 아주 가까운 사람이었기 때문에, 우리가 K 지역에 있는 동안 세입금 차액을 빨리 채워놓으라는 뜻이라고 해석하였다.

그러나 박모씨가 Y 중학교도 가보자고 하여 갔더니 거기에도 세입금이 많이 비어 있었다. 그래 주말까지 K지역에 있으면서 두 학교 서무과장에게 우리가 주말까지 기다리겠으니 빨리 채워놓으라 하였으나, 끝내 못 채워서 월요일에 출근하여 이모 계장님께 보고하였더니 계장님이 과장님께 보고하고 우리에게 고생하였다고 했다. 당시 과장님은 C모씨였다. 결국, Y중학교 서무과장과 N 중학교 서무과장은 감봉 징계를 받았다. 그리고 H군 S중학교 서무과장도 똑같은 사건으로 감봉 징계를 받았다.

그 후 얼마 안 돼 정부에서 공무원 쇄신 바람이 불었고, 퇴출 목표 인원이 상부로부터 내려와 주로 징계처분 받은 사람이 그 대상이 되었는데, N 중학교 서무과장 S 중학교 서무과장이 퇴출되었기에 마음이 편치 않았다. 얼마 안 되어 S 중학교 서무과장으로 있다가 그만둔 분이 사무실로 책을 팔러 와 책을 좀 사주었다.

그 후에도 구례교육청 관리과장으로 있을 때 찾아왔는데 명함을 보니 교도소에서 제작한 책걸상 납품회사 과장의 명함이었다. 지금의 광주은행 자리가 시외버스 터미널이었을 때 내가 버스에서 내려 걸어오는데 뒤에서 '황 선생님!'하고 불러, 돌아보니 N 중학교에서 근무하였던 김 모 과장이었다. 나를 보고 죄송하다면서 그때 자기가 잘못하여 부담을 드렸다고 말하였다. 두 분 서무과장은 나와 임용 시험동기였는데 그 사실을 한참 뒤에 알았다.

무전여행 변산 해수욕장

감사계에 있을 때 홍기승씨와
함께 있었다. 일요일 아침, 별일
이 없이 하숙집에 있는데 홍기승
씨가 전화하여 변산해수욕장으
로 놀러 가자고 하였다. 오후에 내
성약국 앞 광주여객 터미널에서
만나 변산해수욕장으로 갔다. 해
수욕장에서 광주로 가는 마지막
버스의 차표를 사고 닭죽을 사 먹
고 놀았다. 시간이 되어 주차장에

변산해수욕장에서

가보니 광주 막차는 운행하지 않는다고 하여 곤란에 처했다.

생각 끝에 이리(지금의 익산)가는 버스를 타고 이리에서 광주 가는
기차를 타면 되겠기에 그렇게 하려고 하였는데 나와 홍기승 둘 다 가
진 돈이 없었다. 이리 가는 버스 안내원에게 사정하여 가지고 있는 광
주여객 승차권을 주고 이리로 가는 버스를 타고 이리역에 가보니 광주
로 가는 기차가 없었다. 하는 수 없어 우리 둘은 여인숙으로 갔다. 여
인숙에서 밥을 시켜 먹고 주인에게 사정을 이야기하였다. 저녁 식사
대와 여인숙 숙박료, 그리고 광주 가는 열차요금을 빌려주시면 우리가
공무원이니 공무원증을 맡기고 가서 돈을 송금해주겠다고 하였다.

주인은 웃으면서 이런 일은 평생 처음 겪어본다면서 어찌하여 공무

원 두 분이 그 정도의 돈도 없냐고 물었다. 그러면서 우리가 제의한 공무원증을 담보로 잡으면 걸린다며 돌려주면서 열차요금은 내일 새벽에 주겠다고 했다. 잠을 자고 새벽에 돈을 받아 열차를 타고 광주에 와서 오전에 사무실로 출근하였다. 다음 날 여인숙에서 빌린 돈은 송금하여 주었다. 변산해수욕장 사건은 두고두고 홍기승씨와 자주 이야기하였다.

그 뒤로 기승씨는 사무관이 되어 통일부에 근무하다가 교통사고로 사망하였다. 나와 공무원 임용시험 동기이며 참으로 좋은 친구였다.

감사계에서 근무하여보니 업무가 싫어졌다. 여러 이유가 있지만 우선 남의 비리를 캐는 것이 너무 힘들었다. 어느 날 과장님에게 감사계는 나의 적성에 안 맞는다고 말씀하였다. 그러자 과장님은 다른 사람은 감사계로 가려고 하는데 나보고 잘 생각해보라고 하셨다. 그래도 감사계를 떠나고 싶다고 하자 공보계로 보내줬다.

광주음식점의 푸짐한 안주

1972년 10월, 우리 도교육청이 국정감사를 받게 되었다. 그날 저녁 국회의원 보좌관 몇 명은 내가 맡아 시내 미가도 일식집에서 정종을 대접하는데 안주로 생선이 자주 나오니까 보좌관들이 비싼 안주는 그만 시키고 술이 떨어지면 시키라고 하기에 '정종 주전자가 나오면 안주가 당연히 나오고, 안주가 떨어지면 술 먹을 때까지 계속 나온다.'고 하니, 그런 거짓말하지 말라고 하였다. 안주 값을 별도로 계산하는 것 아니니 걱정하지 말고 술 더 드시라고 하니 그들은 이해가 되지 않는다고 했다. 나와 헤어지고 나서 별도로 다시 그 집에 가서 술을 먹고 나서야 알게 되었는지, 다음 날 나에게 광주에 오니 서울에 없는 그런 술집도 있다면서 앞으로 술 먹으려면 광주에 와야겠다고 하였다.

그런데 감사 당일 10월 유신 대통령 담화가 발표되니 국정 감사장 국회의원들이 당황하여 각자 가방을 가지고 간다는 말도 없이 도망가듯 혼비백산한 것이었다. 박정희 대통령의 유신선포는 1969년 이른바 3선 개헌(6차)으로 연임에 성공하자 자신의 종신 집권을 위해 1972년 대통령 간선제(통일주체국민회의에서 대통령 선출)와 연임을 제한하는 헌법규정의 철폐를 골자로 하는 유신 개헌(7차)을 단행해서 장기집권에 들어갔다.

유신헌법의 홍보물 소동

교육부에서 유신 홍보물을 수령하여 다음 날까지 각 학교에 배부하라는 지시가 내렸다. 나는 지프차 기사와 함께 아침 일찍 서울로 출발하였다. 도중에 기사에게 서울 지리를 잘 아느냐고 물었더니 걱정하지 말라기에 안심하고 갔다. 서울로 진입하는 도로의 한 주유소에서 주유하면서 기사가 주유소 직원에게 중앙청 가려면 어떻게 가느냐고 물었다. '약 500m 가서 고가가 나오면 고가를 타고 가다가 우회전하여 다시 물어보라.'고 했다.

고가가 나와 가다가 우회전하여 내려가니 다시 방금 왔던 고가가 다시 나왔다. 놀란 내가 짚차에서 내려 택시를 잡아타고 갈 테니 그 택시를 따라오라고 했다. 택시 기사에게 중앙청으로 가자면서 뒤에 짚차가 따라오니 천천히 가자고 했다. 그러자 택시 기사가 '당신, 여기가 어딘지 알고 그러냐?'면서 빨리 내려 다시 짚차에 타라고 했다. '가다가 신호에 걸려 지프차 기사가 택시를 못 따라와 길을 잃어버리면 어떻게 할 것이냐?'고 했다.

그래 나는 별안간 겁이 났다. 벌떡 일어나 택시에서 내리면서 '그러면 만일 우리가 택시를 놓치면 택시비는 어떻게 받을 것이냐' 했더니 그런 것은 걱정하지 말고 잘 따라오라고 했다. 택시의 안내로 짚차를 몰고 중앙청까지 무사히 도착하여 택시비를 주었다.

교육부를 찾아가니 차를 가지고 왔느냐고 물어, 짚차 타고 왔다고 했다. 그러자 홍보물 너 댓 뭉치를 주면서 광명인쇄소가서 홍보물을 더 싣고 내려가라고 하였다. 교육부 홍보물도 많은데 그 홍보물을 짚차에 싣고 광명인쇄소를 찾아갔다. 그 광명인쇄소는 5·16 때 혁명공약을 인쇄하였다는 말도 있었다. 광명인쇄소를 찾아가니 어마어마하게 큰 창고에 인쇄물이 가득 차 있었다.

직원에게 전남교육청에서 왔다고 하니 직원들이 인쇄물을 창고 밖으로 내놓는데 너무 많아 겁이 났다. 밖으로 나와 도로에 서 있는데 전남 화물차가 지나기에 손을 들었다. 혹시 광주 갈 수 있느냐고 물으니 갈 수 있다고 하여 인쇄소에 차를 대고 홍보물을 실었다. 화물차의 반은 되었다. 요금은 2만 원이라고 하였다.

막 출발하려 하는데 누가 광주 가느냐고 묻기에 간다고 하였더니 전남도청에 있다면서 자기들 화물도 싣고 갈 수 있느냐고 하여 그렇게 하라 했다. 도청 홍보물물도 다 싣고 내려가려고 하는데 도청 직원이 요금이 얼마냐고 하니 내 옆에 서 있던 우리 짚차 기사가 3만 원이라고 하자 3만 원을 우리 짚차 기사에게 주었다. 그때 나는 짚차 기사 머리가 보통이 아니구나 생각하였다.

광주에 와서 도청 홍보물부터 내려주고 도교육청에 들렀더니 밤 12시가 넘었다. 임 과장님과 이승무 계장님이 기다리고 계셨다. 이 계장님이 기사에게 운임이 얼마냐고 물으니 기사가 2만 5천 원이라고 대답하여 또 한번 놀랐다. 기사가 그 돈을 어떻게 처리하는가 궁금했다. 같이 나누자며 자기는 2만 원을 갖고 나에게 1만 5천 원을 주었다.

당시 상황실에서 상황일지를 쓰고 잔심부름을 하였다. 본청 장학사와 직원들은 조를 편성하여 관내 시·군을 담당하여 출장을 갔다. 그런데 상황실에는 정체를 모르는 사람이 자주 드나들었다. 우리는 그들이 중앙정보부(국정원) 광주사무소 직원일 것으로 추정했다.

교육에 대한 대통령의 관심

박정희 대통령은 대구 사범학교를 졸업하고 문경소학교에서 3년간 교직에 몸담았는데, 일본 시학관(지금 장학사)과 충돌하여 스스로 사직하였다고 한다. 그 후 만주에 있는 군관학교에 입학하여 수료한 후 일본 육군사관학교를 나와 만주군 소위로 임관하였다. 3선 개헌 당시 박정희 대통령이 교사 경력을 내세우며 교원 처우개선, 봉급인상 등을 약속했고 교육계의 좋은 반응을 얻어 효과를 많이 보았다. 당시 전남에도 대구사범 출신 교육장이 몇 명 있었는데 대구사범 덕을 본 사람들이라고 하였다.

그러한 경험 때문에 10월 유신 때도 교육계의 많은 지원을 얻기 위하여 노력을 많이 한 것으로 알았다. 물량공세가 이어졌다. 직원이 시·군 출장 시 여비를 많이 주었다. 상황실에 케비넷이 두 개 있었는데 하나는 각종 서류가 들어있었고 내가 관리 하였다. 그런데 다른 하나는 자루가 들어있었다. 그 속에 무엇이 들어있는지 당시는 몰랐다. 그리고 항시 나에게 각종 영수증 내역을 아주 꼼꼼히 기재하도록 하면서 잘못되면 신상에 문제가 생긴다며 겁을 주었다. 나중에 상황이 끝날 무렵 추정하게 되었는데 그 자루 안에는 현금이 들어 있었던 것 같았다.

상황이 끝나니 국정원(추정)직원이 케비넷 안에 있는 각종 서류와 장부를 자루에 담도록 하였다. 그리고 다른 케비넷 속에 있는 자루는 자기가 가지고 나가더니 교육감실 쪽으로 갔다가 왔는데 자루가 많이 줄어든 것 같았다. 쓰레기 소각장을 묻기에 가르쳐 주니 나에게 각종 서류를 넣은 자루를 들고 따라오라 하기에 시킨 대로 하였다. 자기는 서류를 담은 자루가 아닌 별도 자루를 들고 나가서 자기 차에 싣고 나와 함께 소각장으로 갔다. 자루에 있는 모든 서류는 소각하도록 하였는데 모두 다 불에 태워질 때까지 지켜보고 있었다. 그래 당시 참으로 허망하고, 이러한 일도 있고, 이러한 세상도 있구나 생각하였다.

유신과 안보실기 대회

유신 때는 안보실기대회라는 행사를 치렀다. 박정희 대통령 앞에서 몇십 분 보여주기 위해 어린 학생들이 몇 개월에 걸쳐 고된 훈련을 받아야 했고, 1973년 무렵 이 행사를 치르게 된 전남교육청, 광주시교육청, 광주 시내 전 고등학교는 말할 수 없는 고통을 받았다. 학생 수업은 뒷전이었다. 1972년 유신헌법으로 고등학교에서는 교련 과목이 생기고 고등학교 2학년은 안보실기대회를 준비했다.

키가 170cm 이상 된 학생 중에 200명을 차출하여 오전수업 끝나고 오후에 4~5시간씩 무려 3~4개월 이상을 매일 훈련시켰다. 당시 고교생들은 얼룩무늬 교련복을 입고 발목에는 각반을 두르고, 총 대신 나무를 깎아 만든 목총을 들고, 주로 제식훈련을 날마다 받았다. 10월에 광주 시내 전체 남녀 고등학교 학생들이 광주공설운동장에 모여 박정희 대통령 앞에서 안보실기대회를 치렀다.

그 행사 진행 과정에 뒷이야기가 많았다. 당시 광주시교육장이 오영대 씨였다. 교육장이 국민교육헌장을 읽도록 되었는데, 오영대 교육장은 '나는 기관장으로 참석하는데 왜 내가 국민의례인 교육헌장을 읽어야 하나'하며, 아무 준비 없이 참석하였다. 사회자가 '오영대 광주시교육장의 국민교육헌장 낭독이 있겠습니다'라고 하여 교육장이 연단에 나가보니 연단에 국민교육헌장이 준비되지 않아 즉석에서 국민교육헌장 393자를 외워서 낭독했던 일은 그 후 전설이 되었다. 그때 공무원들은 국민교육헌장을 외우도록 하였으나 실제로 외우지 못한 공무원이 많았다.

초청장 문안수정의 홍역

그때 나는 도교육청 공보계에 근무하고 있을 때였다. 교육감 명의의 안보대회 초대장을 보내게 되어있었는데 그 초대장 문안을 공보계에서 만들게 되었다. 계장님은 사무관 시험 준비로 자리에 안 계셨다. 내가 그 업무를 보게 되어 여러 가지 초대장을 참고하여 문안을 만들어 중등교육과 국어과 장학사의 협조를 받아 결재를 올렸다. 그런데 당시 교육감님이 다시 하라고 해서 중등교육과장의 조언을 들어 교육감님께 가지고 갔더니 또다시 하라 했다. 아마 3~4번은 퇴짜를 맞은 것 같다.

그 일을 부교육감님께 하소연하였더니, 초대장 만드는 과정을 살펴보라고 하셔서 인쇄소를 찾아갔다. 지질 등을 살펴보면서 초대장 문안을 여러 가지로 배치하여 보기 좋게 만들었다. 첫 문장의 시작과 띄어쓰기를 고려하되 보기 좋게 글자를 배치하게 되었다. 그렇게 하여 초청장 문안을 가지고 간부님들의 결재과정 없이 교육감님께 갔더니 나를 쳐다보시면서 웃으시고, '자네 이름이 뭐지?' 하고 물었다. '황인수입니다.'라고 대답했다. 바로 결재를 하시기에 '간부님 결재를 받아 오겠습니다.' 하였더니, 교육감님께서 '그 사람들 뭐?' 하시면서 결재란도 없는데 그냥 결재하여 주시면서 이제 되었네. OK 하셨다. '그동안 고생하였네. 진즉 이렇게 할 것이지.' 하셨다.

당시 교육감의 바람은 초청장 문안은 띄어쓰기보다, 보기 좋게, 한 단어는 줄을 바꾸지 않게 하는 데 있었던 것이었다. 나는 그때 많은 것을 느꼈다. 그 후 교육행정을 하면서 나에게 많은 참고가 되었다. 특히, 용정중학교를 경영하면서 항상 그때 일을 생각하면서 박경선 국어 선생님(지금 교감 선생님)을 많이 고생시켰다.

공보계 근무 때는 참으로 고통스러웠으나 한편으론 간부님들이 나를 아껴 주시고 격려를 해주셨다. 당시 동아일보 김영택 기자, 조선일보 위정철 기자, 광주일보 조동수 기자의 격려가 큰 힘이 되었고, 특히, 부교육감님께서 명절 때 가끔 용돈두 주셨다. 문정과장님께서 여러 곳에 분산되어 있는 교육평론, 북한 등 여러 가지 간행물을 공보계에서 취급하도록 하시면서 발송비는 서무계의 협조를 받아서 하라고 하셨다. 공보계에서 간행물을 맡아 3개월 후에 정산하여 과장님께 보고 드리니 '왜 이것을 나에게 가지고 왔느냐'고 하시면서 계장님과 상의하여 처리하고 앞으로 나에게 가지고 안 와도 된다고 하셨다. 그 당시 김일석 계장님, 최광현씨와 상의하여 처리하였다.

당시 공보계장님은 목포 출신 모씨였는데, 시험공부하고 계셔서 한 달에 한 번 정도 나왔다. 그동안의 공보계 일과 월간지 이야기를 보고하고 고생하신다고 하며 몸보신하라고 약간의 용돈을 드렸다. 그때마다 사양하시다 받으시며 무척 미안해하였던 모습이 기억에 남는다. 그러한 과정을 서무계 근무한 이모씨가 많이 부러워하였다. 그는 내가 나간 뒤 공보계에 와 근무하였다.

그 후 내가 승진하여 곡성교육청으로 나간 뒤, 새로 오신 계장님께서 간행물 정산에 신경을 많이 쓴 것 같았다. 간행물이 여러 가지였는데 그 당시 모 간행물은 공보계에 일체 협조가 없었는데 K모 공보계장께서 그 회사 사장에게 다른 데는 다 협조하는데 당신 회사만 협조하지 않는다며 전화를 하였던 모양이었다. 그 사장이 교육감님께 그 이야기를 하여 교육감님이 문정과장에게 지시하여 공보계에서 취급하던 모든 간행물은 재무과와 중등교육과로 이관시켰다는 말을 듣고 콩을 가리지 못하고 아무 콩이나 먹으려 하다 큰 코 다쳤구나 생각했다. 이런 저간의 일화들은 다시 도교육청에 들어와 알게 된 것이다.

공무원 임용 모임 지우회

1974년 2월에 조선대 법대를 졸업하였다. 그리고 그해 8월 6급으로 승진하여 곡성으로 발령이 났다. 그런데 당시 곡성까지가 비포장도로 고 정도 들지 않아 인사계가 권하는 공무원 연수를 받게 되었다.

74년 8월. 날씨도 더운데 공무원연수원 교육을 받았다. 연수받을 때 충장로에 있는 옛 광주학생회관 옆 여관에서 팬티만 입고 자주 화투를 쳤다. 이모씨는 거기에 있는 사람들의 리포터를 작성하기도 했다. 공무원 동기들이 연수에 많이 참여하게 된 것을 알고 그 연수를 기회로 동기 모임을 만들기로 하여 약 40명 가까이 모였다. 모임 명칭을 「지우회」라고 하였다. 지우회는 참 씩씩하게 운영되었는데 지금은 10여 명 정도만 모인다.

91년경 강진농고에 근무하는 지우회 회원 이모씨가 해남교육청으로 나를 찾아왔다. 사무관 시험에 60점 이상을 받았는데 떨어졌다며, 왜 자기가 떨어졌는지 궁금해서 찾아왔다고 했다. 그래 내가 구체적

1974년 8월 24일 전라남도지방공무원 수료기념 사진
(앞줄 앉아있는 맨 왼쪽이 필자)

으로 설명했다. 자격 고시는 과목별로 과락인 40점 미만 없이, 평균 60점 이상이면 합격하는데 사무관 시험은 사무관 임용 인원의 3배수 또는 5배수로 하는 경쟁시험이기 때문에 90점을 맞았을지라도 더 높은 점수를 받은 사람이 있으면 더 높은 점수 순으로 합격시키기 때문에 90점을 받았더라도 떨어질 수 있다고 설명하였다. 그랬더니 어느 정도 이해를 했다. 그러면서 어떻게 해야겠냐고 하면서 도와 달라고 하였다.

그래서 그동안 시험 준비하였던 책 등을 가지고 주말에 광주에서 만나기로 하였는데 강충일 형에게도 연락하여 3명이 만났다. 거기에서 최근 합격한 사람을 소개하면서 무슨 책을 보았는지, 그리고 공부를 어떻게 하였는지를 잘 알아보고 그렇게 공부를 하라고 하였다. 그리고 강충일 형님께서 시험 대상자 추천을 받으려면 근무평정을 잘 받아야 하므로 도교육청 총무과장께 시험을 보겠다는 의지를 보이고 협조를 청해야한다고 조언했다. 이모씨는 그 후에 강충일 형님의 안내로 총무과장님을 찾아뵙고 사무관 시험을 볼 수 있도록 도움을 요청했다고 들었다. 이모씨는 그 뒤 시험에 합격했다. 그런데 인사계에서 나에게 전화가 왔는데 이모씨가 사무관 시험 합격자 연수를 받아야 하는데 출석하지 않는다고 했다. 놀라 이모씨에게 연락하여 '지금 어디에 있느냐'고 물으니 '여수 비행장에 있다'고 하기에, '왜 거기 있느냐'고 하니, '처남이 사무관 시험에 합격하면 서울로 발령을 내주겠다고 하여 서울 처남을 만나러 간다'고 했다. 나는 깜짝 놀랐다. '여보시오. 당신 정신이 있는 사람이요? 당신은 지방직으로 전남교육감이 시험 요구를 하였으니, 합격하였으면 연수를 받고 전남교육감의 사무관으로 발령을 받은 다음에 그렇게 하여야지, 그렇지 않으면 사무관 시험이 무효가 된다'고 했더니, '그러면 연수를 받으러 가야겠다'고 하였다. 이모씨는 정해진 연수를 받고 사무관 임용 발령을 받은 뒤 바로 국방부로 전출하였다.

정년한 후에는 자기 고향 강진에서 거주하고 있었다. 지우회 모임에 가끔 만나면 나에게 사부님이라고 부르곤 하였다. 내가 건강이 좋지 않아 광주에 있을 때인 2019년 1월 날씨가 매우 추운데도 '황제내경, 인간의 몸을 읽다'라는 책을 가지고 와서 내게 꼭 일독을 권하였다. 본인도 여러 차례 읽으며 건강유지에 도움을 받은 책이라고 했다. 내가 그 책을 가끔 읽고 있는데, 지난 해 2021년 그가 작고했다는 소식을 조문 간 강충일, 유연봉 형들을 통해 들었다. 건강 때문에 가지 못하고 편부만 하였다. 항상 위트가 넘치고 마음씨가 좋은 분이었다.

교육청 예비군 훈련사건

곡성교육청 근무당시 직장예비군과 지역예비군이 있었다. 나는 도교육청 직장예비군에 편성되어있다가 곡성교육청으로 발령을 받고나서 조선대 야간대학 때 맺은 친구인 중흥동 예비군 중대장에게 예비군 훈련을 부탁하고 나의 예비군 관계를 맡겼다. 그리하여 나는 직장 예비군에서 지역 예비군으로 재편성되어 있었다.

그런데 75년 봄 누군가 곡성교육청에 근무하는 직원들의 예비군 훈련 관계를 경찰서에 투서하였고 조사결과 교육청에 근무하는 직원 4명이 걸렸다. 당시 전국적으로 학교나 교육청에 근무하는 일반직공무원은 교사 재직 증명을 예비군 중대장에게 제출하고 방학 때 교사들과 같이 훈련을 받았다. 그런데 곡성교육청에서 그 일이 터진 것이다. 그때 직원 4명이 구속되었다. 내가 서무계장으로 교육장 직인을 관리하고 있었기에 서류를 위조하도록 직인 관리를 잘못한 책임을 물어 내 손으로 나를 견책 징계로 서류를 만들어 도교육청 감사계에 제출하였더니, 감사계 직원들이 전국적인 사안인데 징계까지 할 필요가 있느냐며 가져가라고 하여 그냥 가지고 와 버렸다.

그런데 그 후 곡성교육청의 민원이 도교육청에 접수되니 당시 경상도 출신인 관리국장님이 감사계장에게 '그 전 예비군 사고 당시, 그 사건 처리를 어떻게 하였느냐? 누군가에게 책임을 물어야 하는 것 아니냐?'며 문책을 지시하였던 것 같았다. 당시 감사계장은 홍모씨였다. 그때 곡성교육장과 관리과장 두 분은 곡성출신이었는데 두 사람이 무슨 일인지 자주 다투었다. 그리고 예비군 사고는 조사는커녕 나에게 말 한마디도 없이 나를 직인관리 책임자라며 징계처분하고 그 결과 도교육청에 보고하라 하여 항의하였다.

내가 왜 직인관리자이냐? 서무계장이 보직이 아니지 않느냐? 관리과장이 직인관리 책임자로 되어 있지 않느냐? 도에 항의하였더니, 감사계장님께서 만나자고 하여 댁으로 찾아갔다. 갔더니 자네 신상도 자신이 책임질테니 이번 건은 이해하여 주라고 하셨다. 그리고 처음에 자네가 자네 손으로 징계처분하여 가지고 왔지 않느냐 하셨다. 관리과장 박모씨는 당신 서중학교 선배이시고 교육장 장모씨는 당신이 수창초등학교 다닐 때 5학년 담임이었고 서중학교를 합격시켜준 분이라고 하시면서 양해를 구했다. 그래서 그대로 나를 징계 처분해 보고 하였다.

그런데 홍모씨가 감사계장에서 인사계장으로 자리를 옮기셨다. 당시 안모씨가 관리국장이셨는데 거기다가 도교육청 전입 인사를 부탁하였다. 그런데 안 되었다. 후에 알아보니 인사계장이 반대하여 못하였다고 하시어 인사계장을 만났다. 나의 인사에 불이익 없도록 책임지겠기로 하여놓고 왜 반대하였느냐고 하니, 당신이 인사계장으로 가서 첫 인사인데 나를 도교육청으로 발령 내면 혹시 기자들이 징계를 받은 자를 영전시켰다고 떠들면 곤란할 것 같아 못했다면서 다음 인사 때는 틀림없이 해주겠다고 하셨다. 그런데 홍모씨는 그 후 바로 재무과장으로 발령이 나버렸다. 그런 일이 있은 후 77년 10월 10일 경 내가 재무과로 발령이 나 세입계에서 근무하게 되었다. 그때 생각이 재무과장님이 데려간 것은 아닐까 궁금하였다.

모 분교장 부정 감사

/6년경 곡성 모 초등학교 모 분교장 감사를 사게 되있나. 그 학교에 근무하는 조무원이 교사에 대하여 민원을 제기하였기 때문이었다. 당시 그 분교장은 단급학교였는데, 교사 1명과 강사인 교사 아내 1명, 그리고 조무원 1명, 총 3명이 근무하고 있었다. 하늘 아래 첫 동네라고 하는 아주 산골싸기인네 마을 주민이 상당히 살고 있었다. 그때까지도 전기가 들어오지 않아 학교에서 발전기를 사용하고 있었다. 그리고 학교 앞에는 학교가 소유한 논이 6~7백 평 정도를 경작하고 있었다.

먼저 학교회계 장부를 보는데 가관이었다. 회계장부인 전도자금 출납부는 정리가 전혀 안 되어 있었으며, 장부에는 마을 행사 경비 계산 등이 기재 되어 있었다. 한마디로 엉망이었다. 그리고 자활학교였다. 학교에서 염소를 기르고 있었는데 갑자기 염소가 많이 없어졌다. 그래 그 이유를 물었더니 장마가 져 죽었다면서 염소는 귀에 물이 들어가면 곧장 죽는다고 했다.

자세히 살펴보니 학교 앞 논은 모내기부터 수확까지 마을 주민이 전부 다 하여 준 것 같았고, 마을에 한봉 벌통이 많이 있기에 조무원에게 물어보니 전부 그 학교 교사가 기르고 있었다. 꿀을 교사가 직접 채취하고 분봉되면 분봉 된 벌은 주민에게 나눠 주는데 자주 분봉하면 꿀 생산이 줄어 분봉은 안 한다고 했다. 조무원의 불만은 학교 논부터 모든 일은 마을 주민이 다 해주는데 수확은 교사가 다 가져간다는 것이다.

그리고 교사가 학교 관사에서 살면서 당직비는 1년 내내 다 자기가 모두 가져가고 자기들이 잘 때 덮는 이불도 학교 숙직실 이불이라고 하며 학교비에서 지출하고, 학교 텔레비전도 자기 방에서 부부만 보면서 학교비로 시청료를 지불하고, 자활학교비에서 구입한 염소도 마을주민에게 분배하여 키우는데 처음에는 2~30마리였던 것을 교육장과 양 과장에게 매년 가져다주고 자기도 팔아먹고 그랬다고 했다. 당직비만이라도 자기에게도 한 달에 며칠씩이라도 주었으면 좋겠다고 하였다.

그러면서 여기서 3년 근무하면 광주에 집 1채를 산다며, 자기는 벽지점수 따고 돈 벌고 이럴 수가 있는가 하였다. 그래 나는 그 자리에서 당직은 반드시 두 명이 교대로 하도록 행정명령을 하였다. 교육청에 돌아와서 징계 조치하여야 한다고 복명하니 과장과 교육장이 그 사람 징계하면 그동안 근무한 게 허사가 되니 봐주라고 하여 주의 조치하였다. 그 뒤 도교육청에 근무할 때 그 교사가 광주 모 초등학교에 근무한다며 꿀을 두 병 가지고 왔다.

당시 도서나 벽지 근무 교사들은 「한봉」을 많이 키운다는 소문이 돌았다. 전설 같은 이야기가 전해졌다. 섬에 근무하는 교사가 주말에 꿀 두 병 가지고 와서, 한 병은 자기 아버지에게 한 병은 자기 아들에게 주면서 먹으라 하였다. 교사가 한 달 뒤에 집에 와서 자기 아들에게 그 꿀 다 먹었냐고 물으니 아들이 할아버지 드렸다고 하니 그 교사가 '야~ 그 꿀 진짜다.' 하였다.

그 말을 아버지가 듣고 '이 세상 믿을 놈 없구나. 그래 진짜는 자기 새끼주고 지 애비는 가짜 꿀을 주는 놈이 내 자식이구나!'하였다. 그 말속에는 꿀이 가짜가 많다는 것과 부모보다 자식이 더 소중하다는 의미 외에도 여러 가지 사실이 내포되어있다. 섬에 근무하는 교사들은 벌꿀을 많이 기르고, 도서 전수를 따면서 돈두 법다는 수문이 파다하였는데 이런 흑막도 있었다.

섬지역 근무 교사들이 집에 올 때면 미역, 김, 말린 생선, 멸치 등 선물을 한 보따리 가지고 오고, 근무하다 아프면 주민들이 자연산 전복을 갔다 주면서 죽 끓여 머으라고 했다는 말도 파다하게 퍼졌다. 그 시절 "완도에 가면 개도 오천 원짜리 안 물고 다닌다."며 그만큼 인심이 좋고 돈이 흔하다고 했다. 또 믿거나 말거나 하는 소문도 있다. 여천 섬 분교장에 근무하는 어떤 교사는 2명뿐인 학생을 여수 시내에 하숙시키면서 여수 시내 학교에 다니게 하고 그 경비는 전부 자신이 부담하고, 실제로 자신은 서울에 가서 고시 공부한다는 과장된 소문도 있었다.

국궁사장의 활쏘기 수련

곡성교육청에 근무하면서 봄철에 퇴근하면 함께 근무한 교육청 직원과 국궁사장을 다녔다. 그 직원은 해남이 고향인데 타시도교육청에서 근무하다가 곡성교육청에 근무하게 되어 함께 여관에서 하숙을 하였다. 구례여관이라고 곡성에서는 괜찮은 여관인데 그 주인이 읍내에서 식당도 운영하였다. 군청직원, 학교 교사 등 여관방이 거의 하숙생으로 가득찼다. 아침저녁은 여관에서 먹고, 점심은 여관에서 운영하는 식당에서 먹고 다녔다.

　그 친구와 같이 활 사장에 가서 인사를 하니 활사장의 사두(射頭, 제일 어르신)라고 하신분이 젊은 친구들이 잘 왔다고 하시면서 꾸준히 다녀야지 오다 안 오다 하면 안 된다고 하셨다. 꾸준히 다니겠다고 다짐하니 다른 분에게 우리를 소개하였다. 새로운 회원이 오면 활을 쏘는 방법을 가르쳐주는 임무를 맡고 계신 분이었다. 그 분께서는 낡은 활 두 자루를 가지고 오셔서 활 당기는 자세와 활 쏘는 자리(射臺)에 들어서는 방법과 활을 당기고 내리는 자세 등 기본동작을 가르쳐주셨다.

　다음에는 화살을 활에 대는 방법 등을 가르쳐주셨다. 처음에는 화살에 줄을 메달아 그 줄을 땅에 고정시킨 대나무에 묶었다. 그래 활을 쏘면 화살이 가다가 다시 내 쪽으로 되돌아 왔다. 그렇게 일주일쯤 하니 직접 건너편 과녁으로 보내는 연습을 하였다. 다음에는 활을 메고 푸는 방법을 익혔다. 요즘은 국궁이라도 개량궁이 나왔는데 그때는 전부 경북에서 만든 대나무 활이어서 활을 메고 푸는 것이 상당히 힘들고 요령이 필요하였다.

　그렇게 근 1년을 다니자 몰기를 하였다. 몰기란 활 5발을 전부 과녁에 맞추는 것을 말한다. 활을 쏘기 위하여 옆구리에 화살을 넣은 주머니를 차는데 그 주머니에 화살 5개를 넣고 사대에 오른다. 사대에 사람이 다 오르면 한쪽에서부터 활을 한발씩 쏘는데 과녁(원이 색깔로 표시됨)에 맞히면 과녁 옆에 사동이라고 하는 학생이 빨간 깃발을 돌리면서 '관중이요!' 하고 외친다.

이렇게 한발씩 차례로 쏴 다섯 발을 쏘면 내려오는데 5발을 전부 과녁에 맞히면 몰기라고 한다. 몰기를 하면 몰기를 한 사람을 마루에 엎드리게 한 후 사두가 회초리로 5대를 때리신다. 그러고 나면 몰기를 한 사람이 간단한 간식을 준비하여 함께 먹는다. 그런 후 활사장 건물 벽에 누가 언제 몰기를 하였다고 새겨둔다. 봄이면 대회가 있는데, 나는 남원대회에 한 번 출전하였다.

그 후 곡성교육청에 예비군 사고가 있었는데 함께 하숙하고 활사장을 다녔던 그 친구가 사고에 관련되어 구속되는 바람에 교육청을 그만두었다. 나도 활사장을 그만두었다. 2015년경에 용정중학교로 전화가 왔다. 그는 그 뒤 한국감정원에 취직하였다고 했다.

계산(計算)증명 책자발간

재무과 세입계에 근무하면서 ≪계산증명≫ 책자를 발간하였다. 그후 얼마 안 되어 감사원 감사를 받게 되어 계산 증명 책자를 감사 자료로 깔아 놔뒀는데 감사관께서 교육감께 그 책자에 대해 칭찬을 하셨다. 다음 날 간부회의 때 교육감께서 계산증명 책자에 대해서 말씀을 하시니, 과장님께서 듣고 오셔서 나에게 칭찬을 하셨다.

그러던 어느 날 국장님께서 세입계장에게 나를 행정계로 보내겠다고 하니, 계장님은 내가 온 지 얼마 안 되었는데 인사운동 하였느냐고 굉장히 서운하다는 말씀을 하셨다. 나는 절대로 그런 적이 없다고 했더니, 대신 후임자는 자신이 추천한 사람을 주라고 하겠다고 하였다. 그리하여 세입계장이 추천한 사람이 본청에서 승진하여 나간 지 얼마 안 되었는데도 후임으로 오게 되고, 나는 행정계로 이동하게 되었다. 그때 세입계장은 내가 가는 행정계의 계장이 국장의 친인척인데 아마 말썽이 되어 나를 차석으로 보내려고 그런 것 같다며 행정계에 가면 잘해야 한다고 당부했다. 공무원이 근무하다 보면 관재(官災)를 당할 수 있다. 그것도 평소 친하게 지내는 사람과 함께 근무하다 그 사람 때문에 같이 피해를 볼 수 있으니 꼭 명심하라 하였다.

관재(官災) 대비하는 지혜

행정계에 가보니 분위기가 그리 좋아 보이지 않았다. 직원들이 계장님을 도외시하는 것 같았다. 그래서 세입계장님의 말씀을 바로 이해할 수 있게 되었다. 나도 항상 긴장하면서 조심하였다. 얼마 후에 그 계장은 시군교육청 관리과장으로 나갔으며, 나 또한 사무관으로 승진되어 82년 1월 1일 자로 목포 모 여고로 갔다.

그런데 그해 그러니까 82년 9월 21일 자의 중간 발령으로 내가 중등교육과 학사계장으로 발령되고, 목포 모 여고 후임자로 내가 행정계에서 계장으로 모셨던 바로 그 분이 오셨는데, 이는 당시 무슨 사고에 대한 좌천성 인사 조치로 보였다. 그 인사 조치에는 관리과장 뿐만 아니라 함께한 계장도 포함되었다. 그때 나는 그분 덕분으로 내가 도교육청으로 발령 되었구나 하고 생각했다.

나는 이러한 과정을 보면서 많은 생각을 하게 되었다. '나만 잘하면 되겠지'가 아니라, 내가 모시는 분이 법에 위배 되거나 부당한 것을 안 하도록 해야겠다고 생각하였다. 나 또한 법에 위배 되거나 부당한 것은 절대로 하지 않겠다고 명심하고 다짐했다. 특히, 관리국장할 때 그런 생각은 많이 했다. 경리관은 더욱더 엄격해야 한다고 생각하고 직원들 결제 서류를 엄격하게 검토했다. 검토하지 않고 모르고 넘어 갔으면 문제가 될 경우도 많았다.

78년 11월 20일, 관리과는 김모씨가 과장님으로 계셨다. 성실한 분이시고 꼼꼼하셔서 수첩에 직원의 보고문서나 해야 할 일을 적어놓고 가끔씩 직원을 불러 물어 보셨다. 그러면 직원들은 깜짝 깜짝 놀랐다. 한 번은 연말에 장이 꼬였다. 죽으려고 환장했네 하는 환장이 내게 온 것이다. 움직이면 통증이 굉장히 심해 병원에 입원했는데 그 병원이 병무청 인근 광주 병원이었다. 전대 이태희 박사 부인이 운영하는 병원인데 아침저녁으로 이 박사님이 진료하여 주셨다. 김모 과장님께서 기사 이덕주 씨를 시켜 4일 동안 아침마다 죽을 보내 주셔서 참으로 고마웠다.

한 번은 교육위원회 회의를 앞두고 학교 설립에 따른 서류를 회의 자료에 넣어 인쇄하여 교육위원에게 보내고 과장님께드렸는데, 저녁 늦게 보니 통계가 틀려서 아침 일찍 출근하여 과장님께 말씀드리니 과장님께서 나에게 '아, 이 사람아! 이미 버스는 출발 했네. 그냥 놔두소. 내

1979년 행정계 근무할때

가 알아서 할 테니.' 하셨다. 과장님 회의서류를 보니 당신께서 직접 쓴
깨알 같은 글씨가 가득했으며, 당신 나름대로 정리하여 머릿속에 이미
준비가 돼 있다는 것을 느꼈다.

　연말 관리과 회식 때, 나에게 동구청 뒤 정식당에 가서 우리 과 직원
들이 들어갈 방을 살펴보라시며 반드시 싱건지와 김치 맛을 보고오라
고 하셨다. 그래 나는 과 서무를 본 직원에게 그 일을 맡겼다. 그런데
그날 저녁 과 직원들이 정식당으로 갔을 때 우리 직원들이 들어갈 방
이 없어서 기다리게 되었다. 그때 과장님께서는 '이 사람들아, 자네가
갔다 왔더라면 우리 2~30명 이렇게 추운데서 고생하지 않을 것 아닌
가?' 하여 참으로 많이 반성했다.

　한참을 기다린 뒤에 그 식당에서 저녁 식사를 마치고 어느 정도 분

위기가 되니까 노래를 부르게 되었다. 노래를 부른 사람이 지명하여 돌아가며 의무적으로 노래를 부르게 되었는데, 서모씨가 '술과 노래라는 것은 자기가 즐거워서 하는 것인데 술도 권해 가지고 마다하면 절대 권하지 않아야 되고, 노래도 자기가 못한다 하면은 시켜서는 안 된다.'고 하면서, '만약에 나를 노래를 시키면 나는 나가겠다.'고 하였다. 그런데 얼마 되지 않아 누군가가 서모씨를 지명하며 노래를 부르게 하였다. 그러자 서모씨가 화를 내면서 나가버렸다. 연말 회식은 그것으로 끝났다.

모 학교 이전 당부진단

모 학교 이전 문제는 매우 복잡하였다. 실태조사를 가게 되었는데, 과장님은 모 학교 이전문제에 대해서 나에게 지시하셨다. 모 학교에 관계된 서류를 두 가지로 나누라며 모 학교를 이전해도 좋다는 것은 ○으로, 이전해서는 안 된다는 서류는 X로 하라고 했다. 폴더를 별도로 만들어 가지고 ○에는 이전이 타당하다라는 서류를 만들고 X에는 이전해서는 안 된다는 서류를 만들게 하셨다. 나는 하도 어이가 없었으나, 그러나 곰곰히 생각해 보니 그 말이 맞는 것 같아서 그대로 따랐다.

당시 일선에서 전화가 오면 담당자가 없을 경우 참 어려웠다. '담당자가 없으니 다음에 전화 하십시오'라고 대처하는경우도 있었고, 과장님이 꼼꼼하서 가지고 기안문을 갖고 가면 반려하신 경우도 많았다. 그래서 게 직원들에게 부탁을 했다. 나도 기안을 작성할 경우 갱지에다가 연필로 할 테니 여러분들도 그렇게 하자, 그래가지고 각자 돌려보자고 했다. 그랬더니 직원들이 각자 잘하면 될 텐데 왜 그렇게까지 할 필요가 있겠는가 하면서 난색을 표했으나 나는 한번 해보자고 했다. 행정계 직원 기안문, 특히 시·군이나 학교에 보낼 문서는 각자 초안을 잡아 전 직원이 회람하도록 하였다. 직원 모두가 무슨 공문이 나가는지 알아야 하고, 또 문안을 다듬기 위하여 그렇게 하였다.

그렇게 하면 김모 과장님의 공문 수정도 줄어들 것이고, 일선에서 문의 전화가 와도 누구나 답변할 수 있을 것으로 생각했다. 그 결과 담당자가 자리에 없어도 전화문의에 답변할 수 있게 되었고 과장님 결제도 빨라졌으며 무엇보다 전화문의가 줄어들었다. 지금은 작고하신 서모씨와 함께 일요일이면 광주 시내 학교와 송정리까지 구경하면서 업무에 대해 많은 이야기를 하곤 하였는데, 그때 행정계 근무가 공직생활에 많은 도움이 되었다.

한번은 과장님께서 간부회의에 갔다 오시더니 나를 부르셨다. 2~3일 후에 목포에서 광양까지 4차선 도로가 개통되는데 그 행사에 장관이 오시는데 교육감님께서 광양까지 수행하신다 하니 차 안에서 대화 자료를 만들라고 하셨다. 그랬더니 서모 씨가 기획계가 있는데 왜 행정과에서 그 일을 해야 하지 우리가 하느냐며 불평을 했다. 그러자 과장님께서 '이 사람아! 과장이란 사람이 짜잔하니까 그렇지 않는가? 아무리 그래도 자네들이 그대로 따라줘야지, 그래야 과장이 힘을 펼 것 아닌가?' 하며 역정을 내셨다.

그날 저녁 장동 로타리에서 서모씨와 밥을 먹으면서, 어쨌든 한번 해보자고 제의했더니 그렇게 하자고 하였다. 목포에서 광양까지 차 안에서 할 이야기꺼리를 고민 고민하다 안을 만들었다. 첫 장에는 곧 개통될 도로 현황을 쓰고, 그 옆 장에는 전남현황과 도교육청 현황을 썼다. 다음 장부터는 왼쪽에 도로를 지나는 시·군 현황과 도로 현황을 추려서 만들고, 오른쪽에 그 시·군 학교 현황과 그 지역의 유명 인사 특히 출신 국회의원들을 썼다. 그런 식으로 약 15~16 페이지를 만들어서 과장님께 드렸다. 과장님이 보고는 '아~ 이거, 교육감님이 좋아히 실지 모르겠네. 자네들이 고생하였는데' 하셨다. 간부회의에 다녀오신 뒤에 교육감님께서 칭찬하셨다며 과장님이 굉장히 좋아하셨다.

5·18 사태와 민주화운동

80년 5월 18일 광주사태가 일어났다. 지금은 광주민주화운동이라 부르는 사건이다. 교통이 두절되어 제대로 근무할 수 없어 광주시내 구경을 많이 하게 되었는데 누군가에게서 내게 연락이 왔다. 도청 앞 벽보에 내 이름 황인수가 사망자 명단에 올랐다고 했다. 가보았더니 내 이름이 실제로 있어 지워버리려고 하였더니 옆에 있는 사람들이 동명이인이 있을 수 있으니 그냥 두라고 하기에 그대로 놔뒀다. 그런데, 그 문제로 여러 번 연락을 받았다.

전두환의 신군부는 5월 17일 자정을 기해 비상계엄령을 선포하였다. 포고 이전에 전남대와 조선대 그리고 전문대도 학교마다 계엄군이 주둔하였다. 각급 학교는 휴업령을 내려 학생들의 등교를 막았다.

5.18 광주민주화운동 관련사진

그러나 전남대생들은 이날 오전 9시부터 정문에 모여 주둔군과 출입을 놓고 다퉜다. 계엄군이 강경하게 나오자 투석전이 벌어졌다. 학생들은 등교를 포기하고 광주역, 대인동 공영터미널을 거쳐 금남로로 진입하는 과정에서 전투경찰과 심하게 충돌하였다.

오후에는 금남로 일대는 드리쿼터에 분승한 공수부대가 나타났다. 이들은 M16 소총에 착검을 하고 등에 엇갈리게 매고, 손에는 곤봉을 들었다. 드리쿼터에서 내리자마자 학생은 물론 젊은 일반시민까지 닥치는 대로 후려쳤다. 정수리에서 피가 줄줄 흘러도 아랑곳하지 않았다. 이들의 토벌작전은 금남로와 충장로 계림파출소와 공용터미널 시내 일원에 걸쳐서 진행되었다. 심지어 여관 등 숙박업소에까지 들어가 젊은이를 색출하여 잔인한 행위를 구사하였다.

학생과 시민들의 피해가 심해지자 20일 오후부터는 시민들이 나섰다. 시민들의 데모는 밤을 새웠다. 도교육청은 밤샘 데모가 계속되는 중에 어느 중앙지 출입기자의 권유로 창고에 있는 무기를 해체하여 만일의 경우를 대비하였다. 실제로 이튿날 오후부터 시민군은 광주와 전남도내 예비군 무기로 무장해 계엄군과 대항해 싸웠다. 이것이 나중에 알려져 우리 기관을 평가하는 자료가 되었다.

다음날인 21일에는 시민들이 금남로 1가아 2가른 사이에 두고 도청 앞 분수대에 포진한 계엄군과 대치하였다. 그런데 12시를 기해 계엄군이 집단발포를 하면서 금남로가 피로 얼룩졌다. 항쟁은 27일까지 계속되었으나 광주는 강력사건이 1건도 일어나지 않았다. 인명피해는 사망 167명, 행방불명 54명, 상해 및 연행구금자 3642명이었다. 이직도 집단발포 명령자는 규명되지 않았다.

광덕고와 대성여고 설립

교육감님으로부터 부름을 받았다. 교육감님께서는 광주 시내 학생 수용계획에 대해 말씀하시면서, 광주시내 고등학교의 탈락자와 재수생이 몇 명 정도 되느냐고 물으셨다. 약 5천 명 정도라고 대답하였더니 교육감님께서 그럼 학교 2개를 신설하면 천 명 정도 줄어 약 4천명이 되겠지 라고 말씀하셨다. 나는 그렇지 않다고 말씀드리고, 천 명이 줄어져야 하는데 거꾸로 천 명이 더 늘어날 수도 있다고 했다. 그러자 '자네, 이 사람아! 자네는 뺄셈할지도 모르는가? 보텔 셈 밖에 몰라?' 하며 역정을 내셨다.

당시 학급당 50명씩 12학급이면 600명이니, 2개 학교를 신설할 경우 1,200명을 소화해 재수생이 약 4천 명으로 줄어들지 않느냐는 말씀이셨다. 교육감님이 '이 사람아, 자네 생각을 말해보소.'해서 내 생각을 말씀드렸다. '최근 2~3년 동안 광주 시내 고등학교는 학급 증설이나 신설이 없어서 어느 정도 수용계획이 크게 흔들림이 없었는데, 고등학교 2개교를 신설하면, 도내에 있는 모든 중학교에서 학급당 한 명씩만 광주시내 고등학교 진학 지원서를 더 쓰게 되면 천 명 이상 더 불어 나게 됩니다. 그러면 수용계획이 출렁거립니다. 그러면 또다시 2~3년은 힘들게 됩니다.'라고 설명 드렸다. 교육감님께서는 '그것은 다음의 일이지.' 하시며 '그래, 알았네!' 하셨다. 그래서 나는 자리로 돌아왔다.

그런데 다음 날 또 불렀다. 교육감께서는 남자 고등학교 하나 여자 고등학교 하나 사립학교 설립을 추진 할 테니 그렇게 알라고 하시면서 가라고 하셨다. 자리로 돌아와 과장님께 교육감님이 하신 말씀을 전했다. 과장님께서는 금시초문이라며 관리국장님실로 가셨다. 국장님실에 다녀오신 과장님이 국장님도 그 말을 전했더니 모르던데 하셨다. 며칠 후 신모 회장과 최모 회장이 교육감실에 들렸는데, 그분들에게 저를 소개하면서 학교 신설 서류 작성을 지시하셨다. 자리로 돌아와 과장님께 그 사실을 보고 드렸고, 과장님과 함께 다시 올라가서 그분들한테 인사를 드린 기억이 난다. 2개 교의 사립학교는 신모씨 문중에서 추진하는 모 고교이고, 대성약국 최모 씨가 추진한 모 여고였다. 관련 서류가 다 만들어지자 교육감님께 결재를 받으러 갔다.

1979년 8월 곡성 압록강가 솔밭에서 삼봉화투
(오른쪽 가운데가 필자)

그랬더니 교육감님께서는 비서실을 통해 간부들을 부르셨다. 학무
국장과 관리국장 그리고 중등과장과 관리과장이 오셨다. 간부님들이
들어 올 때 나는 비켜서 있었는데 교육감께서 나를 보고 하시는 말이
'자네, 이 두 학교에서 차 한 잔 얻어먹으면 혼나네. 자넨 절대 그 분들
한테 차 한 잔 얻어먹으면 안 돼!' 다그쳐서 너무도 황당하였다. 결재
받은 서류를 가지고 나오는데 다리가 후들거렸다. 그런데 과에 내려
오니 과장님께서 '이 사람아, 자네 들으라고 한 말 아니네. 우리 간부
들으라 한 말이네. 자네는 걱정 없네.'하셨다. 그래서 생각을 해봤다.
'아, 우리 교육감님의 지략이 대단하시기도 하지만, 또한 매우 특이하
기도 하구나…'

부지도 없는 학교 설립

광덕과 대성여고 신설문제 이후에 또 교육감이 불러 올라갔다. 갑자기 광주 시내에 여중학교를 하나 설립하라고 했다. 그때는 일정상 그렇게 할 수 없는 시기였다. 그러시면서 바로 다음 주에 학교설립 관련 서류를 작성해서 문교부로 가라 하셨다. 서류를 만들어 결제를 맡으러 가면서도 학교부지는 어디인지도 모른 상태였다. 교육감님께서 전남여고에다 하라고 하셨다. 그래 나는 교육감님께 '그 학교는 시설도 안 되었는데, 어떻게 인가를 받을 수 있겠습니까?' 했더니 '이 사람아, 교육부에 내가 다 말해 놨어. 자네는 찻값도 들 필요도 없어. 가면 바로 승인해 줄 거야.' 하시었다. 그래 관련 서류를 교육부에 제출하고 왔는데 며칠이 지나니 학교 설립 인가가 났다. 참 이런 일도 있구나 했다.

당시 관심은 '신설된 이 학교는 누가 교장으로 갈까?'였다. 교장 자리를 위해 부지도 없는 학교를 만들기도 하구나 하는 의구심이 들기도 하였다. 뒤에 이모씨가 교장으로 발령났다.

사실 내가 행정계 근무 당시인 79년 H 실고 등 6~7개 공립학교를 개교하였다. H 실고와 B 종고를 개설하기 위해 부지를 현지 답사한 결과 학교 부지로는 적합하지 않았다. 비록 현지 주민들이 부지를 부담한다 하더라도 마음이 내키지 않았다. 차라리 도교육청에서 부담하더라도 다른 곳으로 정하였으면 좋겠다고 생각했었다. 지금도 그 학교를 생각하면 잘못되었다는 죄책감이 들곤 한다.

고마우신 의사 선생님!

79년 초였다. 보성아산병원 원장님으로부터 전화가 왔다. 나의 형님께서 병원에 오셨는데 진찰결과 위암이니 빨리 광주 병원으로 모시고 가서 수술을 받으라고 하였다. 전남대병원으로 갔더니 교수님께서도 위암 같으니 수술을 받으라고 하였다. 전에 아버지가 위가 안 좋아 전주 예수병원을 다녀온 기억이 있어 형님께 어떻게 하실 것인가 여쭤보았다. 형님께서는 내가 모시고 간다하니 당신도 가고 싶어 하였다. 그래 전주 예수병원으로 모시고 가보니 대기실에 환자들이 많아 순서를 기다릴 수밖에 없었다. 형님은 의자에 누워 있을 수가 없어 바닥에 누워계셨다.

그래 통사정이라도 해볼 요량으로 진찰실에 들어가려하니 간호사가 순서대로 하라고 제지해서 실랑이가 벌어졌다. 그 과정에서 시끄러운 소리를 들으신 의사 선생님께서 나오시면서, '왜 그렇게 시끄럽냐?'고 하여 나는 전후사정을 이야기했다. 의사 선생님께서 나오시면서 나에게 '환자가 어디 있느냐?'고 하여 나는 '밖에 바닥에 누워 계신다.'고 하고 형님을 가르쳐줬다. 의사 선생께서는 나에게 환자를 모시고 자기를 따라오라고 하셨다.

의사 선생님은 직접 검사실로 가서서 위투시 검사 등 몇 가지 검사를 하고 나오면서, 나에게 환자가 위암은 아니니 걱정 말고 안정을 시키라고 하였다. 환자가 건강보험 대상자냐고 물으시어 나만 공무원이어서 되지만 환자는 일반인으로 보험이 안 된다고 했다. 그때는 공무원만 건강보험이 되고 지역에는 지역 보험이 시행되지 않을 때였다. 의사 선생님은 병원은 약값이 비싸니 자기가 1개월 약을 처방해줄 테니 약국에 가서 반드시 처방전에 있는 그대로 약을 구입하라며 약사들은 약 이름이 틀려도 성분이 같으면 똑같다고 하는데 그렇게 하면 안 된다고 단단히 일렀다.

꼭 처방이 된 그 약을 사야 된다고 했다. 그러면서 전주 시내의 약국 세 군데를 적어 주면서 1개월 후에는 반드시 모시고 오라고 하였다. 그래서 적어준 약국을 찾아 처방대로 약을 샀다. 형님께서 그 약을 1개월 동안 복용하였더니 거의 다 나으시고 좋아졌다. 1개월 후 형님을 모시고 다시 전주 병원을 찾았다. 광주에서 구두 티켓을 사가지고 갔다. 의사 선생님께서는 진찰을 해보고 3개월 약을 처방하여 주시면서 3개월 후에 다시 오라고 하였다. 나오면서 구두 티켓을 드리니 절대 안 받으셨다. 너무 고마우니 꼭 받아주시라고 하자 받으면서 앞으로 술을 줄이라고 하셨다. 형님은 관리를 잘하여 완치되었는데, 그 후로 술을 자주 드셨다. 그때 그 의사 선생님이 참으로 고맙다고 생각하였다.

형님의 병은 완치되었는데 지금 내가 아파서 병원 신세를 자주 진다. 세상에는 인술논쟁이 뜨겁다. 엉터리 교수와 엉터리 의사가 있는가 하면 정말로 성실한 의사도 있다는 걸 느낀다. 계림동 오거리 조내과 조모 원장님은 새벽 7시에 환자를 받는다. 당뇨 환자들은 검사를 정확히 받기 위해 아침밥을 안 먹고 나오는데 보통 9시, 10시까지 있게 될 형편을 감안하여 자신이 아침 일찍 진료를 마치고 나중에 아침밥을 잡수고 다시 나오신다고 하였다. 조 원장님은 고향이 진도 석교이며, 이모 부교육감님과 사돈지간이 되었다. 대중병원 배모 정형외과 원장은 너무도 성실하고 참된 의사라고 생각한다. 형님네 조카가 의사로서 병원에 근무하고 있는데 조카에게 지금도 가끔 전주예수병원 갔을 때 이야기와 대중병원 배봉현 의사의 이야기를 전해 준다.

큰조카의 사대지원 진통

도교육청 관리과 행정계에 있을 때 겪은 일이다. 형님 자녀가 6남매인데 그때는 집안이 넉넉지 않았다. 큰조카 성격이 차분하여 전대 사대를 보내면 졸업과 동시에 취업도 할 수 있고 교직이 적성에도 맞을 것 같았다. 형님께 설명하고 조카에게 권하니 그렇게 하겠다고 하여 고등학교 3학년 1학기 때 담임에게 부탁하였더니 2학기 때 보자고 하였다. 2학기 원서 쓸 무렵에 다시 부탁하였더니 안 된다고 하였다. 그러면서 국립대 꼭 보내려면 전대 문리대, 그렇지 않고 사대를 꼭 보내려면 조대 사대를 추천하였다.

담임교사는 문리대를 졸업하여도 교사를 할 수 있다며 자신의 고집을 굽히지 않았다. 그래서 내가 도교육청에 근무하는 데 왜 그것을 모르겠냐며 전대 사대를 지원할 수 있도록 해달라고 사정하였다. 내가 병원에 입원해있는데 저녁에 조카가 와서 전대 문리대에 원서를 제출하고 왔다고 했다. 화가 머리끝까지 치밀었다. 조카에게 나는 병원에 있어 가지 못해 친구 서모씨에게 부탁할 테니 같이 원서를 찾아 가지고 전남대 사대에 원서를 제출하라고 당부했다. 친구는 전남대 총무과장에게 사정을 말해 조카 원서를 찾아 2줄로 긋고 도장을 찍어 사대로 정정 제출하였다.

당시에는 대학입시가 예비고사가 있고 예비고사를 합격했을 경우만 본고사를 볼 수 있게 되어있었다. 조카는 본고사 시험 과목이 국·영·수 3과목인데 최선을 다하겠다고 하였다. 다행이 합격되어 전대 사대를 졸업하였는데 참으로 기뻤다. 조카가 졸업할 당시 나는 도교 육청 과학기술과 진흥계장으로 있는데 대학교에서 졸업생 성적통지가 와 보았더니 조카가 그 과에서 2등이었다. 그해 영암중학교로 발령받아 나와 함께 자취를 하게 되었다. 자취하면서 학교 근무의 자세와 시험성적의 처리, 가정 방문시의 예의 및 주의사항 등 잔소리를 너무 많이 하여 조카 성격이 내성적으로 되지 않았나 하는 생각을 한다. 현재는 용정중학교 교장으로 근무하고 있는데 지금 생각하니 많이 미안한 생각이 들곤 한다.

형님네 3남이 고등학교를 졸업하고 의대를 가고 싶어 했다. 그런데, 학교에서 서울에 있는 SKY에 원서를 쓰도록 하여서 첫해에 탈락하고 재수하여 SKY에 합격하여 대학을 다녔다. 어느 날 내가 옛날 하숙집을 찾아 갔더니 조카가 거기에서 생활하고 있어 '왜 학교에 안다니고 여기에 있느냐?' 물으니 '작은아버지, 제가 다시 공부하여 의대를 가겠습니다.' 하여 '그래 잘 생각하였다. 열심히 해서 꼭 합격하도록 해라.'라고 격려했다. 그 후 전대 의대에 합격하여 지금은 의사 생활을 하고 있다. 나는 그때부터 우리나라 중·고등학교 진로지도가 참으로 잘못되고 있다고 생각하였다. 한 예로 학교는 학생의 꿈과 관계없이 학교의 명예를 위해 학생을 희생시키는 것 같았고, 부모는 자녀의 적성과 관계없이 무조건 명문 대학만 쫓아가는 것 같았다. 그래서 나는 용정중학교를 설립해 운영하면서 무엇보다도 학생들의 꿈을 유념하였고 그 꿈을 키워가는 프로그램을 운영하게 되었다.

동아여고 설립의 전말

1981년 경, 교육감님께서 불러 갔더니 편지 한 통을 주면서 자세히 읽어보고 첨부된 재산을 잘 살펴 사실여부를 보고하라고 하였다. 편지의 주인공 차모씨에게 전화하였더니 자신의 소유 동아빌딩에서 만나자고 하였다. 만나서 교육감님께 보내신 편지를 잘 보았다면서 종이에 빼곡히 적혀 있는 재산이 전부 회장님의 재산이 맞느냐고 물었다. 그는 전부 자신의 재산이라고 하면서 그 외에도 더 있다고 했다. 그래서 우선 편지로 보낸 재산목록의 등기부 등본을 전부 떼어 올 수 있는가 하니 그렇게 하겠다고 하기에 다음 토요일에 만나기로 하였다. 약속한 날 만나서 재산목록과 등기부 등본을 대조해 확인하는데 하루가 걸렸다.

다른 분들의 재산을 확인할 때는 등기부 등본에 은행설정 등을 확인하는데 많은 시간이 걸렸다. 그러나 차모씨 재산의 등기부 등본은 당신 명의로 취득된 이후 아무런 특이 사항 이 없어서 놀라 물었다. '어떻게 은행 빚 없이 이렇게 큰 사업을 하실 수 있습니까?' 하였더니 당신은 사업을 할 때 자기가 가지고 있는 돈의 50%만 투자하고, 30% 정도는 사채를 놓고, 20% 정도는 은행에 보관하고 있다고 했다. 그렇

1979년 8월 도교육청 행장과 직원들과 곡성 압록 섬진강에서
(오른쪽 두번째가 필자)

게 사업을 하니 국회의원들이 찾아와 은행장을 소개시켜주겠다, 융자해주겠다는 등의 제안을 해오기도 했다고도 했다. 그러나 자기는 절대로 은행돈을 안 빌리고 번 돈의 범위 내에서 사업을 확장한다고 하니, 그 뒤부터는 소문이나 국회의원들이 찾아오지 않는다고 했다.

그처럼 어렵게 번 돈으로 어떻게 해서 학교를 설립할 생각을 하셨냐고 물었다. 그랬더니, 전에는 학교를 설립할 생각조차하지도 않았고, 요즘에는 새로운 학교 설립도 없어 관심을 가지지 않았다. 그런데, 대성약국 최모씨가 학교를 설립한다는 소문이 돌아 확인해 보니 참으로 학교를 세웠다는 것을 알고 자기도 학교를 설립할 생각을 갖게 되었다고 했다. 어떻게 하여 이러한 재산을 갖게 되었느냐고 물으니 자신의 역정을 자세히 설명해주셨다.

차모씨는 일제 강점기 초등학교를 졸업한 후 담양에서 일본사람 밑에서 점원 생활을 하였다. 점원 생활을 하면서 많은 것을 느꼈다. 일본 사람은 가게를 찾아온 할머니 할아버지가 가방을 가지고 오면 물건을 사든 사지 않던 그 댁에까지 가방을 들어다 주고, 오면서 그 집에 노인이 몇 분이 계시고 식구가 몇 명이며 애들이 있는지 인구조사를 하였다. 나중에 알고 보니 가족이 많은 사람들한테는 아주 특별한 관심을 갖는 것 같았다. 그 후 차모씨는 그 일본인 집에서 기거한 적이 있었는데 자기 아들은 2층 다다미방에 재우면서도 자기는 1층 온돌방에서 점원이 자신을 보듬고 자기에 '아~ 이렇게 나를 예뻐하시는구나. 앞으로 더욱더 충성을 해야겠다.'는 자세를 가졌다고 했다. 차모씨는 그 곳에서 주인이 점원을 부리는 방법을 배웠다.

그 후 지금의 서방에서 수제 양말을 짜서 팔았다. 그때 자기 형님인 차모씨는 삼천리 고무신과 자전거 상을 운영하고 계셨다. 하루는 형님이 다니는 남평 5일장을 말 달구지를 한번 따라가 보았다. 형의 장사하는 것을 보니 고무신 한 가마니 만 팔아도 자기가 열흘간 양말이나 장갑을 짜서 파는 것 보다 더 이익이 남을 것 같았다. 자기는 양발이나 장갑을 짜서 기껏 열흘 해야 한 번씩 장에 가서 판 것과는 비교가 되지 않았다. 그래서 형처럼 고무신을 팔게 해 달라고 아버지께 사정을 했다. 그러자 아버지께서도 부탁하였지만 형은 들어주지 않았다. 자기는 최후의 수단으로 하루는 장에 따라가서 하루 종일 쪼그리고 앉아 있었다. 그랬더니 형이 다음 장부터 한 가마니 준다고 승낙하였다.

"나는 아주 기분이 좋았다. 이제는 장사를 잘하는 것이 문제다." 혼자서 장사연습을 해보기로 하였다. 여자 고무신 두 켤레 남자 고무신

두 켤레를 집에 가지고 와 저녁 내내 연습을 하였다. 고무신 한 켤레를 마주쳐 소리를 내기가 힘들었고 듣기 좋게 하기란 생각보다 어려웠다.

손님의 귀에 대고 통 소리를 낸 다음 그 사람의 체격을 보고 신 사이즈가 맞아야 구입하지, 발에 맞지 않거나 사이즈가 어떻다고 하면 거의 사지 않는다는 것을 느꼈기 때문에 그런 연습을 하였다. 다음 장에도 가서 형님께 고무신 한 가마니를 얻었다. 형님이 옆에서 못 팔게 하여 다른 곳으로 옮겨서 팔았는데 오전에 전부 팔고 점심때에 빈 가마니를 가지고 가니 형님이 '너, 신 다 어떻게 했냐?'고 물어, '다 팔았습니다' 그랬더니 '그럼, 그 돈 주라.' 하기에 그래도 주지 않고 가지고 있으니까 '못 팔았구나? 돈을 다 줘야 판 줄 알 것 아니냐?' 하기에 돈을 다 드렸다. 돈을 다 드리니 '너 어떻게 전부 팔았냐? 보통이 아니구나!'하며 다음 장에는 두 가마니 주마고 했다. 그래서 다음 장에는 두 가마니를 팔았다. 그리고 나니 형님께서 '고무신은 앞으로 네가 팔아라, 형님은 자전거만 하겠다.'며 고무신 파는 일을 물려주셨다. 고무신 장사로 전업해 자전거 장사까지 사업을 늘리게 되었다. 돈이 늘어나자 사직공원 주변 상점을 매입해 세를 주고 임대료를 받았다.

차모씨는 나를 사직공원으로 데리고 가 공원 주변에 있는 집들이 다 자기 집이라고 소개를 했다. 주택 경기가 좋아져 건축업자인 모 토건이나 모 건설 같은 데서 자기가 운영하는 제재소에 목재를 사러 자주 와서 돈을 빌려 달라고 하면 빌려주고 목재 값과 함께 받아 돈을 많이 벌게 되었다고 했다. 동아빌딩을 지을 당시 충장로에는 5층 이상 건물이 없었고 동아빌딩 자리가 충장로에서 제일 요지였다고 했다. 맨 아래층에서 동아부인상회(백화점)을 운영했는데 여자 점원들이 많아 상당히 어려움이 크다고 했다.

점원들이 출근할 때와 퇴근할 때가 관심거리였다고 했다. 점원들이 데이트를 한다든가 남자친구가 생기게 되면 분명히 자기 가게에 영향이 있을 것 같아 신경을 많이 썼다고 했다. 물건을 치마 속에 감춰 간다든지 또는 돈도 받지 않고 자기 친구가 오면 줘버린 것 같아 고민 끝에 여직원들의 왕복 출퇴근카드를 도입해 시행하기도 했다. 아침에 출근할 때 부모가 몇 시경에 출발했다 하고 도장을 찍으면, 가게에 여직원이 몇 시에 도착하였는지, 또 퇴근할 때도 집에 몇 시에 도착했다는 출·퇴근 시간을 확인했다. 소문이 나자 한국은행 지점장이 찾아와 그 방법을 물어 알려줬더니 한국은행에서도 한 번 시험을 해보겠다며 돌아갔다.

차모씨는 어머니가 돌아가셔 발인을 할 때 만장을 사용했는데, 약 백 미터 정도를 사람들이 만장을 들고 따라가게 하면서 도청 앞에서부터 수창초등학교까지를 왔다 갔다를 두 번 왕복했다. 그랬더니 시민들이 구경하고 소문이나 동아부인상회가 잘되었다며, 자기 생각에 당시로는 그것이 유일한 가게 홍보 방법이 되었다고 했다. 그 무렵에 회사의 PR은 TV나 라디오 광고밖에 없었다.

당시 차모씨가 좋은 학교가 어디냐고 묻기에 전주상산고등학교 등 몇 군데 학교를 소개해 주어 함께 방문해 학교운영방법 등에 대하여 설명을 들었다. 차회장과 함께 일하는 동안 일요일 10시 다방에서 만나면 오후 2시나 3시가 넘어도 점심 먹자고 한 일이 없었다. 그래서 '회장님 점심 먹고 합시다.' 그러면 나에게 뭐 먹을 것인지 물어보지도 않고, '맛있는 것 있다.'고 '따라오라.' 하면서 구 전남도청 뒤나 구 시청 자리에 가서 국밥 아니면 짜장면을 시키고 한 말이 '맛있지? 이게 좋은 것이야.' 하였다. 사업가들은 이렇구나 하고 생각을 했다. 그러고 나면 오후 5시나 6시가 되었다. 나는 하숙을 하고 있을 때인데 자기 집 근처인 전남여고 앞 갑을탕을 향하며 자기는 목욕을 하고 가야 하니 함께 목욕을 하던가 목욕을 하지 않으려면 들어가소 하였다. 그때 업자는 매정하구나 하는 생각이 들었고 허전함을 느꼈다.

차모씨의 재산내역을 확인한 결과를 교육감님께 그대로 보고하였더니 '자네가 말한 것이 사실이면 학교를 설립토록 하소.'하였다. 그러시면서 '돈이 있는 사람이 학교를 하여야지 학교 운영에 부정이 없고 열심히 할 것 아닌가.' 하셨다. 이어서 과장님과 국장님께 같은 사실을 보고하고 동아여고 설립하는 일을 시작하게 되었다.

최씨와 차씨의 근검정신

나는 최모씨가 추진하는 대성여중·고 설립 계획을 승인해준 후 기공식에 초청을 받았다. 가서보니 기공식이 아니라 가족끼리 잔치같았다. 바닥에 포장을 깔고 제상에 돼지머리와 여러 가지 과일을 놓고 며느리들은 한복을 입고 아들은 양복을 입은 채 음식 수발을 하고 있었다. 제물이 차려지자 설립자 최모씨가 절을 하였다.

신발을 벗고 절을 하는데 양발 뒤꿈치를 꿰매고 바지는 궁둥이 부분이 헤어져서 누벼진 것이 보였다. '아, 그렇게나 돈을 많이 버시는 분들은 근검절약을 하는구나!' 하면서 나는 많은 것을 느꼈다.

차모씨가 재산목록 서류를 보자기에 싸가지고 왔을 때의 일이다. 다른 사무로 오늘 제가 서류를 다 보지 못하니 놔두고 가시라고 말한 적이 있었다. 그런데 차회장은 재산목록 서류만 놔두고 서류를 쌌던 보자기로 관리과 행정계 사무실 쓰레기통 위에 있는 이면지를 주워서 싸가지고 가는 것이다. 그 뒤 관련된 일로 동아빌딩 사무실에 들렀다. 가서 보니 당신의 책상과 응접실 탁자에 쓰레기통에서 가지고 간 이면지를 잘라서 메모지로 대못을 박아 사용하고 있었다. 돈 많은 사람들이란 지독한데가 있구나 하였다. 그러면서도 한편으로는 어렵게 번 돈을 함부로 쓰겠나 했다.

나와 서모씨는 두 사학을 설립하는데 적잖게 고생을 하였다. 공무원이기에 당연하기도 했다. 차모씨도 우리가 고생한 것을 알고서 "서류를 다 만들어 주면 두 사람에게 양복을 사 준다"고 말한바 있었다. 오랫동안 작업 끝에 동아여고의 학교설립 서류를 만들어주었다. 막상 학교가 설립되자 양복은커녕 고맙다는 말도 하지 않았다. 사업하는 사람들의 공통된 기질인지 아니면 원래 기업인들의 속성인지는 모른다. 그러나 인간관계가 말 한마디로 천 냥 빚을 갚는다는 속담처럼 고맙다는 인사는 해야 할 것 아닌가.

그 뒤 나는 1982년 1월 1일 자로 사무관이 되어 목포 모 여고로 자리를 옮겼다. 그동안 학교 설립 문제로 수시로 전화도 하고 자주 만났는데 목포에서 근무하고 있던 약 2개월 동안은 아무런 연락이 없어 학교 문제가 어떻게 되어가는 지 많이 궁금하였다. 그런데 82년 2월 말인가 3월 초에 서모씨로부터 급한 전화가 왔다. 큰 일 났다며 토요일 오후에 꼭 올라 와야 되겠다고 했다. 무슨 일이야고 물었더니 동아여고 설립계획 서류 때문이라고 했다.

학교 설립 계획에는 학교시설 투자에 대한 출연 재산과 각서를 제출하는데 이는 시설 투자에 대한 일종의 재산 능력인 보증(담보)자료인 것이다. 법인계에서는 그 재산목록에 포함 되어 있는 동아빌딩을 매각하여 학교시설 공사 자금으로 투입하여야 한다고 요구했다고 했다. 그러자 차회장은 놀래가지고 동아빌딩은 자기의 모든 것인데 차라리 학교 설립을 안 하겠다며 과장님에게 말하니 과장님도 놀래 가지고 황인수가 그럴 사람이 아닌데, 사실이라면 황인수 아주 나쁜 놈이라며 행정계에 대해 역정을 내면서 빨리 올라오라고 하여 서모씨가 나에게 연락을 한 것이었다.

나는 그때 많은 생각이 들었다. 세상에 이럴 수가 있을까? 첫째, 법인계에서는 나와 서모씨가 그 서류를 만들었다는 것을 알고 있었을 터인데, 그럼 나에게 그 사실 여부를 확인한 다음 차모씨에게 말하는 것이 도리가 아닌가? 둘째, 차모씨 역시 법인계에서 말한 것을 바로 과장님께 말하는 것보다도 나에게 먼저 말해 알아보는 것이 순리가 아닌가? 셋째, 과장님은 나에게 먼저 전화로 확인한 후에 사무실 직원들에게 화를 내시는 것이 좋지 않는가? 그런 생각을 하게 되니 많은 회의와 허무함을 느꼈다.

서모씨가 하는 말이 행정계장님이 토요일 날 숙직이니 과장님댁에 가기 전에 숙질실에 들려 계장님을 만나보고 가는 것이 좋겠다고 하였다. 그래 토요일 오후 도교육청 숙직실에 들려 계장님을 만나 뵈었다. 계장님은 웃으시면서 왜 그렇게 하였느냐면서 과장님을 빨리 만나보라고 했다. 나는 계장님에게 '어디 이럴 수가 있습니까? 좀 서운합니다.' 하고 과장님 댁을 찾아갔다. 당시 홍모 과장님이었는데, 과장님 댁을 방문하니 앉으라는 말도 하지 않고 화를 내셨다. 님의 일을 도와주려면 확실하게 알고 하여야지, 알지도 못하면서 그렇게 했냐며 꾸중을 하였다. 그 분이 자기가 가지고 있는 현금도 있는데, 아주 중요한 재산인 동아빌딩을 매각하여 학교시설에 투자하라고 하니 그렇게 하면 학교를 안 하겠다고 하면서 자기는 황인수를 믿고 하자는 내로 하였는데 어디 그럴 수 있느냐며 노발대발 하셨다고 했다 한다.

그래서 내가 그랬다. '제 말씀을 들어 본 다음 화를 내시고 나무래야지 그렇게 화만 내십니까?' 하니 과장님이 '이 사람, 나쁜 사람이네.' 라고 하시면서, '그래! 그럼, 자네 이야기 해보소. 들어볼게.'하셨다. 나는 차분히 설명했다. '과장님. 그것이 아닙니다. 수익용 출연재산 목록은 그대로 출연하여야 하지만 학교시설투자 출연재산 출연목록의 근본목적은 학교시설투자의 자금능력을 담보하는 것이지 꼭 그 재산을 매각하여 하라는 것이 아닙니다. 그래서 개교 예정일 이전까지 학교시설을 하겠다는 각서를 받지 않습니까? 그러면 재산출연 목록에 있는 재산을 매각하게 한다면 매각이 안 되거나 재산 매각을 하여도 학교시설 자금이 부족하면 교육청에서 학교시설을 책임질 것입니까? 그렇지 않습니까? 그러니 이것은 담보 능력에 불과한 것이고 계획된 학교시설은 학교 법인에서 책임 질 일이기에 개교 예정 이전까지 학교시설이 안 되면 학교인가를 안 해주면 되는 것입니다. 과장님께서는 내일 청에 가서서 제가 말씀하신 대로 하십시오.'

그러자 과장님은 당신이 어떻게 하면 되겠냐고 물으셨다. 나는 대답하였다. 일단 내일 '과장님 책상에 있는 전화를 응접탁자 위에 놓으시고 법인계장님을 오시라고 하여, 교육부 행정과 학교설립 업무 담당자에게 전화하여 학교설립에 첨부된 출연재산을 반드시 매각하여 학교시설에 투자해야 하는가? 아니면 자기가 가지고 있는 현금이 있거나 다른 재산을 매각하여 학교시설에 투자하여도 되는가를 확인하도록 하십시오. 반드시 과장님 앞에서 전화하도록 하여야 합니다.' 그랬더니 '그래, 그럼 그렇게 하겠네. 아무튼 남의 일을 도와줄 때는 모든 것을 알아보고 해야지, 그렇지 않으면 자네 개인 문제가 아니라 관청 즉 전남도교육청의 신뢰에 까지 영향이 있으니 앞으로 잘하도록 하소.' 그랬다.

그 후 월요일 오후에 서모씨로부터 전화가 왔다. 그 일 잘 해결되었다며 과장님이 화를 내시어 자기가 설명할 분위기가 아니었다고 하였다. 그리고 미안하다고 하였다. 그래 세상사 우리 생각대로 안 되니 그렇게 생각하자고 하였다. 그런 일이 일어난 이후, 학교설립 계획이 교육부로부터 승인이 될 때까지 차모씨와는 연락이 되지 않았고 과장님마저도 연락이 끊겼다. 1982년 4월 중순경 교육부로부터 학교설립 계획이 승인되었다는 통보가 왔다.

과장님께서 그때서야 고생했다고 하셨고, 미안했다고 정중히 사과하셨다. 차모씨도 내게 전화하여 토요일에 만나자고 하여 만났더니 내 손을 잡으며 서모씨가 왜 황 사무관에게 먼저 물어보고 과장님댁에 가시지 그랬냐고 하였는데 그때는 놀래 가지고 아무 생각도 나지 않았다며 황 사무관이 나에게 이럴 수 있는가 하는 배신감이 먼저 들었다고 하였다. 그러면서 미안하다고 하였다. 앞으로 나를 자네라고 부르고 학교설립과 모든 것을 자네가 시킨대로 하겠으니 자기 좀 살려 달라고 하셨다. 과장님도 만나자고 하여 댁에 갔더니 그때 나에게 너무 화를 내고 과사무실에서도 화를 내게 되어 미안하다고 하시면서 앞으로 서로 자주 만나고 당신에게 할 말 있으면 자주 연락하라 하셨다.

그런 일련의 소동으로 인하여 과장님과 차모씨와의 관계가 더욱 신뢰를 갖게 되었고 서로 자주 통화하게 되었다. "비온 뒤에 땅이 더욱 굳어진다."는 속담이 실감났다. 나 역시 그 후로 과장님과 모든 것을 허심탄회하게 이야기하고 형제간과 같이 지내게 되었다. 가끔 서모 과장이 홍 과장님을 말할 때 큰 형님이라고 자주 지칭한다. 그럼 '서 과장님은 작은 형님이신가요? 하면서 웃었다.

구례에 있을 때 보성교육청으로 보내달라고 하였다. 그랬더니 기관장이 아닌 보좌로 근무하면 좋지 않다면서 일언지하에 거절하셨다. 그런데 국장님으로 오셔서 하신 말씀이, 미안하지만 당신한테 나의 인사는 기대하지 말라, 내가 시·군 과장이니 시군에 근무하는 동안 예산 부탁이 있으면 우선하여 도와 줄 터이니 그리 알라고 하셨다. 그리고 나와 같이 근무하는 직원 신상에 대한 부탁은 들어주어도 내 인사는 당신이 있는 동안은 불리 할 수 있으니 유념하라고 하셨다. 그후 구례교육청에서 진도교육청으로 발령이나 서모 인사계장에게 그렇게 할 수 있느냐고 불평했더니 국장님께서 앞으로 황인수 인사는 당신이 알아서 할 것이니 그렇게 알라고 하면서 일언지하에 잘랐다고 전하셨다.

진도에 있으면서 다음 인사 때는 해남으로 가고 싶다고 하였다. 광주행 버스로 오면서 해남을 거치는데 해남에만 근무해도 얼마나 좋을까 하고 생각한 것이다. 그랬더니 그때는 고향도 한번 근무하면 보람 있네 하시면서 보성으로 보냈다. 보성교육청에 근무할 때 나에게 교육청을 개축해야 될 텐데 한번 검토해보라고 하여 그러면 예산을 주실 것이냐고 하니 네가 고향에 있으니 무엇 하나 기념으로 남기라고 하시어 보성교육청을 개축하게 되었다.

사무관시험 준비와 왕따

공무원교육원 교육이 있었다. 사무실 일이 매우 바쁜 틈에도 연수원 교육을 받아야겠기에 무리하게 신청하였다. 열심히 교육을 받아선지 수료할 때는 1등을 차지해 상장을 받았다. 지성이면 감천일까 이것이 승진자 명부에 영향을 미쳐 사무관 시험대상으로 추천되었다.

그때 당시 김모 과장님이 나가시고 홍모 과장과 이모 계장이 오셨다. 두 분 서무과장과 인사계장 하시다가 함께 관리과로 오셨다. 그런데 갑자기 사무관 시험 추천 소식을 접했다. 두 분은 사무관 시험 추천 순위를 알고 계셨을 텐데 하는 생각이 들었다.

기왕에 추천됐으니 열심히 공부하였다. 낮에는 일하고, 캐비닛에 이불 넣어두고 저녁이면 사무실 책상에서 자면서 공부하였다. 잠이 부족해서 가끔 낮에 지하 보일러실에서 한숨씩 자기도 했다. 그 낮잠이 효험이 있어 쌓인 피로를 어느 정도 해소하며 공부하였다. 그때 과장님께서 새벽이면 청 내에 있는 테니스장에 테니스를 치러 오시다가 과에서 제가 자고 있는 것을 보시고, 놀라워하시면서 영양제를 사다 주셨다. 그러나 들어가 공부하라는 말씀은 안 하셔서 섭섭하였다. 시험에 합격하여 갚겠다고 다짐하면서 열심히 하였다.

시험 날이 임박하여 고사장인 서울로 갔다. 다른 사람은 사전에 올라와 공부하고 있었다. 그들과 합류했는데, 공부하다가 내가 기면 감춰버렸다. 곡성교육청에서 근무한 오모씨에게 제의해 내가 행정학을 설명하고, 오모씨가 행정법을 설명하는 식으로 하였다.

나는 행정학을 설명할 때 큰 줄거리로 조직·인사·예산·통제 이런 식으로 설명을 했다. 즉 공무원의 능력 발전에 대해서 교육훈련과 전보 승진후보자 명부 근무평정을 설명을 했는데 시험에 〈공무원 능력발전에 대하여 논하시오〉라고 출제된 것이다. 기막힌 적중이었다.

당시 몇몇 사람은 시험 과목에도 없는 걸 시험에 출제했다고 했는데 오모씨와 저에게 한 말이다. 어쩌면 그렇게 알고 그렇게 했는가? 그게 50점짜리였다. 시험을 치르고 오모씨와, 류모씨 등이 서울역에서 표를 구입하는 동안 내 가방을 잃어버렸다. 서운하였다.

그때는 그 두 사람이 매우 미웠다. 제가 3명의 차표를 사는데 매표

구 입구 턱에 가방을 놓아뒀다. 돈을 주고 차표를 받는 사이 누군가 내 가방을 가져가 버린 것이다. 유모씨에게 표를 건네 주자 자네 가방 같은 가방을 들고 가던데…가방이 없는 것을 알았다.

기차를 타고 광주역에 내릴 때까지 가방 생각만 났다. 내릴 때 두 사람 손에 가방을 들었는데 나만 빈손으로 내려 너무 허전했다. 그 후 퇴근 무렵에 서모씨가 전화를 바꾸어 주었는데 교육부 직원이었다. 축하한다고 하였다. 사무관 시험 합격 소식을 전하였다.

깜짝 놀랐다. 사무관 시험 관계는 서무과 인사계로 연락이 오는데 나에게 직접 전화를 한 것이다. 그러면서 나와 오모씨, 조모씨가 합격 하였다고 한다. 그런데 그 무렵에는 전두환 정권시대라서 발령이 날 것인지, 시험이 취소된다는 등 갖가지 루머가 돌아다녔다.

다행히 1982년 1월 1일 자로 나 혼자 발령이 나고, 두 분은 1년 정도 발령이 나지 않아 미안하였다. 그런데 우연일까? 6개월 후에 오모씨 가 구례 관리과장으로 발령되고, 뒤에 조모씨가 구례 관리과장으로, 그리고 내가 84년 10월 1일 자로 구례 관리과장으로 발령됐다.

사무관 시험 합격자 3명이 차례로 구례 관리과장으로 근무하게 되 었다. 먼저 사무관으로 임명된 내가 제일 늦게 구례를 가게 되었다. 세상 일이 세옹지마(塞翁之馬)라 더니 화가 복이 되고 복이 화로 변한 다는 뜻으로 재앙에 슬퍼할게 못되고, 복도 기뻐할 게 아니다.

제2장
교육현장개선

복마전 수학여행

사무관 승진 후 첫 보직은 목포 모 여고 서무과장이었다.(1982.1.1) 중간간부로 나의 꿈을 맘껏 펼칠 시기가 도래한 것이다. 홍모 과장님 께서 저를 데려다 주셨는데 방학 때라 학교에 가니 서무과 직원과 당 직 교사만 계셨다. 그걸 보고 직원이 발령이 나서 오늘 올 줄 알 터인데 교장 선생님과 교감 선생님이 안 계시니 매우 서운하셨던 모양이다.

그러고는 나보고 가자고 하셨다. 식사나 하고 가십시오 해도 그냥 가셔버렸다. 얼마 뒤에 김모 관리국장님이 학교를 방문하셨다. 자네 잘 있는가하고 안부를 물으셨다. 그런데 교장실로 들어가시자고 해도 들어가시지 않고 학교를 둘러보자며 함께 구 내 일원을 둘러보았다.

국장님께서 학교가 보기도 좋지 않고 위험할 것 같다고 말씀하셨다. 내가 여학교이기 때문에 위험하다고 말씀을 드렸더니 자네가 이 학교 에 근무한 선물로 담장 설치예산을 줄 터이니 좋게 가설하라 하셨다. 그러고는 차 한 잔도 드시지 않고 가서버렸다. 정말 민망하였다.

82년도 여름 덕유산

그 후 예산을 요구하니 바로 예산이 배정되었다. 나는 신안교육청 시설계에 설계를 요구하여 추진 중에 갑자기 발령이 났다. 당시 2학년 학생들이 수학여행을 가게 되었다. 나는 학교 인근 유달초교 밑에 숙소가 있어서 아침에 떠나는 수학여행을 출발하는 것을 나가 보았다.

수학여행을 가는 2학년은 버스 8대에 분승하였다. 출발에 앞서 각반 담임교사들이 교장에게 인사하고 인원수를 보고 하였다. 들어보니 전날 서무과에서 도급경비 지출할 때 숫자와 많이 틀린 것 같아 교무실에 들려 출발한 인원수를 교무실 흑판과 교무일지에 적으라 하였다. 그리고 그날 오후에 모 관광회사를 찾아갔다. 전무님께서 어떻게 오셨느냐 하여서 당신의 회사에서 모 여고 학생들 수학여행을 맡았죠? 하니까 맞다고 하였다. 그래서 모 여고에서 입금된 수입일계표를 요구하였다.

그러나 수입일계표가 없다고 하였다. 재차 수입일계표를 달라고 했다. 확인해보니 차액이 있었다. 그래 이렇게 할 수가 있느냐? 학교에서 준 돈 그대로 세입을 잡아야지 왜 그랬냐고 따졌다. 그는 일정액을 공제해 운전사와 안내원 팁으로 드리고 나머지를 입금시켰다 했다.

　그것도 거짓말이었다. 나는 모 여고에서 지출된 금액 그대로를 일계표에 잡아 내일 아침까지 학교로 가지고 오라고 했다. 전무가 못하겠다고 해서 왜 못 하느냐 반문하니 돈이 안 맞다고 하였다. 나는 시내버스 입금액을 줄이고 학교 입금액을 제대로 맞추라고 요구하였다.

　만일 그렇지 않으면 시내 서무과장들에게 말해 앞으로 당신 회사에 일체 수학여행을 못하게 만들도록 하겠다고 하였다. 그랬더니 전무께서 그렇게 정정하겠다고 하고 그다음 날 정정하여 가져왔다. 며칠이 지난 후 선생님께서 수학여행에 따른 정산보고서를 가지고 왔다.

　나는 선생님께 교무실 교무일지를 가져오라고 말하였다. 교무일지 숫자와 수학여행 간 숫자가 틀려 있었다. 교무일지를 교장이 정정하여 가지고 왔다. 그러면서 이제 틀림없으니 봐 주십시오 하였다. 나는 증거가 또 있을 텐데 하니 증거가 절대 없다고 하였다.

　그러면 사진관 사장이 따라갔냐고 물으니 갔다고 했다. 사진관 사장을 오라고 했다. 그 사장을 혼냈다. 사진관은 서무과에서 계약 하는데 왜 말도 없이 따라갔느냐고 따졌다. 앞으로 앨범 안 주겠다고 했다. 사장님이 잘못했다. 앞으로 그러지 않을 테니 봐달라고 하였다.

　그러면 이번 수학여행 간 학생들 단체 사진 찍은 걸 가지고 오라 했다. 사장은 학급별로 찍은 단체 사진을 가지고 왔다. 선생님에게 학급별로 이 학생 숫자를 세라고 했다. 선생님은 숫자를 세고서도 말을 하지 못했다. 학급당 2~3명씩 차이가 났기 때문이다.

많은 걸 느꼈다. 수학여행 대금납부 때 여학교 학생들이 아침이면 가끔 납입금을 내는데 울고 있는 학생들이 있었다. 그 직원에게 물었다. 왜 저렇게 우느냐? 했더니 수학여행비를 독촉하니까 형편이 안 되어 못 가는데도 담임이 혼을 내니까 어쩔 수 없이 납부한다고 하였다.

"아하! 이렇게까지 해 가지고 데려 가는구나!" 그런 생각이 나 몹시 괘씸하였다. 그래서 그 선생님께 말했다. 그럴 수가 있냐? 그때 보니까 학급당 2~3명씩 차이가 났다. 내가 전년도 졸업생 앨범을 보여주면서 봐라. 당시 전도금을 다시 확인했다. 거기도 숫자가 모두 틀려있었다.

해마다 각급 학교의 수학여행이 그래서 복마전이라고 하였구나. 학교들이 수학여행 숫자와 정산을 이렇게 엉터리구나 한 것을 느꼈다. 그 뒤에 그 선생님들이 저에게 한 말이 새로 오신 사무관이 너무나도 무섭다고 하셨다. 그분들로서는 당연한 반응일 것이라고 생각하였다.

실업계 고교 진단

1983~4년경 과학기술과 진흥계장으로 있을 때 일이다. 그때 과장님이 안모 과장님이셨는데 상당히 자상하시면서 지도력이 있으신 분이다. 하루는 저를 불러 실업계 학교 실태조사를 하면 어떠냐 하여 하겠다고 하였다. 그리고 농업고교의 실태조사를 하기 전에 경기도에 있는 여주 자영농업 고등학교를 가봐야겠다고 마음먹고 그때 함께 근무

한 정모씨와 함께 가봤다.

　이 학교가 전국 최초로 자영농고가 되었다. 그때 당시 자영농고 교장 선생님이 특이하신 분이다. 서울대학교를 졸업하시고 사회과 교사로 교직에 근무하게 됐는데 교사 때 여주농업고등학교에서 근무하면서 학교부지가 약 30만 평이 넘는데 학교 경영은 아주 영세하였다.

　당시 교장 선생님이 그 학교 경영의 영세성에 대해 고민하였다. 일반 농가에서도 농사를 지어 자식들을 대학교까지 보내는데 왜 이렇게 많은 땅에 축사와 관리인까지 국가에서 지원해 주지 않은가? 그런데 학교 경영이 이렇게 어려울까? 그런 생각을 하게 되었다고 한다.

　여주농고는 자영농업고로 전환되기 이전에도 충분한 자립기반을 갖추고 있었다. 학과는 축산, 원예, 식품가공 등 3개과였다. 이들 학과를 운영하는데 딸린 축사는 물론이려니와 관리인이 5~6명이나 되었다. 젖소와 돼지를 기르는 인력이 많이 필요하지만 감당할 수 있었다.

　그래서 언젠가는 자기가 이 학교의 교장을 한번 해야겠다고 마음먹었다. 교감으로 승진해 다른 학교로 발령이 났는데 다시 이 학교 교감으로 와서 근무하였다. 그러나 교감으로서는 제대로 일하기가 불가능하였다. 교장으로 와야만 소신껏 할 수 있다고 생각하고 그날을 기다렸다.

　그는 경기도교육청에서 수원 시내 교장이라든가 학무국장 제안이 있었다. 하지만, 이 학교 교장을 꼭 한번 하고 싶어 이 학교 교장으로 오게 되었다고 하였다. 드디어 교장으로 부임했다. 그런데 교사와 교감시절의 보는 눈과 실제로 교장의 위치에서 보는 눈이 달랐다.

　교감 때는 인건비만 국가에서 대주면 자립학교로 만들 수가 있다는 자신감을 가지고 했었다. 책임자로 와보니 제일 어려움이 축사를 관리하는 직원들이었다. 가령 돼지는 새끼를 보통 8마리를 낳는다. 그런데 다음 날 보면 3마리가 밖에 없었다. 5마리는 죽었기 때문이란다.

이상했다. 그럼 죽은 것을 어디에 놔둬야 할 것 아니냐? 하면 묻어 버렸다고 했다. 관리인들의 소행이었다. 그들을 모여 놓고 돼지 애저도 해 줄 테니 우리가 열심히 한번 잘해 보자고 신신 당부하였다. 가장 큰 어려운 사항이 축사 관리인들을 지도하는 것이었다고 했다.

아울러 자전거를 구입해 젖소 등의 축사와 원예작물을 매일 두 번씩 순회관리를 했다. 학생들은 오전에는 일체 일을 시키지 않고 수업만 하게 했다. 돼지와 소의 사육실습은 오후에 하게 했다. 학생실습은 3~4명씩 조를 편성, 막사를 지정해 주면서 관리를 하게 하였다.

예를 들자면 일종의 경영실습이다. 가령 인천에서 아시안게임 1년 전에 학생들을 그곳에 보내서 도로가와 기관에서 필요한 꽃 화분을 주문받아 배달해주는 것이다. 역시 서울 시내까지도 꽃을 배달했다. 학생들로 하여금 실질적으로 체험을 하게 하고 이 농고를 나오면 반드시 자기가 이것으로 자립할 수 있는 그런 살아 있는 교육을 시켰다.

또 젖소 젖을 짜면 이전까지는 통째로 팔았다. 부가가치가 없으니 이득이 나지 않았다. 그래서 식품가공과를 만들어 우유를 가공해 정식으로 허가를 받아 여주 시내에 우유를 보급하는 방식으로 하였다. 학생에게도 판만큼의 수익을 쓸 수 있도록 보장해주는 식으로 했다.

가장 큰 성과는 젖소와 돼지 사육과 원예작물이었다. 1년을 해보니 이전에 5~6,000만 원이던 수익이 2억 원이 넘었다. 그다음 해에는 5억

원이나 불어났다. 그 후에는 인건비를 제외하고는 경기도교육청에서 일체의 예산지원 없이 경영했다. 비로소 자활학교로 거듭나게 되었다.

1984년 3월 1일 여주 자영농업고등학교로 교명 변경 및 특수목적고로 지정 되었으며 이후 비약적으로 발전하였다. 1992년 7월 1일 부설 경기도 농업계 고등학교 농업기계공동실습소 개소. 1996년 1월 3일 부설여주농업경영전문학교(현)설치 2002년 8월 1일 경기도립학교 개정 조례안으로 여주농업경영전문학교로 교명 변경 되었으며 학장이 여주자영농업고등학교 교장을 겸임하고 있다. 이러한 과정의 기반을 한 사람의 교장이 이룬 성과는 바로 상전벽해(桑田碧海)를 만들어낸 귀감이 아닐 수 없다.

다음으로 부산 원예고를 방문하였다. 학교는 시내 인근에 있는데 학과 중 화훼 분야는 부근 꽃집의 반발을 감안해 운영을 다르게 바꿨다. 즉 학생들이 관청의 도시조경과 화훼 장식, 업체의 사무실, 가정 등을 찾아가 재배와 기술지원을 하는 형태로 바꾸니 원성이 사라졌다.

우리 관내의 실업고 실태를 살펴보기로 했다. 첫 번째로 A 농고를 갔다. 바로 닭장으로 가봤다. 관리하는 학생들이 어디에서 왔느냐고 물었다. 교육청에서 왔다면서 고생한다고 말했다. 그랬더니 학생들은 이렇게 교육을 시켜 가지고 우리가 어떻게 농사를 짓겠습니까했다.

왜 그러냐하고 물었다. 학생들의 불만은 사육환경과 재질에 있었다. 닭장이 답답해 여름철에는 거의 죽는다 했다. 그러니 닭이 죽지 않도록 철조망으로 해야 한다고 했다. 닭장을 열어 놓으면 되지 않느냐고 반문했다. 그랬더니 닭이 나가서 없어지면 우리가 혼납니다 하였다.

죽더라도 닭장 안에 있어야지 밖으로 나가서 마리수가 차이가 나면 자신들 책임이라고 했다. 실제로 모든 것을 자신들한테 권한을 주면 닭 몇 마리를 팔아서 철망을 할 수가 있다고 했다. 학생들의 말을 듣고 이 학교의 실험실습이 참 잘못됐구나 하는 것을 느꼈다.

다음에는 소를 기르는 것을 봤다. 문제가 있었다. 생산품 매각대를 도교육청에 불입하면 그 돈을 그대로 학교에 재투자하도록 했는데 그것을 악용하는 것이었다. 예컨대 100만 원을 받고 소를 팔았으면 다음에는 송아지를 사야 한다. 송아지를 키워 큰 소가 됐을 때 팔아야 했다.

그러나 A 농고는 그러지 않았다. 100만 원에 팔고 다시 100만 원 주고 또 소를 구입해 길렀다. 몇 개월간 키워서 다시 팔아 도에 불입했다. 사고팔면서 돈이 불어나야 되는데 오히려 줄어드는 것이다. 학생들은 이런 형태가 계속 진행되면 결국 마릿수만 줄어진다 했다.

학생들의 말이 타당하였다. 도교육청도 책임에서 자유로울 수가 없었다. 농업계 학교를 평가할 때 생산품 매각대를 납부한 돈의 액수를 가지고 평가하기 때문에 A 농고가 2등을 하는 것이었다. 참 희한한 결과다. 실업계 학교가 이렇게 구멍이 뚫려 있구나하는 걸 느꼈다.

다시 B 농고를 가봤다. 이 학교는 소도 많지만 논이 많았다. 벼농사를 지어 벼를 타작하는데 탈곡기의 성능이 좋지는 않았다. 조무원들은 탈곡기가 구식이라 나락과 볏짚이 섞어서 나온다고 했다. 그것을 겨우 내 뒷손질해서 나온 벼만 가지고도 일 년을 먹고 산다고 했다.

공직사회가 아무리 한직이라도 자신들의 먹거리를 만든다고 하였다. 예를들면 영산포역의 화물차는 역장이나 차장이 출발시킨 것이 아니라 망치로 열차 바퀴를 두들기는 망치기사이다. 그들이 망치를 들고 흔들어야 비로소 차장이 파란 기를 들고 흔들어 기차가 출발한다.

전남을 농도라 한다. 농도의 농업고가 중요함은 아무리 강조해도 부족함이 없다. 그러나 우리 도의 농고와 여주농고와는 모든 면에서 사뭇 다르다. 학생들이 실습을 통해 자기 진로에 대한 꿈을 갖도록 하는 것이 산교육이다. 꿈을 만들어주지 못한 학교는 죽은 학교이다.

다음 차례는 공고를 가서 봐야 한다. 다만 나는 공고에 대한 지식이 없기 때문에 H 공업고등학교에 가서 종일 배웠다. H 공고는 학생들의 의자 등 대부분 필요한 물건은 다 학교에서 제작해 쓴다고 했다. 학생들은 여러 가구와 일상 용품을 만들며 몸에 익혀갔다.

H 공고의 교육은 독특했다. 철근도 자르는 방법부터 가르쳤다. 즉 큰 부분을 자르고 그다음에 세밀한 과정을 교수하는 것이다. 일반 공고의 경우는 그냥 무작정 교육과정 순서대로 잘랐다. 그렇게 하니까 버리는 것이 많았다. 하루이지만 그래도 내게는 큰 도움이 되었다.

일단 일정에 따라 Y 사립공고에 갔다. 거기에서는 H 공고에는 없는 것 즉, 화공실습이라든가 몇 가지 것을 더 배웠다. 다음은 S 공립공고를 갔다. 선생님들이 왜 일반직들이 실험실습 과정을 보느냐면서 의아심을 가졌다. 그분들에게 시책수립의 일환이라고 말했다.

S 공립공고의 경우 예컨대 실습을 하면 작업지시서가 있다. 그 과정의 작업지시다. 스텐에다 그것을 인쇄해 계속 반복해서 사용했다. 선생님께 물었다. 학생들의 성적은 어떻게 매기나? 실습을 할 때 잘못된 부분은 작업지시서에 교과 시험을 보듯 보관해야 하지 않는가? 그런

데 이 학생들의 점수가 수첩이나 교사의 머리에 있는 것이다.

선생님들이 작업하면 손에 기름이 묻어 작업을 꺼려한다. 학생들도 같은 작업을 계속 반복해야 한다. 당연히 손에 기름이 묻는다. 그런데 스텐에다 하면 종이가 절약된다고 하였다. 그래서 나는 선생님들에게 절약되는 것보다 학생들을 가르치는 과정이 중요하다고 하였다. 선생님들이 그 말을 어떻게 이해했는지는 알 수 없었다.

또 하나 이문전은 실험실습 폐기 매각대금이다. 철구이나 쇠를 자르면 최소한 1톤이면 10% 정도는 매각이 되어야 한다고 들었다. 그런데 실제로는 약 2~3% 정도밖에 되지 않았다. 화공약품의 처리도 의문이 있다. 이런 것들을 자세히 조사해서 과장님께 보고를 드렸다.

과장님도 깜짝 놀라셨다. 실업담당 장학관님이 계셨는데 그분 말씀이 앞으로 진흥계한데 잘 보여야하겠다고 하셨다. 과장님도 이것을 교육감님께 보고 한 것으로 알고 있다. 그러면서 앞으로 실업학교의 경영에 대해서 지도가 제대로 이뤄져야 한다는 것을 새삼 느꼈었다.

교육재산에 공원조성

1984년 10월 1일자로 구례교육청 관리과장으로 발령이 났다. 지방교육행정의 혁신에 온몸을 던질 때가 온 것이다. 구례에서 국궁사장에 자주 나가면서 그 부지가 학교림임을 알게 되었다. 이런 사실은 사두님께서 확인해주셨다. 그런데 몇 달 후 군에서 활사장을 포함한 부지에 공원을 조성한다는 이야기를 들었다. 바로 토지대장

1984 해변가에서

(임야대장)을 확인해보니 학교림으로 되어 있었다.

그럼에도 불구하고 군청은 군유지라고 주장하고 나왔다. 이 문제로 교육청과 군청 간 갈등이 일어났다. 원만한 해결을 위해서는 우호적인 여론의 조성이 필요하였다. 그 일환으로 우선 읍내 유지 등 어르신을 찾아뵙고 이야기를 해보니 교육청의 말이 맞다고 하였다.

나는 단순한 기관간의 다툼이 아니라 순리로 풀고 싶었다. 군수·경찰서장(김진수 과장의 동생)·교육장, 그리고 몇 분의 어르신과 식사자리를 마련했다. 내가 학교림의 소유가 교육청에 있음을 설명하니 어르신들이 듣고 있다가 교육청 말이 맞다고 하여 일단락되었다.

그런데 얼마 후 군청에서 관내 학교 옆 부지를 임의로 분할 측량하여 보건지소를 설치하겠다고 사용 승낙을 요청해왔다. 나는 "왜 소유자의 승낙도 없이 분할하였느냐"며 군 재무과장에게 불가하니 합병해 복구토록 했다. 이후부터 군은 교육재산에 조심한 계기가 됐다.

관내학교 등교정지 지시

교육청 청사 안에 도서관이 있었다. 학생들은 적지만 입장료를 내고 사용하였다. 도서관 2층에 과학기자재를 종류별로 설명서를 붙여 전시하자고 하면서 경비는 관리과에서 지출하여 주겠다고 하였다. 그런데 담당자가 분실 우려가 있기 때문에 안 된다고 하였다.

사진기 능 고가 기자재는 빼고 난순 소모품만 하사고 하었으나, 그래도 장학사가 반대하고 나섰다. 그러자 오영대(작은 오영대 전북 출신) 교육장님께서 관리과장이 책임지고 하겠다는데 왜 반대하느냐? 그런 까닭에 학무과와 상당히 불편한 관계가 조성됐다.

그런 상황에서 마침 태풍이 휘몰아쳤다. 태풍으로 곡성-구례간 도로가 유실되어 노선버스가 다닐 수가 없었다. 그날은 하필 일요일이었다. 나는 일요일 저녁에 기차로 순천으로 가서 순천에서 구례로 가는 기차를 타고 구례구역에서 내려 택시를 타고 출근하였다.

교육청에 와서 저녁 늦게 관내학교 등교정지 지시를 하고 교육장님께 보고하였다. 그랬더니 오 교육장님께서 미처 생각하지 못하였는데 잘 하였다고 하시면서, 교육장님도 월요일 오전에 순천으로 돌아 출근하셨다. 학무과장과 몇몇 장학사들은 화요일에 출근하였다.

교육장님께서 무척 화를 내셨다. 그분은 실력도 있고 참 점잖은 분이었다. 하루는 앞으로 교육자치제가 되면 시·군교육장도 그 지역 출신들이 하게 될 것 아니냐는 말씀을 하셨다. 얼마 안 있어 도교육청 장학관으로 가시어 광주시 교장으로 가신 것으로 기억된다.

1985년 가을 지리산 노고단에서
(앞줄 가운데가 필자)

포니는 돼지 장사의 차

1986년 무렵 구례교육청 근무 시 순천교육청으로부터 연락을 받았다. 당시 순천교육청 교육장은 박봉주 교육장이었다.

총무처장관께서 지금 순천교육청에 계시는데 구례구역을 거쳐 방문하신다고 알려왔다. 즉 순천과 구례 경계인데 교육장이 마중 나오라는 통보였다.

왜 전남교육청에서는 연락도 없는데 이상했다. 나는 교육장님을 모시고 구례구역으로 갔다. 구례구역서 잠깐 기다리니 승용차가 2대가 왔다. 총무처장관과 순천 박교육장이었다. 인사를 하니 박교육장이 화엄사에서 점심을 제의해 그러자며 함께 출발하였다.

장관 차와 순천교육장 차는 빨리 달리는데 구례교육장 차는 앞차를 따라가지 못하였다. 운전사에게 빨리 가자고 하니 더 이상 속력을 낼 수가 없다고 하였다. 화엄사 입구에 있는 식당에 전화하여 점심식사를 예약하였으나 도저히 앞차와 함께 도착할 수가 없었다.

운전기사는 앞차들은 고급승용차이나 구례교육청 차는 포니라서 속도가 느리다 하였다. 그러면서 포니는 돼지장사도 타지 않는다고 했다. 식당에 도착하니 장관님과 순천교육장이 우리를 기다리고 계셨다. 내가 죄송하다면서 식당을 안내하여 식사를 하게 되었다.

총무처장관의 이야기를 들어보니 지방자치단체 조직 진단차 오셨다고 한다. 내 생각에 왜 전남교육청에서 아무 연락이 없었을까? 아마 순천교육청에 볼일이 있지 않았는가 생각을 하였다. 식사가 끝날 무렵에 저희가 늦게 와서 죄송하다는 말씀을 다시 드렸다.

그 이유는 포니 승용차 때문이라고 하였다. 포니는 돼지 장사들도 타지 않는다고 하였더니 그게 무슨 말씀이냐고 반문했다. 포니는 속도를 낼 수 없어 따라갈 수가 없다고 하면서 지역교육청 승용차를 하루빨리 바꿔달라고 하였다. 그게 총무처 소관이냐고 물었다.

장관님께서 관심을 가져주시면 가능할 것입니다. 지역교육청 모두가 그러냐고 하시어 시·군 자치단체 규모에 따라 다른 것 같습니다. 그러나 승용차까지 차별하는 것은 곤란하지 않습니까? 장관님은 오늘 비싼 점심 먹었네 하시면서 조치하여 주신다하셨다. 얼마 안 되어 지역교육청 차의 포니가 교체된 것으로 알고 있다.

구례에서 진도로 전보

1986년 11월 12일자로 구례교육청 관리과장에서 진도교육청 관리과장으로 발령됐다. 정말 서운하였다. 인사계장이 서모씨였다. 인사계 차석이 강충일 형이다. 서모 계장에게 전화하여 "이럴 수가 있습니까? 구례 산골짜기에서 서쪽의 외딴섬 진도까지 너무들 하신다"고 하였다. 그랬더니, "자네 큰형님이 그리하라 하였다"고 했다.

"내 큰형님이 누구입니까?"라고 물었다. 서모 계장은 "홍모 국장님이 자네 형님 아닌가."라고 반문한 게 아닌가. 강충일 형에게 전화하니, 웃으시면서 "나는 모르네. 그렇게 하자고 하여 그렇게 했네"라고 똑같은 말씀이었다. 이틀 뒤에 홍모 국장님에게 항의차 전화하였다.

홍모 국장은 "자네와 내가 친하다고 모두들 그리 하길래 어쩔 수 없이 그렇게 했네. 자네는 혼자니 집에 올 일이 별로 없지 않은가. 건강관리 잘하고 연구나 잘해 보소"하고 끊으셨다. 짐을 싣고 진도를 가는데 비포장도로에 연류이 막 되었으나 참 도로가 엉망이었다.

김종철(구례중 서무과장) 씨가 동행해줬다. 나를 진도에 두고 가면서 돌아서서 울고 계셨다. 그때 일을 생각하면 지금도 눈물이 나고 기가 막힌다. 동료들은 '황인수가 국장님과 친하니까 좋은 곳으로 갈 것이다'라고 예상하였었다. 그러나 결과는 정반대로 나왔다.

당시 홍기승(사망)이가 서울로 가면서 하는 말이 생각났다. "인수형, 홍 국장님 오신다고 형 좋다고 생각하는데, 인사 덕을 볼라고 생각하지 말소"라고 하였다. 이제 와서 생각하니 그 말이 맞구나 하고 단념하였다. 기왕에 왔으니 진도교육을 위해 더 노력키로 했다.

관사 및 학교 건물 방치

마음을 고쳐먹으니 편안해졌다. 그런데 관리과장 관사가 지붕이 낡아 비가 샜다. 비가 오면 부엌에 물이 들춰 한강이었다. 임시방편으로 지붕에 천막을 덮었다. 관리과장 관사처럼 읍 인근에 위치한 학교도 2층 건물인데 뒤쪽이 기울어 나무기둥 3개로 받치고 있었다. 그 뒤 관리과장 관사와 학교 2층 건물을 태풍 피해 시 피해 상황을 성부에 보고하여 재해 복구비로 개축하였다.

조도와 동거차도 등 섬 학교를 살펴보았다. 천장이 뚫어져 하늘이 보이는데 수업을 하고 있었다. 사택의 문구멍을 신문지를 막아서 사용하는 등 관리가 엉망으로 되어 있었다. 섬 지역 학교 관리와 학교 건물의 보수 등 업무를 하면서 많은 생각을 갖게 되었다.

너무 어처구니가 없었다. 그 학교에 자기 자식들이 다닌다면 이렇게 방치할 수 있겠는가. 정말 무책임의 극치가 아닐 수 없었다. 문제의 해남교육청 관리과장 관사는 4칸 기와집으로 크고 마당이 넓었다. 비가오면 비가 새는 곳이 한두군데가 아니었다. 혼자는 무서워서 살수 없어 옆방에 직원으로 하여금 살게 했다.

어느 날 학무과장님에게 그 상황을 이야기했다. 그러니까 과장님께서 "과장님, 우리 관사에 한번 와 보세요"라고 하였다. 즉시 가보았다. 너무 미안했다. 그 집은 비만 오면 골목길을 다닐 수 없었다. 뒷산에서 내려오는 물 때문에 구두를 신고 다니지 못하였다고 한다.

집안으로 들어가 봤다. 일반적으로 마당보다 토방이 높은데 토방과 마루 사이가 높았다. 그러니 큰 돌을 놓고 마루를 올라가게 되어 있었다. 내가 미안하였다. 교육장님께(고모씨, 해남출신) 사정을 말씀드리고, 즉시 매각하고 아파트를 매입하여 사용하도록 하였다.

시·군교육청의 낡은 관사문제는 거의 비슷한 형편이었다. 이전 근무지인 구례교육청에서도 교육장 관사와 관리과장 관사가 낡아 개축하였으며 그 뒤 보성교육청에서도 양 과장 관사를 개축하였다.

얼마 후 해남교육청으로 발령됐다. 마침 신임 교육장님이 부임하여 경리계장과 관사를 둘러보러갔다. 몰골이 참담했다. 어찌 이럴 수가 있을까. 대문은 큰 쌍바리지문인데 여닫을 때마다 요란한 소리가 크게 났다. 부엌은 재래식이고, 화장실은 대문 옆에 있었다.

당시 웬만한 집은 입식 부엌에 화장실도 집안에 있었다. 전임 두 분의 교육장님(해남출신)께 미안했다. 새로 오실 분을 생각하니 도저히 안 되겠다 싶었다. 경리계장과 시설계장에게 부엌은 당장 입식으로 바꾸라며 화장실은 옮기지 못하면 깨끗이 보수하라 일렀다.

신임 교육장이 관사보수공사 중에 부임하셨다. 대개 먼저 부임해 사정을 살핀 후 이사하는 것이 관례이다. 그런데 교육장님은 사모님과 함께 오셨는데 경리계장에게 왜 이럴 수가 있느냐고 푸념하였다. 경리계장은 수리도 끝나지 않았는데 왔다고 나에게 투털댔다.

나도 화가 났다. "보소, 이 사람들아. 내가 보수하라 하니 예산 없다고 하여 외상 공사라도 하자고 하여 고치라고 했는데 좋은 소리도 못 듣고….".하였다. 부임 이틀 후에 교육장님께서 나를 찾는다고 하여 갔다. 용건은 아파트로 이사 가겠다는 통고를 하는 것이다.

1987년도 진도교육청근무시 진도사천리에서
직원들과 윷놀이

　교육장님께서는 관사를 임대해 그 돈으로 아파트를 전세로 얻을 수
있으니 걱정하지 말라 하셨다. 제가 "전임 교육장님 두 분이 말없이
그 집에서 지내셨습니다. 그리고 관내 교장들이 댁을 방문하게 되면,
그냥 소문이 나니 좋은 결정이 아닌 것 같습니다"하였다.

　그래도 교육장님은 고집을 굽히지 않았다. "걱정 마십시오. 과장님
께 돈 보태달라고 안 할테니까"하셨다. 내가 "해남에 와서 무슨 말이
든 우슬재를 넘어가면 안 된다는 말을 들었습니다. 알아서 하십시오"
라고 하였다. 2~3일 지나 교육장님이 "미안하다"고 하면서 그대로 관
사에 사시겠다고 하셔서 "잘 하셨습니다"라고 하였다.

　진도교육청에서는 주 1회 각급 학교 조무원들이 등청하였다. 하루
는 조무원들이 학교로 돌아가지 않고 있었다. 내가 "왜 학교에 안 가

시느냐?"고 물었더니 "공문함을 열어주어야 한다"고 하였다. 그 분들 중 두 분의 가방을 열어보니, 돈 심부름하는 경우가 많았다.

조무원들의 심부름 내용은 다양했다. 즉 월간지 대금의 납부와 학교에서 공제한 돈의 입금 등 너무 복잡하였다. '이런 사실이 경찰서에 알려지게 되면 큰일이 나겠구나'하는 생각을 하였다. 게다가 학습자료까지 포함하면 보통 짐이 아니었다. 일종의 불만토로 행위였다.

교직원봉급 가족통장 입금

나는 경리계장에게 개선방안을 제시했다. 우선 섬 지역 학교의 학교장으로 하여금 선생님들 가족(부인) 명의 통장을 보고받았다. 교육청은 학교에서 공제하는 법정 공제금은 미리 보고 받아 교육청에서 바로 각종 계좌로 입금했다. 일련의 조치를 취하여 조무원들의 불만을 해소했다. 그리고 섬지역 선생님들의 도박도 말썽이었다. 도서 지역에 근무하는 교사들은 한 달에 한 번 꼴로 집에 갔다. 주말부부가 아니라 달포부부인 셈이다. 자주 학교에서 도박을 한다는 잡음이 그치지 않았다. 그래서 섬 학교 교직원의 봉급은 교육청에서 가족 명의 통장으로 바로 입금토록 하였다.

이런 시책은 진도교육청밖에 없었다. 그랬더니 교직원들의 부인 등이 교육장과 경리계장에게 전화가 쇄도했다. "참으로 고맙다"는 찬사가 빗발쳤다. 그리고 물품은 어떻게 하면 좋겠는가 하는 것도 보성교육청과 해남교육청에 있을 때에도 계속 연구해 방법을 찾았다.

칠전초교의 유자나무

하루는 칠전초등학교에 가보았다. 학교 바로 옆에 유자나무 밭이 있는데, 방치되어 있었다. "왜 이렇게 방치해 놓았느냐"고 물었다. 그랬더니, "비용이 많이 들어 관리를 못하였다"고 대답했다. 나는 곡성교육청에 근무할 때도 자활학교 관리문제를 경험한바 있었다.

이는 자활학교 시책의 문제라고 여겼다. "수학된 유자 매가 대금을 교육청에 불입하면, 교육청에서 다시 학교로 보내고, 학교에서는 그 돈으로 관리를 하면 될 텐데, 이런 식으로 방치하면 안 된다"고 당부했다. 결국 학교나 교육청의 주인의식이 결여된 결과였다.

나는 농사를 지어본 경험이 있다. 관리자에게 당장 유자나무를 정전하고 퇴비를 주어 관리하면 수확이 많이 나올 것이라 하였다. 이듬해 3,000~4,000만 원이나 수확하는 성과를 올렸다. 그때는 급식학교 지정을 선호하였는데, 칠전초를 급식학교로 지정하였다.

그런데 60년대 말 70년대 초에는 정부가 자활학교 시책을 펼쳤었다. 이에 따라 일선 학교에서는 '염소 기르기', '토종꿀치기', '유자나무 재배' 등 다양한 종류의 사업을 하였으나 성공하지는 못하였다. 자활학교로 지정만 하고는 사후 관리가 되지 않았기 때문이었다.

숨어있는 교육재산 찾기

교육자치가 1951년 처음 시행되었다. 그러다 시·군청으로 합쳐지면서 시·군청의 교육과로 있다가 다시 도교육위원회가 생기고 시·군에는 지역교육청이 생겼다. 이런 연유로 인해 교육재산에 대한 구분이 매우 어려워졌다. 실제로 일선 학교에서 사용되거나, 시·군 교육청에서 직접 사용하지 않은 재산이 많이 존재하고 있었다.

나는 구례군청의 동산 문제를 겪으면서 교육재산을 지속해 검토하여 봤다. 그 결과 예규인가 법규인가에 '기성회, 학교림이나 학교조합 등으로 토지대장이나 등기돼 있는 것은 현재 누가 사용하고 있던지 교육재산으로 보아야 한다'는 규정이 있었다.

이들 규정을 근거로 진도와 보성교육청에 있을 때 '교육재산 찾기'를 하였다. 구체적으로 경리계장과 직원이 군청 민원실에 가서 군내의 토지 및 임야대장을 검색하였다. 즉 토지대장에 '기성회, 학교조합, 학교림' 등으로 기재된 것은 등기를 확인하도록 했다.

다음의 수순도 밟았다. 교육용재산임이 확인되면 군청과 개인에게 교육청 재산임을 알렸다. 만일 계속 사용할 경우는 임대계약을 체결하여 임대료를 내고 사용할 수 있다고 알렸다. 당시 진도교육청은 약 20만평, 보성교육청은 약 15만평정도의 교육재산을 되찾았다.

다만 교육용재산으로 정리하려면 군청과 원만해야 한다. 보성군 조성면사무소가 사용하는 토지는 일제강점기에 소학교 자리였으나 군청재산으로 양해했다. 그리고 문덕면과 조성시장통 등에 있는 토지는 교육용재산으로 정리하도록 군청 재무과와 협의가 이뤄졌다.

진도에서 경리계장과 직원 한 명이 고생 많았으며, 보성교육청에서도 담당직원과 경리계장이 관내 교육용재산을 찾는데 참으로 고생이 많았다. 그 뒤에 근무했던 해남교육청에서도 '교육용재산 찾기'를 하려하였는데, 성과를 내지 못하고 떠난 것이 못내 아쉬웠다.

내가 행정계장으로 와서 각급학교 사택실태를 조사하였다. 당시 행정과장이신 서모 과장님이 "자네는 왜 재무과 재산계 일을 자네가 하는가? 그러다가 사택관리 업무가 행정과로 넘어오면 어찌하려고 그러는가"하시어, "그리는 안 될 것입니다"라고 말씀드렸다.

오영대 교육감 때도 교육용재산 찾기를 시도했다. 당시 나는 전남교육발전기획단 근무하면서 교육재산 찾기를 할 수 있었으나 못한 것이 많이 아쉬웠다. 지금은 토지대장이 전산화 등 많이 정비가 되어 아마 지금은 찾기가 어렵다고 생각되어 많이 아쉽게 되었다.

기획단에서 교직원 연립사택과 사택 지원을 위한 기금 조성사업을 추진하게 되었다. 그 일을 추진하면서 왜 섬이 많은 신안, 여천, 고흥 지역은 교육장이나 과장들이 선호하였는지 알게 되었다.

국민교육헌장 낭독이라니

어느 토요일이었다. 당시 김 모 교육장은 온순하신데 가끔 엉뚱한 말씀을 하실 때가 있었다. 교육장님께서 오후에 광주에서 볼 일이 있는데, 군청에서 행사에 참석해 국민교육헌장을 읽어달라고 하는데 갈 수 없게 되었다고 말씀하셨다. 군청 누가 그러든가요?라고 물으니, 내무과장이 전화가 와서 알겠다고 하였다고 말씀하신 것이다.

나는 왜 교육장님이 국민교육헌장을 읽어야 합니까? 그랬더니 다른 교육청도 많이 그렇게 한다고 하더라 하였다. "제가 해결해 드릴테니, 교육장님은 가만히 계십시오."하고 내려와 내무과장에게 전화하여 "군청행사에 교육장이 국민교육헌장을 읽어야 하느냐"고 물었다.

내무과장은 "당신 누구냐?"하기에 "관리과장입니다."했다. "당신 몇 살이냐? 어디서 왔느냐?"며 화를 냈다. 내가 "몇 살이면 어떻고, 어디서 왔으면 어쩔거냐?"고 따졌더니, "당신, 가만히 있어. 쫓아갈테니." 했다. "올테면 와 당신 무서워 도망갈 것 같아"라고 말했다.

한참 후에 행정계장이 전화하였다. 군민의 날이라고 하면서 "다음부터는 그렇게 안 할테니 이번만 교육장님이 하시면 어떻겠습니까?" 라고 하였다. 나는 "국민교육헌장 낭독은 국민의례에 해당하는 사항인데 왜 그것을 기관장인 교육장이 낭독하여야 합니까? 교육장님께서 참석토록 하되 꼭 교육청에서 해야 하면 학무과장님께서 국민교육헌장을 낭독하도록 하겠다"라고 하였더니, 좋다고 하여, 그 사실을 교육장님께 보고하고 매듭지었다.

섣달그믐날 떡시루 담판

그때 시 · 군 교육장으로 임명되려면 '임용후보자 사전교육'이라는 것이 처음으로 생겨 교육부에서 사전교육을 시행하였다. 이에 따라 전남에서도 5~6명을 추천, 사전 교육 후 임명하였다. 그 제도는 실시하다가 폐지되었는데 그분들이 주기적으로 모임을 하였다.

그런데 거기에서 논의되는 것들 대부분이 관리과장, 시설계장, 학무과장이 담론의 대상이 되는 것으로 들었다. 하루는 교육장께서 어느 군의 관리과장 이야기를 하고난 뒤, 어느 군 시설계장 이야기도 하셨다. "어디서 그런 이야기를 들었습니까?"하고 물어보았다.

그 교육장님은 "교육장 모임에서 모 교육장이 이야기하더라"고 하셨다. 제가 "그러한 이야기는 자기 얼굴에 침 뱉는 것입니다. 그러면 교육장이 23명이면, 관리과장도 23명이고, 학무과장도 23명이 있는데 그분들은 교육장에 대해 흉을 안보겠습니까?"라고 하였다.

그러자 교육장님은 "그래, 대체나 그렇겠네."라고 하셨다. 그러면서 과장님들끼리 당신에 대한 이야기는 없었느냐고 물으셔서, "아, 교육장님은 훌륭하신데 누가 흉을 보겠습니까? 설령, 누가 교육장님의 흉을 보면 내가 가만 놔두겠습니까? 걱정하시지 마십시오."라고 대답했더니, "그래요, 잘 부탁합니다."라고 하시더군요. 그래서 옳다 됐다. 이 때다 싶었다. 차제에 그동안 밀렸던 숙제를 말하기로 작심하였다. "교육장님, 주말이나 명절 때 교육청 차를 가지고 간다는 말을 들었습니다. 그것은 절대 안 됩니다."고 했다. "왜, 교육장 차를 관리과장님이 안 된다고 하십니까?"라고 하셨다.

"차량 사용 관계는 관리과장 전결입니다."고 했다. "그래요? 교육장이 결재하면 안 됩니까?"라고 되물으셔서 "그것은 안 됩니다. 상호견제하기 위함이며, 전결 규정입니다."라고 대답했다. 그러자 교육장이 "그러면 주말엔 절대 안 할테니, 추석 명절에만 부탁하네."라고 하였다.

내가 "교육장님, 절대 그런 생각하시면 안 됩니다."라고 말하자 "그러면 업자에게 부탁해 좀 빌려주면 어떻겠습니까? 관리과장은 업자들을 잘 알 것 아니겠습니까?"라고 하였다. "교육장님! 섣달 그믐날 어디가서 떡시루를 빌립니까?"해도 미련을 버리지 못했다.

최근에 내가 들은 얘기를 했다. "모 교육장님이 교육청 차로 광주에 가시다가 사고가 났는데, 그때 사고 수습이 참으로 힘들었다고 하네요."라고 실례를 말하면서 "이러한 것은 돈으로도 막을 수 없습니다"라고 말 하였더니 당신도 그러한 이야기를 들었다고 하신다.

이어 "그래요. 그러면 다음부터 당신의 잘못이 있으면 미리 말씀 하십시오."라고 하시더군요. 순수하셨습니다. 가끔 마찰이 있었지만....그래서 몇 가지 이야기를 보탰다. 관리과장으로 처음 발령나 사무 인계서에 인쇄물 80만원의 품의가 미결로 인계되어 있었습니다.

경리계장에게 "왜 미결되었느냐?"고 물었다. "전임 관리과장님께서 모 인쇄소에 맡기려하셨는데, 교육장님에게 결재 받으러 갔더니, 교육장님께서 이 인쇄물은 다른 인쇄소에 맡겨라."하고 하여 그렇게 되었다고 했다. 인쇄물은 아무리 큰 금액일지라도 인쇄물입니다.

그러면 직원들이 우리 교육장은 하다못해 인쇄물까지 다 하신다고 소문이 납니다. 또 하나는 몇 개월 전에 보안담당관 회의를 했는데, 회의 때 식당을 교육장님께 말씀하지 않고 정했다면서 직원들에게 화를 내셨다면서요. 그런 하찮은 것을 교육장이 챙긴답니까?

물론 도에서 손님이 오신다던가, 귀한 손님이 오시면 당연히 교육장님과 상의하고 관리과장은 식당에 먼저 가서 안내 해야지요. 사무용품도 어디 문방구 하신다는데 참으로 안 됩니다. 그러자 교육장님이 "왜 관리과장은 모두 안 된다고만 하십니까?"라고 반문하셨다.

"교육장님, 손님접대 등 청비가 있지요. 청비는 누가 사용하는 것입니까? 교육장님이 쓰시지 않습니까. 그 돈이 어디 있어 사용합니까? 경리계에서 마련하는데 경리계장과 직원한테도 쥐꼬리만한 권한을 주어야 그들도 불평하지 않고 할 것 아닙니까?"라고 설명드렸다.

그렇게 말씀드리니 "그러면 관리과장은 아무 것도 안 합니까?"라고 하셨다. 나는 "제가 무엇을 하던가요? 시설공사 수의계약 등은 모두 시설계장이 교육장님과 지의 상의헤서 결정히었고, 물품 구입도 교육장님과 상의하여 정하지 않습니까?"라고 이해를 시켜드렸다.

교육장은 "정말 그러네요."하셨다. 문방구 같은 것은 경리계 직원이, 식당 같은 것은 계장의 소관으로 하고, 시설공사 수선 같은 것도 우리가 무엇을 알겠습니까? 그러니 시설계장이 업자를 소개하고, 시설계장이 용돈을 마련해 주면 '고맙다'는 생각으로 하십시다.

그랬더니 "아아! 그것 참, 관리과장 말을 들으면 다 그럴 듯한데, 그러면 교육장은 허수아비가 되네."라고 하셨다. 이에 대해 "잘 생각하셔서 나름대로 규칙을 만들어놓고, 그것을 잘 지켜야 서로 좋게 사는 길입니다."라고 말씀 드렸다. "그래요, 앞으로 두고 봅시다"라고 하셨는데 그 뒤로 참으로 순수하게 사이좋게 지냈다.

올림픽 입장권 4장 당첨

88올림픽을 우리나라에서 치르기에 정부도 국민들도 설레였다. 정부는 올림픽 개회식 입장권과 경기장별 관람권도 사전에 신청하도록

1988년 올림픽 개최식 참석
(필자와 홍기문부교육감)

했다. 진도 우체국에 올림픽 입장권을 신청을 했고 또 보성도 올림픽 입장권을 신청했고, 경기장 관람권은 진도만 신청을 했다.

다행이 두 군데 다 당첨이 됐다. 진도 우체국에서도 두 장, 보성에서도 입장권 2장이 당첨됐다. 우체국에 찾으러 갔더니 관내에서 나만 당첨됐다는 것이다. 보성서도 나만 당첨됐다고 하여 기분이 좋았다. 평소 복권에 당첨된 경우가 없었는데 올림픽 입장권이 당첨된 것이다.

입장권 4장 중 2장은 나와 홍국장님하고 같이 보기로 했다. 1박2일 일정으로 상경해 지인 집에서 투숙하였다. 입장권 2장은 투숙한 집에 줬다. 입장식을 구경했는데 참으로 볼만하였다. 여러 가지 기록이라든가 그때 출판된 팜프렛을 가지고 와서 지금까지 보관하고 있다. 그리고 경기장 입장권은 축구라든가 몇 가지 외에는 안 팔린다. 입장권에 비해 경기장 관람권은 별로 인기가 없었기 때문이다. 나의 경우는

1박 2일 일정이라 관람권이 있어도 볼 수 없었다. 그래서 그냥 원금에 팔았다. 지금 생각해도 88올림픽 개회식의 관람은 벅찼다.

상장 포항제철 주식배당

진도교육청에 근무할 때다. 포항제철의 주식이 상장되어 주식하신 분들의 상당한 관심사였다. 공모 주식을 신청하려면 개별통장이 다 있어야 했다. 나도 주식에 관심이 있었다. 그래서 진도 관내 조도라든가 몇 군데 아는 분들을 통해 만 원씩 주면서 통장 개설을 했다.

고향 보성농협에도 만원씩 주고 통장을 개설해 많은 통장을 개설했다. 이제 관심은 주당 얼마씩 되느냐이나. 주식하는 사람들은 주당 만원, 5만원, 10만원 등으로 예측하였다. 그랬는데 나는 신문을 보고 주당 15,000원을 계산해 7주씩 신청해 105,000원씩을 입금시켰다.

통장에 입금한 105,000원은 대출을 받아 마련했다. 그런 후 발표된 상장 결과를 보니 딱 1통장에 7주씩 105,000원이었다. 그랬더니 농협 직원들이 어떻게 귀신같이 맞췄냐며 화젯거리가 되었다. 명의를 빌려 준 통장 주들에게 수익금 중 만 원씩 주니 모두가 좋아했다.

포항제철 주권을 다 받아서 100장만 대신증권에 입금하고 나머지는 가지고 있었다. 당시 주당 3만원 이었다. 배가 된 셈이다. 35,000원까지 올라가고 했다. 그러니까 신문에 많은 사람들이 한 통장을 개설하는 것이 아니라 특정인이 관여했지 않느냐라는 것이다. 꼭 나를 두고 한 것 같아 가지고 있는 그 증권을 통장에 넣지 못했다.

약 1년 동안 가지고 있었다. 그랬더니 25,000원까지 떨어졌다 다시 3만원으로 오르는 등 왔다 갔다 했다. 1년 후에 조금씩 넣어 매각을 했다. 상당한 수익을 냈다. 아하! 주식은 이렇게 좋은 것이구나 하고 그때부터 주식을 하기 시작했다. 그때는 은행주다 증권주다 하면 따라 오르기 때문에 아무데나 투자해도 돈을 벌 때였다.

진도에서 보성으로 가면서 좀 복잡한 일이 생겼다. 그러니 주식을 할 수가 없어서 좀 놔뒀더니 어느 날 보니까 거의 반토막나 거의 원금도 안 되었다. 그때부터 빚을 내서 주식을 사고팔고 했는데 어쩔 때는 올랐다가 내려갔다. 주식에 빠지니 정말로 어려움이 많았다.

주식하느라 상당히 많은 채무를 졌다. 그러다 도교육청 행정계로 갔다. 다시 전남교육발전기획단으로 발령돼 일을 하게 되었다. 주식을 않기로 하고 하루에 모두 매각했다. 손매 처리 한 것도 있었다. 이후로는 일체 주식을 처다보지도 않고 잊어버렸다. 많은 손해를 보고….

문덕초교 이설부지 절충

1989년 3월 1일자로 진도교육청에서 보성교육청으로 발령이 났다. 내가 부임하니 주암댐수몰지역 안의 초등학교들은 대부분 이설되었다. 다만 문덕초등학교만 옮기지 못하고 있었다. 이유를 물으니 이설을 할 부지를 마련하지 못해 비롯된 결과라는 것이다. 내가 현지에 가 확인해봤더니 사실이었다.

해당지역을 답사했다. 그 지역은 80%의 논이 수몰되고 주택도 보상되어 마을 전체가 이주되어 마을이 공터로 있었다. 그런데 그곳이 최적의 학교부지로 보였다. 교육청에 돌아와 주암댐 수자원공사에 전화를 걸었다. 마을이 이주한 그 부지에 학교를 지었으면 좋겠다고 사정하니 안 된다고 거부했다.

수자원공사 관계자는 주민들이 이주하여 수자원공사에서 보상하고 매입한 토지로 교육청에 팔 수 없다고 대답했다. 나는 "우리 교육청으로서는 학교를 지을 수 없다. 그러니 수자원 공사에 다시 돈을 반납할 테니 당신들이 학교를 지어달라"고 제안했다. 관계자는 웃으며 "어디 그럴 수가 있답니까?" 하였다.

그래서 우리가 거기에 학교를 짓도록 해달라고 했다. 그랬더니 국유재산은 자신들 소관이 아니고 국토부라고 했다. 제가 수자원공사 관계자에게 국토부에서 해주겠다면 당신들은 동의해 주겠냐고 물었다. 국토부에서 해준다면 저희들은 백 번이라도 해 드리죠 했다.

어느 날 교육장님과 국토부를 찾아갔다. 과장님에게 저간의 사정을 이야기 했으나 실마리를 찾을 수 없었다. 국장님을 뵙고 싶다며 안내를 부탁했다. 국장님을 만나 수자원공사의 말을 전하니 모두 웃었다. 그래서 신축예산을 반납하겠으니 학교를 지어달라고 했다.

국장은 부지의 관리는 수자원공사이니 그쪽에서 해주겠다고 하면 한번 검토해보겠노라고 했다. 그럼 공사 측에 말할 테니까 동의하시면 반드시 우리에게 넘겨주시라고 제안했다. 제가 또 한 가지 부탁을 했다. 우선 우리에게 무상 영구임대 형식으로 임대를 부탁했다.

그러자 국장님은 우리가 팔았는데 다시 하기는 곤란할 것 아닙니까? 그러니까 제가 국가의 땅이니까 우리에게 영구임대형식으로 넘겨달라고 한 것입니다. 이를 공사관계자에게 국토부는 해주기로 했으니 당신들이 영구임대에 동의해 달라고 해 부지문제를 매듭지었다.

그리고 건설부 청사를 나오는데 교육장께서 나에게 오늘 보니 황인수 참으로 대단하네 하시어 교육장님께서 오셨기 때문이지요 하였다.

김포 비행장의 에피소드

국토부 출장과정에 빚어진 에피소드 한 토막이다. 국토부에서 일을 마치고 김포공항에 오니 마지막 비행기 밖에 없었다. 나와 교육장님은 탑승권을 구입한 뒤 대합실에서 대기했다. 막상 티켓을 하고 비행기로 오르려고 하는 시간인데 교육장이 안 계셨다.

승무원에게 다급히 부탁했다. 교육장을 찾는다는 방송을 두 차례 했으나 나타나지 않으셨다. 공항 측에 말했더니 비행기 안에 한번 가보라 했다. 제가 비행기에 가서 확인해 있거나 없을 경우 연락방법을 약속했다. 비행기 안을 가봤더니 거기서도 계시지 않았다.

돌아와 티켓원에게 말했다. 비행기에도 안 계시는데 어떻게 하면 좋겠느냐고 하니 출발하겠다고 했다. 조금만 기다려 주라면서 뒤를 보니 건너편에 의자에 앉아 계신 것이 아닌가. 황당했다. 제가 뛰어가 교육장님! 방송까지 했는데 왜 여기에 계시냐고 말해도 덤덤했다.

그러고는 하신 말씀이 걸작이셨다. 아까 누가 내 이름을 부르긴 했는데 설마 여기서 내 이름을 부를까 생각하였다는 것이다. 하도 어이가 없어 그냥 탑승했다. 탑승하니 기내에 있던 승무원과 승객들이 전부 박수를 쳤다. 교육장님 자신도 함께 웃으면서 박수를 쳤다.

학습자료 구입제도 개선

보성교육청에서도 진도교육청의 소부원 가방이 문제었다. 그들이 등청할 때마다 많은 짐을 힘들게 들고 오갔다. 이걸 어떻게 개선할까? 학무과에 부탁했다. 이유는 학교에서 꼭 필요한 물건을 사주도록 시도해 보겠다고 하니 학무과에서 좋다고 하여 13명을 추천해 주었다.

추천된 13명은 교사 12명과 교감 1명이었다. 첫째, 교육과정을 분석, 둘째, 학습자료 선정을 위해 위원회를 구성, 심의하게 했다. 그러나 왜 이런 것을 하냐며 그냥 아무거나 사주면 되지 않느냐고 했다. 제가 왜 아무거나 사줘요? 꼭 학교에서 필요 한 것을 사 줘야지?

위원들은 우리가 선정하면 꼭 사줄 것이냐고 물었다. 제가 말했습니다. 100%는 아니더라도 학교에서 필요한 걸 사주도록 노력을 해 보렵니다. 그리고 여러분들로 구성된 학습자료 선정위원회에서 교육과정을 분석해 선정된 자료를 우선적으로 사주도록 하겠다고 말했다.

그러자 선정위원들이 이런 일도 있다면서 적극적으로 협조해 줬다. 교육과정을 분석하다 끝내지 못하고 해남으로 발령났다. 나는 보성과 같은 위원회를 발족시키고자 했다. 먼저 교육장님께 설명하고, 학무과에 교사와 교감으로 추천받아 선정위원회를 구성, 발족했다.

구성된 학습자료 선정위원회는 바로 일을 시작했다. 하루는 저녁을 먹고 학무과장과 교육장님과 함께 길을 걸었다. 가다가 제가 과일·빵·음료수를 사니 교육장님께서 무엇을 그렇게 많이 사냐고 했다. 사전에 말씀드렸음에도 아마 건성으로 들으셨던 모양이었다.

그제야 궁금한 게 많았던지 이것저것 물으셨다. 그러면 선정위원회는 어디서 일을 합니까? 여관에서 합니다. 여관비는 누가 냅니까? 제가 내지요. 누가 추천하였습니까? 학무과장님이 추천해주신 선생님과 교감이 하고 있다고 말씀드렸다. 그러자 함께 가보자 했다.

세분은 선생님들이 일 하는 광경을 보고 깜짝 놀랐다. 참으로 대단한 일을 한다고 했다. 관리과는 위원회가 선정된 학습자료를 우선적으로 사주었다. 박 장학사란 분이 저한테 와서 구입한 학습 자료를 학교에 줄 것인가 하고 물었다. 그간 얼마나 불신했으면 그럴까.

박 장학사는 이런 학교에서 교장 한 번 했으면 좋겠다고 하였다. 제가 그러면 나가십시오 그랬더니 확실이 돈을 주시렵니까 하고 믿지 못한듯했다. 박 장학사님님이 학교만 나가신다면 제가 최대한 돈을 드리죠 했다. 그랬더니 박 장학사님님이 해남 성진초교 교장으로 가셨다.

해남교육청은 도교육청으로부터 학습자료 구입비 1억 6000만 원을 지원받았다. 이중 성진초등학교 6학급에 6천만 원, 황산초등학교 12학급에 1억 원을 지원했다. 박 장학사님가 교장으로 계시는 성진초교의 경우는 제가 직접 가서 취지를 전달했다. 그리고서 선생님들에게 별난 부탁을 했다.

그날은 토요일인데 오전수업을 할 수 없었다. 제가 창고에 있는 물건과 교실의 칠판만 빼고 책걸상도 전부 운동장으로 내놓게 했다. 여기 운동장에 있는 물건을 쓸 수 있는 것하고, 쓸 수 없는 것을 구분하고, 그리고 쓸 수 없는 것은 별도로 모아놓고, 쓸 수 있는 것은 교육과정에 맞는가 안 맞는가 다시 분리해 보라고 했다.

그리고 쓸 수 있더라도 교육과정에 안 맞는 것은 별도로 모아놓고 그래서 쓸 수 있는 것만 교실로 가져가고 창고에는 일체 넣지 말라고 하였다. 그리고 쓸 수 없는 것은 모두 폐기해라, 다만 쓸 수 있지만 교육과정에 안 맞는 것을 어떻게 교육의 자료를 쓸 수 있는가?

못쓸 물건의 처리에 예를 들었다. 난로는 쓰레기 소각을 한다거나 화분을 만들어 재사용할 수 있는 것은 하고, 재사용도 할 수 없는 것은 폐기 처분하라고 했다. 그랬더니 교감선생님께서 내용 연수도 있는데 어떻게 폐기 처분하느냐고 난색을 표했다.

내가 관리과에 신청을 하면 폐기토록 공문을 보내겠다고 했다. 늦게까지 분류작업 중에 맥주와 과일을 사주며 고생했다면서 돌아왔다. 뒤에 교장께서 학부형들에게 설명했더니 스스로 나와 정리해주었다고 했다. 학교가 일대 변화가 왔다는 말씀을 들었다.

황산초등학교는 성진초등학교와 같이 큰 효과를 못 냈다. 성진초교 자료구입비 6,000만원 중 학습 자료만 하는 것이 아니라 과학실도 만들었다고 전해 들었다. 이유는 일선 학교는 교육청에서 사업별로 예산을 나눠서 주기 때문에 효과를 극대화 하기가 불가능했다. 그래서 일괄적으로 할 수 있게 몰아서 주는 것으로 바꿨다.

예산 몰아주기로 학교들의 모습도 많이 바뀌어갔다. 예산을 찔끔찔끔 집행하기보다 몰아주어 일어난 현상이다. 제가 도교육청 기획단에 있을 때 하게 된 표준학교의 모델이 되었다. 당시 그 교감이셨던 김일남 선생님은 도교육청 기획단에서도 함께 일했다. 지금은 용정중학교 일을 도와주시고 계시는데 제가 많은 신세를 지고 있는 분이다.

타 교육청 장학자료 복사소동

보성교육청의 인쇄물에 대한 이야기이다. 어느 날 경리계에서 업자에 지급을 할 인쇄물대에 대해 결제가 올라와서 내가 경리계장에게 물었다. 이 인쇄물 원안을 좀 가져와 보라했다. 경리계장은 인쇄물 원안이 학무과 장학사에게 있기 때문에 가져오지 못한다고 했다.

인쇄물은 장학자료였다. 복사한 자료로 보였다. 그날은 내용을 몰랐는데 며칠이 지나 안모 광주시교육감께서 전화가 왔다. 자네 교육청의 장학사가 우리 교육청에서 발간한 간행물을 자기들이 발간한 것처럼 복사했네. 무례한 사람을 가만 두지 말소 하는 것이다.

그래서 장학사를 오라고 했다. 이것은 광주시 간행물이 아니냐? 그럼 이것은 무단복제가 아니냐? 광주시교육감이 그만두지 않는다고 전하니 깜짝 놀랐다. 내가 교육장님께 구체적으로 말하지 않고 "만약 인쇄물이 잘못됐다면 그 장학사를 징계해야 하지요 했다."

교육장께서도 당연히 징계해야 한다고 말했다. 그 뒤에 그 장학사가 나에게 잘못됐다고 사과한 적이 있었다. 장학자료 복사 소동 이후

인쇄물 관리에 대해서 상당히 신경을 써야했다. 장학사들이 저작권법 등 지적재산권에 대해 무모한 행정을 한다는 것을 느꼈다.

직원들의 숙직실 도박사건

어느 날 저녁에 경리계 직원 부인이 저한테 전화가 왔다. "경리계에서는 왜 맨날 야근만 시키십니까?"하며 퉁명스럽게 따졌다. 지도사는 일단 "죄송합니다." 하면서 양해를 구했다. 늦게까지 일을 하는 버릇을 앞으로 한번 주의를 주겠습니다는 말로 그날은 그것으로 끝났다.

다음 날도 또 그 부인한테서 전화가 왔다. 과장님 지금 야근을 한 것입니까? 사기들끼리 무슨 일을 하는지 아십니까? 한 번 가보세요 했다. 이상하다고 생각해서 청사로 갔다. 숙직실 앞에 이르러서 문을 열려다가 그쳤다. 아~ 이거 문을 열 일이 아니라고 생각했다.

문을 열지 않고 숙직실 앞의 신발 수만 확인하고 돌아왔다. 다음날 아침 서무계장님을 오시라고 해서 어제 당직이 누구냐고 물었다. 누구라고 말해 당직직원과 계장을 다시 불렀다. 당직 직원에게 어제 저녁에 당직실에 몇 명이나 있었냐고 물었다. 대답을 못했다.

내가 사실대로 말해라고 하니 대충 신발 수하고 맞았다. 그리고 무엇을 했는지 알만했다. 서무계장에게 말했다. 하루 이틀도 아니고 놀이도 아니다. 상습적으로 했다고 해서 내가 나온 것이다. 이번 건은 그냥 묵과할 수가 없다. 어떻게 조치하겠느냐고 물었다.

나도 한번 생각을 해보겠다고 하며, 일단 숙직실에 있었던 사람들

명단을 챙겼다. 그때 교육청은 청사를 개축 중이라 옆에 있는 보성남교 교실 2층 3칸과 화장실을 빌려 사용했었다. 남교에 피해를 주지 않으려고 옆의 화장실까지 2동을 당시 당직실에 있었던 교육청 직원 6명이 한 달 간 청소해줬다.

서무계장은 그 사실을 남교 교감에게 말해라 일렀다. 그리고 이후로는 학생들에게 청소를 시키지 말라고 신신당부했다. 일체 잡음을 내지 말라고 당부시켰다. 며칠이 지났는데 모교육청 모직원이 저에게 전화가 왔다. 와~ 과장님! 진짜 굿 아이디어라며 반응을 전했다.

무슨 말이냐고 물으니 화장실 청소를 시켰다면서요 한다. 우리 같으면 그렇게 하지 않고 혼내줬을 텐데 뭐~ 화장실 청소를 시켰어요? 그 뒤에 들어보니 내게 전화한 부인의 남편은 경리계 직원이었다. 도박사건의 처리는 지금 생각해도 무난했다는 생각이 든다.

아산병원 장례식장 조화

보성교육청 청사는 낡고 비좁았다. 도교육청 관리국장께서 사정을 알고 개축비를 주겠으니 생각을 해보라고 해서 공사를 하기로 했다. 원만한 공사를 위해 사전에 남교 교실을 임시사무실로 사용하면서 작업에 들어갔다. 그런데 철거작업 중에 인명 사고가 발생했다.

그날은 벌교로 출장을 갔다. 직원에게서 전화가 왔다. 과장님! 큰일났습니다. 청사 철거과정에서 사람이 죽었다는 보고였다. 즉시 들어와 보니 중장비기사가 2층을 철거하는 과정에서 일어난 사고였다. 기사는 시멘트가 자기 쪽으로 쏟아질 것으로 보고 도망쳤다.

그런데 시멘트가 도망가는 쪽으로 떨어져 참변을 당한 것이다. 너무도 황당했다. 공황상태가 이런가 싶었다. 과연 이 일을 어떻게 처리할 것인가? 고민을 많이 했다. 관리과장이라 공사에 대해 책임도 있다. 경찰서에서 조사해갔다고 하니 가서 확인해보기로 했다.

교육청 철거 중장비 기사 사망사건을 물었다. 경찰관이 저쪽에서 사망사건은 조사한다고 하였다. 나는 수사과장과 정보과장을 만나 관리과장이라고 인사를 드렸다. 수사과장님께서 사망자가 아산병원에 안치되어 있다고 알려줬다. 제가 어떻게 하면 되겠습니까하고 물었다.

만약에 갔다가는 낭패를 당하면 어쩝니까? 과장님은 당연하다 했다. 어떻게 하면 좋겠느냐고 다시 물었다. 과장님은 일응 아산병원 장례식장에 교육장 명의로 조화를 하나 보내십시오. 그리고 직원 몇 사람을 그 병원 입원환자처럼 위장해 동태를 파악 하라 일렀다.

이후의 상황도 조언했다. 조화를 보냈는데 그 조화가 그대로 있으면 괜찮고 그것을 던져버렸다든가 그 조화를 장례식장에 비치를 안했다고 하면 그건 문제가 붙은 것입니다. 만약 조화를 그대로 놔뒀다고 하면 내일이라도 조문가십시오 해서 조화를 보냈다.

이어서 직원을 환자로 가장해 상황을 살피게 했다. 그랬더니 조화가 그대로 있다고 했다. 아~! 그러면 과장말씀대로 한번 시도해봐야겠다 생각했는데 경찰서에서 연락이 왔다. 신경 안 써도 될 것 같다고 했다. 왜 그래요? 중장비 기사가 무면허 기사였다고 하였다.

나는 무면허 기사라도 교육청 공사하다가 사망했으니 큰 책임은 없지만 그렇다고 도의적인 책임이 없는 것은 아니라고 부연했다. 그러니까 조의금이라도 두둑하게 드리라고 권유했다. 그래서 다음날 교육장님하고 같이 조의를 하였었다.

그 사건을 무사히 넘겼다. 그때 보니까 아~ 사건 처리할 때는 경찰 등의 자문을 받아 처리하는 그런 지혜가 필요하다는 걸 느꼈다. 그 사건이 끝난 뒤 경찰서 과장님들과 식사하면서 좋은 지혜를 가르쳐줘서 고맙다고 한 적이 있다. 세상은 혼자서 살 수 없는 것이다.

모 교회 주관의 미국여행

교육장님이 부르셨다. 황과장 혹시 미국 가고 싶어 하고 물으셨다. 왜 갑자기 그런 말씀을 하십니까? 무슨 일로 갑니까하였더니 하여간 의향이 있으면 말만 해! 보내 줄게 하셨다. 아 미국 보내준다는데 누가 마다 할 사람 있겠습니까. "예 가겠습니다."

교육장님은 다음날도 참말로 가겠냐고 확인하셨다. "가겠다"고 대답했다. 가려면 구좌를 불러주면서 30만 원을 내라 하셨다. 거기가 어디냐고 물으니 M 모씨 모 교회가 주관하는 여행이라 그랬다. 그 말을 들으니 찜찜해졌다. 혹시나 잘못하면 걸리지 않을까 싶었다.

모 교회 주관이라 걱정이 많아졌다. 공공기관에서 주관하는 것도 아니고 교회에서 특히 M 모씨 모 교회의 주관이라 의심이 들었다. 국가에서 인정하지 않는 것 같으면 걸리겠다는 생각이 들어 솔직히 주저해졌다. 그랬더니 빨리 돈을 넣으라고 해 돈을 입금을 시켰다.

사실 미국에 간다는데 일금 30만 원은 그저 목이다. 9박 10일간의 경비가 30만 원이라니 그렇지 않은가. 그런데 연락이 왔는데 출국 전에 목포 비치호텔에서 2박 3일~1박 2일인가 사전연수를 한다는 말을 들었다. 그 경비도 우리가 내냐고 물어보니 아니라고 했다.

연수를 받으러 목포로 갔다. 가서보니 전주 부시장 등 주로 간부급들이 많이 오셨다. 전남도교육청 산하 교육장님도 두 분이 오신 것을 보니 마음이 놓였다. 연수를 받으면서 의문이 들었다. 얼마 후에 대통령 선거가 있는데 M 모씨가 대통령 나오려고 그런가? 연수를 받고는 일단 안심을 좀 했다.

안심한 이유는 모 교회가 반국가단체가 아니라는데 있다. 국가의 미운털이 박힌 교회가 아니기 때문이다. 그런 생각을 하면서 여행을 갔는데 다행히 강충일 형님을 만나 룸메이트를 하였다. 관광회사에서 주관하는 여행과는 완전히 달랐다. 간식도 잘 주고 쇼핑도 일체하지 않았고 연수단이 하기 싫어하는 것은 일체 하지 안했다.

특히 여행 코스도 좋았다. 그 유명한 나이가라폭포라든가 워싱턴 주변 관광지라든가 M 모씨 저택도 가봤는데 아주 화려하게 꾸며져 있었다. 집에는 작은 처와 그의 소생인 어린학생의 사진이 걸려 있었다. 저택은 큰아들이 아니라 저 애가 상속을 받겠구나 생각되었다.

저택 옆에는 옛날 성당 같은 큰 건물이 있었다. 물었더니 성당이었다고 한다. 성당 옆에도 넓은 공간이 있었다. 무엇하는 곳이냐 했더니 경주하는 곳이라고 했다. 누가 하느냐고 물으니 모 교회 대학교는 우리나라 학생들이 많이 다니는데 그들이 다 이용한다고 했다.

시내구경에 이어 나이가라 폭포 등 여러 곳을 두루 구경했다. 저녁에 자는데 그 여관 건너편에 7층 건물이 저녁 내내 불이 켜져 있었다. 강충일 형에게 저 건물에서 무엇을 하기에 밤을 새워서까지 불이 켜 있을까? 나도 궁금했는데 충일이 형도 궁금했던 모양이다.

새벽에 일어나 불야성의 건물을 가보려 나갔다. 건너편을 가려고 건널목을 찾았으나 보이지 않았다. 우리나라는 건널목이 가깝게 있는데 이곳은 멀리 있구나했다. 두리번거리다보니 주차 빌딩이 보였다. 인근주민들이 주차한다는 것이다. 깨끗한 나라구나 생각했다.

다음 날은 모 교회를 갔다. 여행단원 중 내가 나이가 가장 어리고 궁금한 것도 많았다. 왜 우리에게 돈을 들여 연수를 시킵니까? 저 뿐만 아니라 모든 분들의 공통적인 의문사항이었다. 고급호텔에 재우고 잘 먹여 좋은 곳을 구경을 시키는지 궁금하다고 질문했다.

목사가 답변했다. 모 교회는 세계적으로 많은 신자들이 있는데 그들이

모교회 미국여행

모교회 미국여행

발상지인 한국을 순례한다. 그러므로 고위공직자인 여러분이 모 교회의 우호적인 여론조성, 즉 여론을 좋게 조성해달라는 뜻이다. 다시 질문을 했다. 워싱턴포스트라든가 방송국 등 많은 건물들이 있는데 어떻게 돈을 벌었느냐고 물었다. 건물구입 당시 부동산 가격이 떨어지자 선생님(어떨 때는 총재님이라고 했다가 선생님이라고 했다 두 가지 호칭한다고 한다.)께서 매입하셨는데 부동산 가격이 올라 부자가 됐다고 했다.

　뉴욕을 갔다. 모 교회 소유라는 맨하튼 호텔로 갔다. 짐을 날라주는 가이드가 호텔 안의 쇼핑몰을 둘러보라 했다. 물건을 사라는 것으로 지레 짐작했다. 둘러보시고 샀으면 하는 물건이 있으면 염두에 두고 계시라고 했다. 여기 구경하고 나서 뉴욕 시내를 쇼핑하게 될 텐데 쇼핑을 하시면서 맨하튼 호텔의 쇼핑센터에 있는 물건하고 여기의 물건과 품질 가격 등을 비교해 보시라 일렀다. 그래서 맨하튼 호텔 것이

싸다 하면 호텔 것을 사라했다.그러나 절대로 사라고 권장을 하지 않을 터이니까 함부로 물건을 사지 마시오라고 하였다. 일행은 쇼핑을 하고 엠파이어스테이트빌딩도 구경을 하고 돌아왔다. 가이드는 M 모씨가 저 엠파이어스테이트 빌딩도 매각을 한다는 소문이 있어서, 그것을 구입하려고 했다는 말도 덧붙였다.

가이드는 말을 이었다. 미국에서는 한국계 M 모씨에게 빌딩을 팔면 안 된다는 정서가 있다고 하였다. 엠파이어 스테이트 빌딩도 상징적인 건물인데 놔두면 M 모씨가 살 것 같아서 그를 구속시켜 버려야 한다는 말을 들었다고 하였다. 그 정도로 'M 모씨는 대단한 재력가구나'라는 생각을 했다.

내일은 귀국한 날이다. 사전에 먼저 다녀온 사람이 거기가면 좋은 선물을 준다고 했다. "다른 연수단이 왔을 때는 시계를 줬다는데 우리는 왜 안 줍니까?" 내가 물었다.

시계를 안 주는 이유는 M 모 선생님이 김영삼 대통령의 소련 방문을 수행하시기에 계시지 않아 시계를 줄 수 없다고 했다. 이전에 여기에서 줄 때도 M 모 선생님이 연수단원마다 개별적으로 악수를 하고 시계를 줬다고 했다. 따라서 총재님이 부재중에는 시계를 주지 않았다고 전하였다. 제가 그의 답변에 다시 토를 달았다. "연수를 시켜놓고 시계를 안 받고 돌아가면 뭐라고 하겠습니까? M 모 선생님을 욕할 것 아닙니까" 하니 "그러면 저희들이 연락해 좋은 방법을 연구하겠습니다. 조금만 참으십시오" 하며 이해를 구했다.

귀국할 당일이었다. 호텔에서 아침에 밥 먹고 나오는데 M 총재가 계시지 않아 줄 수 없다던 시계를 주었다. 내가 주제넘은 항의를 한 효과였다. 다만 수령자의 의사에 따라 남녀의 시계를 고르라고 했다. 연수단원들이 막내의 덕을 봤노라고 칭찬한 이도 계셨다.

귀국했다. 시계의 진위가 궁금했다. 금남로 지하상가에 가서 시험 삼아 물었더니 시계방에서 어디 고장 났느냐고 되물었다. "이 시계는 함부로 손을 댈 수가 없으니까 다른 곳으로 가보세요." 했다. 고치러 온 짓이 아니라 이느 정도 되는 시계인지 알아보러 왔다고 했더니 "이 시계 는 스위스산인데 비쌉니다. 백만 원 이상~이백만 원 정도 됩니다." 했 다. 그때야 "아~ 좋은 시계구나" 생각하였다. 한 달 정도 지나 연락이 왔는데 신양파크호텔에서 모임이 있다고 참석자는 식대 2만원을 내 라했다. 참석하지 않았다. 뒤에 들어보니 밥만 먹고 헤어졌다는 말을 들었다. 여행을 통해 모 교회에 대한 인식이 엇갈렸다. 우선 미국에서 M 모씨 교회는 재력이 대단하다는 것을 느꼈다. 돈이 많으면 영향력도 있게 마련이다.

여행을 주선하신 교육장은 대단히 점잖은 분이다. 가끔 농담도 하 시지만 대단한 효자란 것을 느꼈다. 가끔 벌교에 가실 때면 저보고 같 이 가자하여 따라가면 벌교에서 꼬막 점심을 사주셨다. 다방에 들려 서 다방 종업원한테 차를 2잔 시켜가지고 배달을 시켰다.

어디가시냐고 물으니 아버지 댁에 가신다고 했다. 차를 가지고 따 라 들어가 보니 아버지와 어머니가 계셨다. 차를 아버지 방에 들이신 다음 어머니 저하고 이야기 합시다. 그러면 교육장은 어머니를 작은 방으로 오시게 하고 아들하고 저하고 같이 얘기를 했다.

당시는 못 느꼈으나 오면서 느꼈는데 어머니가 나오신 뒤에 다방에서 차를 가지고 온 그 아가씨는 교육장님 아버지의 팔 다리를 주무른 것 같았다. 약 30분에서 1시간 정도나 기다렸다가 나올 때 교육장님 이름을 부르면 "예" 하고 대답하면 "차 조심해라… 항상 조심하고 살아야 된다." 그러고 가면 "전화해라" 하면 "예 전화 드릴께요" 한다.

교육장·학무과장·관리과장이 모두 보성출신이었다. 교육장님은 벌교, 김모 학무과장님은 노동, 나는 조성출신이었다. 교육장님과 학무과장님 두 분은 자주 다투었다. 어쩔 때는 웃다가도 금방 다퉜다. 한번은 교육장실을 갔는데 그 두 분이 다투고 계셨다.

소년체전 준비 때문이었다. 학무과에서 예산집행 품의를 올렸는데 교육장이 반려한 것이다. 김과장은 내가 도장을 찍었는데 반려했다는 항의였다. 학무과장이 제가 결재한 것은 좀 찍어 주세요 하였다. 교육장님이 아~ 그럼 내 도장을 천장에 고무줄로 매달아 놓겠네. 아무나 찍게 하세… 자네가 교육장이지 내가 교육장인가.

그 말끝에 세 사람이 함께 웃었다. 김모 과장이 저한테 자네 이 사람아 세 사람이 같은 고향인데 무슨 일이 있으면 수습을 해야지 했다. 사람이 싸우다 화해했으면 자네가 밥은 사야 할 것 아닌가? 저녁을 함께 먹었는데 먹다가 또 두 분이 붙었다. 어쩔 수 없네.

교육장은 재테크 달인

재력가들은 보통사람들과 다르다. 광주에서 교육장님을 만나 그의

집을 방문했는데 구조가 특이했다. 1층의 방이 예사롭지 않게 많았다. 요즘으로 말하자면 쪽방이었다. 무려 8칸이나 되었다. 왜 방이 많이 만들었냐고 물으니 이렇게 해서 월세를 내준다고 했다.

그때 생각했다. 교육장님이 상과출신이신가 싶어 혹시 교육장님 상과출신 아니십니까하고 물으니 상과라 했다. 제가 초등학교 때 담임도 비슷했다. 그분도 들어보니까 동부경찰서 옆에 있는 원불교 옆에 다 그런 식으로 쪽방을 만들어 월세를 받아 돈을 벌었다고 했다.

재테크를 이렇게 하는 구나했는데 최근에 그분을 만났다. 만나서 물어보니 광주에서는 잘 안 되어 경기도로 갔다. 그곳에서 원룸식 건물을 지어 아들이 관리한다고 들었다. 돈 버는 사람의 생각은 좀 달랐다.

교장과 교감의 자격연수

1991년 1월 5일자로 해남교육청 관리과장으로 옮겼다. 1991년 해남교육청에 근무할 때이다. 교장들과 대화중에 교장·교감 자격연수 시에 학교시설관리와 예산집행과 법규과정이 있느냐고 물으니 없다고 하였다. 전남교육연수원 안내 책자에도 없어 타 시·도 연수원에 부탁하여 책자를 구해 검토하여 보았다.

자격연수 관련 규정에 교양과 전공으로 나누어져 있었다. 1정 자격연수는 전공을 교과전공으로 보아 연수했다. 그런데 교감·교장 자격연수는 전공이 학교관리자로서 이에 필요한 리더십과 학교시설관리, 예산집행, 조직관리, 교육 관련 법규는 아예 교육과정에 없었다.

원인은 강사진에 있었다. 현직 또는 퇴직 교장 출신으로 강사를 초빙하여 학교경영의 사례중심으로 하기 때문이었다. 내가 2003년 교장 자격연수를 위해 교원대학 자격연수 과정에 참여했다. 연수 과정을 보니 교장으로서 필요한 분야에 시간을 안배하였으나 강사진의 한계로 실효를 거두지 못했다.

당시 모 강사는 어디 출장을 가면 앞으로 하루 뒤로 하루로 출장을 내면 여비가 더 나온다고 했다. 그 소리를 듣고 지금도 변하지 않았구나 하였다. 쉬는 시간에 연수 관계자와 그 이야기를 하였다. 법규를 모르는 강사진의 연수강의로는 백년하청이 되겠다 싶었다.

법규를 다룬 전문가 또는 교수 그리고 학교 시설관리는 시설 관련 분야에 종사하는 분, 예산 편성과 집행에 종사하는 분이나 그에 대한 교수를 강사로 위촉하시면 어떻겠냐고 건의하였다. 나는 이러한 일선의 실정을 교육부에 건의하였더니 바로 시정 하겠다고 했다.

학교경영 선진학교의 시찰

해남교육청에서 중학교 교장들과 차담을 했다. 이야기하는 과정에 초등 교장들은 요구하는 것이 많은데 중학교는 거의 그러지 않았다고 하였다. 그러자 교장 선생님들이 학교경영의 어려움을 대화하는 과정에서 학교 구성원 간의 화합이 잘 안 된다는 것을 말씀하셨다.

일선 학교도 원만한 경영이 쉽지 않다. 가장 큰 장애물은 교사간의 반목이다. 교장을 신뢰하는 교사와 싫어하는 교사가 있다. 교장들도 그런

현상을 대부분 인정하고 있다. 조직에 분파가 생기면 학교에도 영향을 받는다. 그 결과는 학생들의 피해로 이어질 수 있다.

그렇다면 시정할 방법으로 타·시도 선진학교를 시찰해보자 했다. 교사 2명 중 협조적 교사 1명과 비협조적 교사 1명, 장학사나 관리과 계장 각 1명과 교장 또는 교감 1명 등 4명을 한 조로 구성하되 교사 2명은 같은 조로 편성해 선진학교를 시찰 보내겠다고 하였다.

나는 몇몇 도교육청에 부탁하여 인정을 세웠다. 선진학교에 가서 봐야 할 체크리스트를 만들어 보고토록 했다. 시찰 후에는 교육청 회의실에서 보고토록 하겠다고 하였다. 그랬더니 교장 선생님들 대부분이 좋아하셨다. 교장 또는 교감을 단장으로 하여 6개 팀을 구성하였다.

일련의 추진사실을 교육장님께 보고하였다. 무슨 돈으로 할 것인가 하셨다. 제가 마련하여 보도록 하겠다고 하여 추진하게 되었다. 대상 지역은 경남 전북 충남 대전 경기 등으로 하였다. 출발 전에 교육청에서 사전 교육을 했다. 체크리스트 작성과 대중교통과 택시 이용, 팀별로 4명으로 한 것은 택시 이용시 편의를 감안했다.

출장비는 팀당 100만 원씩을 지급했다. 다녀온 후 보고서 작성도 연수하였다. 출장비는 파악된 비협조 교사에게 지급하여 정산토록 하였다. 보고서는 학교운영에 협조적인 교사에게 맡겼다. 연수에 참가한 교사들 전원이 좋아하면서 여비 사용 관계를 질의하기도 했다.

영수증을 갖추는지를 많이 물어봤다. 제가 가능한 한 영수증을 징구하되 4명이 합의하면 술을 먹어도 좋다고 하였더니 모두 웃었다. 연수가 끝나고 돌아갈 때는 관리과장실에 들려 잘 다녀오겠다고 하였다. 시찰을 마치고 보고회 날짜를 정하여 학교에 통보하면서 참석할 때는 여비 정산서와 보고서도 제출하도록 시달하였다.

그런데 보고회에 참석한 교사가 왜 이런 일을 관리과에서 주관하느냐고 항의를 하였다. 나는 사전연수 때 관리과장이 주관으로 설명하여도 아무 말이 없었다. 그리고 연수를 끝나고 돌아갈 때도 관리과장실에 들려서 잘 다녀오겠다고 하였지 않느냐고 설명해 주었다.

시찰단의 보고회는 교육청 회의실에서 가졌다. 보고회 이후 교장들께서 출장 다녀온 교사들이 교육청에서 보고하듯 학교에서도 보고회를 갖도록 하여 주라고 하였다. 출장 간 교사도 당신 학교 교사이니 교장이 말씀하면 안 되냐고 하니 교육청에서 공문을 보내 주라 하였다. 학교별로 보고회를 갖고 결과를 보고토록 조치하였다.

시찰단 교사들은 긍정적인 평가를 하였다. 가본 학교마다 운영이 잘되고, 교사들이 열심히 하더라고 했다. 또한 자기들을 교육시키기 위하여 보냈다고 하는 것이었다. 사실이다. 교사 여러분들을 교육시키려 보냈다고 했다. 시찰의 결과가 타산지석이 되자는 것이다.

선진학교 방문시 어느 면단위 학교는 아주 특별했다. 학년말이면 그 학교 학부모님들이 교직원들을 초빙하여 식사대접을 하고 봉투를 하나씩 나눠주었다. 그들은 봉투 속에 있는 것은 반드시 집에 가서 보도록 일렀다. 빈 봉투를 받은 교사는 다른 학교로 전출가라는 뜻으로 해석했다. 봉투에 있는 돈은 조금씩 차이가 있는데 비밀이라고 하였다.

각종 연수는 잘해보자는 목적이다. 동일급 연수 즉 교사들은 교사대로, 교감은 교감대로, 교장은 교장대로 목적은 같다. 그러나 참여자의 입장에서 자기가 해당되는 것을 개선하려고 하지 않고 교사는 교장에게, 교장은 교사 또는 교육청에 모든 문제를 전가하기 때문이다.

해남 관내 몇 중학교는 운영위원이 참가하는 선진학교 시찰을 다녀왔다. 교육청에서 여비 일부를 보전하여 주었다. 그리고 중학교 선생님과 교육청 직원 또는 교장, 교감이 함께 추진한 선진학교시찰이 내가 전남교육발전기획단에서 추진한 교민 합동 연수의 모태가 되었다.

나는 교장 자격연수를 위해 교원대학교 연수원 기숙사에서 생활했다. 연수생들은 대부분 쉬는 시간에 자기학교 교장의 흉을 본다. 교원대 학생들도 많이 드나드는 다방이나 노래방에서 일탈행위를 한다. 학생들이 무엇을 배우고 느끼겠는가. 그때 많은 생각을 했다.

나는 교육과정 분석과 학습자료 선정위원회에 참여한 선생님들이 가끔 사택에서 어울리곤 했다. 한번 두 번 어울리니 스스럼 없이 저녁에 찾아와 음식을 시켜 먹고, 술도 먹었다. 어느 날은 노루를 잡아 가지고 와서 사택 부엌에서 손질하여 고기를 구워 먹기도 했다.

아마 그때가 해남에서 한참 재미를 붙여 열심히 일하고 있을 때로 기억된다. 내가 모씨에게 밀려서 도교육청으로 발령, 열심히 했던 선생님들이 사택에서 송별 파티도 열어주었다. 참으로 마음으로 고맙고 흐뭇하고 행복했다. 장자는 인생을 소요처럼 살라고 했다.

해남 교육청의 이전신축

해남교육청 청사는 군청 코앞에 있었다. 마치 군청부속 건물처럼 보인다. 게다가 너무 비좁아 이전신축이 숙원사업으로 떠올랐다. 교육가족 모두가 공감하는 현안이지만 예산이 뒷받침되지 않아 미완의 과제로 남아 있었다. 나는 이 문제를 해결하기로 마음을 먹었다.

일단 예산을 다루고 있는 도교육청 관리국장님을 뵈었다. 국장님은 해남이 고향인데다 해남교육청 관리과장을 거치신분이라 누구보다 신축의 필요성을 절감하신 분이다. 하루라도 빨리 이전신축의 필요성을 말씀드렸더니 잘 생각하셨다며 신축예산을 마련하는데 공감해 주셨다.

바로 이전신축사업을 본격적으로 착수했다. 우선 이전의 적지를 물색하는 것이다. 당시 해남 버스터미널 근처에 택지를 조성하고 있었다. 현장을 답사하니 이전부지로 안성맞춤이었다. 그 곳으로 낙점하고 이전을 추진했다. 즉시 해남교육청 청사를 감정 의뢰했다.

직원들에게 감정사실을 일체 발설하지 못하도록 하였다. 왜냐하면 감정원에 감정의뢰하면 어느 감정원에서 감정을 하였거나 그 후에 다른 감정원에서 그 부지를 감정하더라도 감정원에서 최근에 감정한 사실을 확인하고 감정기관 간에 그 내용을 공유하기 때문이다.

비밀유지를 당부한 것은 군청과의 관계가 있기 때문이다. 당시 교육청 청사는 군청이 매입하는 게 일반적인 공론이었다. 관리국장에게도 그런 의견을 제시한바 있다. 그리고 읍내 대부분의 주민들의 여론도 같았다. 얼마 후에 감정원에서 평가액이 통보해왔다.

몇 개월 후에 군청 재무과장께서 나에게 전화를 하였다. 그는 잔뜩 화를 내면서 어떻게 이럴 수 있냐며 항의했다. 내가 과장님 무엇 때문에 화를 내느냐고 했더니 평상시 그렇게 안 봤는데 기분 나쁘다고 하였다. 화내지 말고 용건의 자초지종을 말씀하시라고 하였다.

재무과장의 항의는 감정이었다. 군청에 말하지 않고 교육청을 감정하느냐고 하였다. 내가 과장님 어떻게 교육청에서 감정한 사실을 알게 되었습니까? 군청에서 교육청을 감정의뢰했기에 알게 된 것 아닙니까? 군청에서 교육청에 한마디 말없이 감정의뢰 한 것 아닙니까?

왜 우리가 우리 땅 감정하는데 군청에 말하고 감정해야 합니까? 군청에서 우리 땅을 감정의뢰 했다면서요? 땅 주인에게 말없이 감정의뢰한 것이 잘한 일인지 한번 판단해보세요 하였더니 전화를 끊어버렸다. 똥개가 겨 묻은 개보고 성질낸다는 속담이 떠올랐다.

교육청간 배구시합과 다과

해남교육청에 있을 때였다. 인근 강진, 완도, 진도 등 4개 군 교육청이 매월 친선 배구대회를 하게 되었다. 대회주관 교육청 초청 형식으로 돌아가면서 치른다. 당일 오후에 출발하여 교육청 간의 배구경기를 마친다. 그리고 인근지역을 관광하는 형식으로 진행 되었다.

경기가 끝나면 교육청별로 준비해온 간식을 먹는다. 그런데 음식을 먹은 후 주관 교육청이 베푼 음식의 맛이 있겠는가. 나는 이런 일을 해소코자 직원들로 하여금 사전에 음식준비의 리허설을 가졌다. 이는 본청 행정계에 근무할 때 김원배 과장님에게 배웠던 요령이었다.

방법은 이렇다. 체육관 바닥에 군별로 탁자 4개씩을 놓도록 했다. 그 자리에 유색 테이프나 사인펜으로 표시를 하도록 하였다. 탁자를 들어내고 표시된 곳에 다시 탁자를 놓은 연습을 하였다. 두 차례 연습을 하였더니 순식간에 탁자를 들어내고 다시 놓아도 착오가 없었다.

여직원들은 탁자에 놓을 음식의 위치를 빈접시로 연습하였다. 당일 경기를 하는 동안 탕비실에서 접시에 과일과 김치, 회 등을 준비했다. 남자 직원들이 탁자를 교육청별로 놓으면 여직원들이 자기가 맡은 음식, 과일, 회 등의 접시를 표시된 자리에 갖다 놓도록 하였다.

연습하는데 불만도 있었으나 직원들이 적극 협조하여 주었고 특히 임병길 서무계장이 고생하였다. 당일 4개 교육청의 배구 경기를 마치고 손을 씻는 동안에 배구했던 그 자리에 다과회 준비가 완료되었다. 참가한 교육청의 교육장님과 직원들에게 들어오시라고 하였다.

준비시간은 5분 정도 걸렸다. 참가한 교육청 교육장들이 체육관에 들어오시면서 준비 되어 있는 것을 보고 모두가 놀랬다. 누가 이렇게 하였느냐? 귀신이 한 것 아니냐? 자기들이 가지고 온 음식을 먹을 시간도 없었기에 체육관에 준비된 음식을 모두가 맛있게 먹었다.

이날의 화제는 배구경기가 아니라 음식준비였다. 음식을 먹고 모두 헤어졌다. 해남청 직원들만 남았을 때 해남교육장이 직원들에게 어떻게 했냐고 하니 어제 오후에 체육관에 와서 연습하였다고 대답했다. 칭찬하시며 대흥사로 구경 가자고 하여 저녁까지 먹고 돌아왔다.

이 이야기는 회자되었다. 용정중학교 가을 축제 때 마지막 프로그램으로 전교생이 악기 연주를 하게 했다. 두곡은 2~3학년 전체가, 한곡은 1, 2, 3학년 전교생이 하게 되었다. 무대에 의자 놓는 시간이 많이 소요되고, 줄도 맞지 않아 해남의 경우를 원용해보기로 했다.

내가 선생님들에게 제안하였다. 먼저 의자를 줄에 맞게 전체를 놓은 다음 의자를 놓았던 자리에 유색 테이프 또는 싸인펜으로 표시하도록 연습을 시켰다. 공연은 질서정연하고 성황리에 마쳤다. 이는 교직원들이 내색하지 않고 잘 따라 준 결과이다. 고맙고도 감사한다.

사학분규 해결사로 차출

1992년 9월 1일 본청 행정계장으로 발령을 받았다. 아침 일찍 출근하여 바로 국장님과 부교육감님께 인사를 드렸다. 부교육감님께서 잘 오셨다면서 빨리 교육감님께 인사하고 오라고 하였다. 교육감님께 부임인사를 드렸더니 반갑게 하시면서 자리에 앉으라고 하였다.

교육감님께서 잘 부탁한다고 하시며 그게 무슨 말인지 알 수가 없었다. 그리고 교육감님께서 황사무관이 원하지 않는 자리로 간데 대해 서운하게 생각하였다면서 하시고 자네는 큰일을 하여야 하고 곧 과장 될 사람인데 하셨다. 선배님들도 계시는 데요 하였더니 뭐 그 사람들 하시면서 자네 같은 사람이 과장하여야지 하신다.

'무엇 때문에 저런 말씀을 하실까' 하고 생각했다. 교육감실을 나와 부교육감실에 갔다. 부교육감님께서 큰일났다 하신다. 왜 그러십니까? 하였더니 부교육감님께서 모 사립학교를 얘기 하시며 그 학교가 매일같이 잡음이 그치지 않아 큰일이라 했다.

교육부에서는 매일 다그쳤다. 하루빨리 그 사립학교의 이사 취임승인을 취소하고 임시이사를 파견하지 않으면 교육감 사표를 받겠다고 한다고 하였다. 상황이 이 지경에 이르렀으니 꼭 그 일을 잘 처리하여 주라고 당부하셨다. "제가 어떻게 할 수 있습니까"하고 내려왔다.

그때는 교육위원회에서 교육감을 선출하는 시절이었다. 일종의 합의제 교육자치였다. 교육위원은 임명직 교육위원이고 교육위원회의 의장은 도지사가 당연직이었다. 그래서 위에서 도지사에게 연락해 교육감의 사표를 받으라고 하면 사표를 낼 수밖에 없었던 시절이었다.

관리국장님이 올라오라고 하였다. 국장님과 부교육감님이 그 사립학교 임시이사 파견을 채근하셨다. 서둘러 줄 것을 지시하여 과장님과 상의하여 하겠다며 내려와 과장님께 이야기하였다. 자네는 어떻게 할 것인가? 빨리 해야 될 터인데 하여 자리에 와서 생각하였다.

교육감 이하 모두가 나에게 매달린 상황이었다. 착잡했다. 일단은 그 학교에 대한 자세한 현황을 살펴보기로 했다. 살펴보았더니 그 학교 경영이 아주 큰 문제가 있는 것도 없어 보였다. 다만 교직원들이 매일같이 학교 운영에 대한 불만으로 분쟁이 야기되고 있었다.

그 학교는 이전에도 학교운영문제로 말썽이 되어 임시이사가 파견된 전력이 있었다. 그러자 법인에서 교육청을 상대로 행정소송을 제기해 법원에서 패소판결을 받았다. 임시이사가 철수된바 있는 학교이기 때문에 함부로 어떤 조치도 할 수가 없어 더욱 고민하였다.

그런데 언론에서는 날마다 그 학교에 대한 보도가 끊이지 않았다. 어느 날 부교육감이 행정과장님실로 오셔서 나에게 어떻게 할 것인가 하신다. 과장님도 할 수 있으면 빨리하소 하신다. 임시이사를 꼭 파견하려고 한다면 일단 감사과에서 감사를 하여 주십시오 했다.

노태우대통령 표창

　그리고 감사를 할 때는 감사시항을 매일 행정계와 공유하도록 하여
주시라고 했다. 바로 감사에 들어가기로 하였다. 감사를 해본 결과 몇
가지 잘못된 것과 법인운영과 이사회운영에 문제가 있었다. 그 결과
로 임원의 승인 취소와 임시이사 파견을 하기로 결심하였다.

　나는 국장님과 부교육감님, 교육감님에게 그 내용을 설명하고 임시
이사 파견은 2년 내에 끝내도록 요청하였다. 이는 임원 승인 취소와
임시이사를 파견하면 법인에서 행정소송을 할 것으로 예측되고, 이전
에도 행정소송에서 패소해 낭패를 본 경험 때문이라고 설명했다.

　그러니 이번에는 반드시 2년 이내 풀어 주세요 하였더니 그렇게 하
자고 하였다. 설사 행정소송을 하여도 2년은 걸리기 때문이다. 그래
서 임원승인 취소와 임시이사 선임을 추진했는데 그때 당시 교육계에
서 초미의 관심으로 날마다 출입기자들이 행정계를 들려 물어 본다.

나는 오후에 퇴근했다가 다시 야근을 하였다. 임원승인 취소 사유는 "학교경영과 법인운영의 부실과 교직원의 갈등을 초래해 지역사회에 물의를 야기 시켰을 뿐만 아니라, 법인운영과 학교경영에 있어 법인의 임원으로서 사립학교법 제27조 준용규정에 의한 민법 제61조 이사는 선량한 관리자의 주의로 그 직무를 수행하여야 함에도 이를 위반했기에 임원의 승인을 취소한다."면서 해당학교의 학교법인 임원 승인을 취소하고 임시이사를 파견하였다.

한편 학교 측도 하루빨리 정상 운영되게 교육청의 조치에 적극 협조했다. 학교 측은 임원 승인 취소와 임시이사 선임관계의 공문을 다각도로 분석했다고 들렸다. 이전 학교법인 임원승인 취소의 행정소송을 맡은 이모 변호사를 찾아가 행정소송 제기여부를 타진한 것이다.

이모 변호사는 서류를 검토한 후 승산이 없다는 결론을 내렸다 한다. 보통 교육청에서 사립학교법 준용규정인 민법 제61조를 임원 취소 승인 사유에 잘 적용을 하지 않는데, 이번에 민법을 적용한 것은 많이 연구를 하여 적용한 것이라고 했다. 때문에 행정소송을 하지 않을 테니 하루빨리 정상화 시켜 달라고 하였다는 말을 들었다.

결국 문제의 학교법인이 행정소송을 포기한 것은 준용규정 때문이다. 법인 이사에게 민법의 성실의무를 적용했기에 소송을 해도 이길 가능성이 없었던 것이다. 따라서 내가 민법의 준용규정을 찾아낸 것은 어쩌면 '신의 한수'라고 할 수 있다. 어쨌든 분규는 수습되고 정해진 기간 안에 정식 이사진이 들어간 것은 다행한 일이다.

면허시험장 사고와 검·경 조사

운전면허는 생활필수품이 된지 오래됐다. 1980년대까지도 자가용은 보통시민들의 꿈이었다. 나도 운전면허를 따기 위해 오후에 퇴근하면 동광주에 있는 운전면허학원을 다녔다. 며칠간 연습 한 후 두암동 면허시험장에서 필기고사를 본 후 주행시험을 보도록 되어 있었다.

나의 성부는 그날 주행시험은 하시 못하였다. 다음날 오전 일찍 면허시험장에 가니 시간이 있어 운전면허시험장 바로 뒤에 운전면허 시험코스 주행연습장이 있었다. 여기서는 한 바퀴를 연습하는데 돈을 주고, 두 바퀴를 연습한 다음 면허시험장에 가 원서를 접수하였다.

그랬더니 S자 등 코스시험에 합격하면서 주행시험까지 보게 되었다. 어쩌면 오늘 단번에 전부 합격하겠다는 마음을 먹고 주행코스 차에 탔다. 1종 보통시험이니 1톤 트럭이었다. 승차하여 감독관의 지시에 따라 마지막 도착 코스가 오르막에 비탈길 이면서 커브였다.

마지막 코스에서 빠른 시간에 도착하려는 욕심이 났다. 속도를 올려 커브를 도는데 무엇에 부딪히는 소리가 났다. 순간 왼쪽 벽을 치고 오른쪽 벽에 차가 정지되었다. 멍하여 있으니 감독관이 괜찮냐고 물어 눈을 떴다. 차는 멈춰있고 그 옆에 부인이 쓰러져 있었다.

차에서 내렸다. 감독관이 자기가 부상당한 부인을 병원으로 데려갈 테니 함께 차에 타라고 하여 승차했다. 말바우시장 옆 정형외과로 들어가 의사의 진찰을 받은 결과 다리뼈가 골절되었다고 했다. 기부스를 하고 2~3일간의 입원치료를 한다고 하였다. 나는 잘 부탁한다고 하고 음료수를 한 박스 사다가 병실에 넣어주고 돌아왔다.

점심을 먹고 청에 들어갔다. 두암동 파출소에서 나오라고 연락이 와서 갔다. 소장이 조사할 것이 있다면서 의자에 앉으라고 하였다. 무엇을 조사하느냐고 물으니 오전에 면허시험장에서 사고가 났지 않느냐면서 그 건으로 조사하겠다고 하였다. 내가 참고인입니까? 하니 참고인이라고 하여 간단히 경위만 이야기하고 돌아왔다.

다음날 오후에 북부경찰서에서 나오라는 연락을 받았다. 내가 무엇 때문입니까 하고 물었다. 면허시험장 사건이라고 하기에 어제 두암동 파출소에서 참고인 조사를 받았는데 가야하냐고 되물었다. 그래도 나오라하여 북부경찰서에 갔더니 피고인 조사를 하겠다고 했다.

'왜 제가 피고인입니까?' 참고인 조사면 모르지만 피고인 조사는 못 받겠다고 하며 옥신각신하는 사이에 시간이 많이 흘러갔다. 내가 집에 가겠다고 하자 안 된다면서 귀가하려면 보증인의 서명이 필요하다 했다. 모씨에게 연락하여 보증인으로 서명을 하고 나왔다.

집에 와서 도로교통법 등을 살펴보았다. 관계법규에 의하면 운전면허시험장은 안전요원을 두도록 되어 있었다. 특히 주행 시험을 치를 때는 경찰관이 동승하도록 규정되어 있었다. 또 면허시험장의 차량은 차량보험을 가입토록 되어 있었다. 보험은 사고를 대비한 조치다.

따라서 시험장에서 발생한 사고는 응시자의 책임이 아니다. 원서접수 때 납부한 전형료가 보험료인 것이다. 주행시험에 경찰관이 동승한 규정도 사고를 방지하기 위한 조치이다. 때문에 주행 코스에 일반인의 출입이나 동승의무를 지키지 않은 것은 면허장의 귀책이다.

더구나 수험용 차량은 보험가입이 의무사항이다. 그럼에도 불구하고 문제의 주행차량은 등록번호는 물론 보험가입도 하지 않았다. 면허시험 응시를 위해 응시 전형료를 납부하고 감독관의 지시에 따라 시험에 임했다. 그러므로 운전면허가 없는 자는 운전할 수 없는 사람이지만 범죄 구성요건의 하나인 책임성이 성립되지 않는다.

이들 법규에 의해 나의 경우는 범죄가 성립되지 않는다는 것을 알았다. 다음날 두시동 면허시험장으로 가서 시험장 책임자인 강강을 찾았다. 장장이 경정인데 고등학교 동창이었다. 그 친구가 엊그제 사고 낸 사람이 황인수라고 하여 설마 자네인 줄은 몰랐다고 했다.

그는 의자에 앉으라고도 하지 않으면서 어찌 왔냐고 물었다. 친구에게 내가 시험 중에 다친 부인의 치료비를 내가 부담하여야 하느냐 물으니 그는 법적으로 자네 말이 모두 다 맞다고 했다. 그러나 전국적으로 시험장 교통사고의 경우 전부 다 응시자 부담이라고 한다.

그러면서 자네가 국가를 상대로 소송할 테면 제소하라 하였다. 자네 면허증은 자기가 발급해 주겠다면서 치료비를 부담하고 화해하라고 했다. 명색이 고교동창인데 입장이 반대라고 이런 대접을 받은가. 며칠 지나 검찰청에서 출두 통지서가 왔다. 나는 국가법률구조공단에 진정서를 제출하였다. 그런데 구조공단은 검찰청에 있다.

구조공단의 연락을 받고 갔다. 공단직원은 선생님 공무원 아닙니까? 자꾸 오라가라하면 복잡하니 빨리 화해 하시라 하였다. 나는 왜 화해하느냐면서 그냥 돌아왔다. 또다시 검찰 출두 통지서가 하숙집으로 왔다. 하숙집 아저씨가 무엇 때문인가 놀라서 말씀하시기에 별 것 아니니 걱정하지 마시라고 하고 검찰에 출두하였다.

검찰에서도 피해자와 빨리 화해하라고 하였다. 왜 화해를 합니까? 저는 응시를 위해 수수료를 내고 감독관의 지시에 따라 주행하였으며 안전관리도 시험장 측 책임이며 모든 사항에 대하여 법적으로 시험장 측에 있다고 시인하였는데 왜 내가 화해를 하느냐고 말했다.

하지만 그 직원은 공무원이 자꾸 끌면 선생님만 힘든 것이라고 하였다. 그로부터 며칠 후에 교육감부속실에서 전화가 왔다. 운전면허 시험장 사고 이야기를 하기에 자세히 이야기하고 검찰청에 다녀온 이야기를 하였더니 피해자 부인이 자꾸 전화가 오고 교육감실을 찾아오겠다고 하니 빨리 화해하라고 하여 알았다고 대답했다.

다음날 결국 화해를 하였다. 그 사건으로 마음고생이 많았다. 법치 국가의 검찰 권력이 국민을 위해 있는 것이 아니라고 생각하였다. 나의 사건이 일어난 지 몇 년 후에 나의 경우와 똑같은 운전면허시험장 사고가 발생해 언론에 보도가 되었다. 그 후에 운전면허시험장의 사고와 시험장 관리에 대한 보완이 이뤄진 것으로 알고 있다.

권력기관의 강권에 의해 마지못해 화해를 한 것이다. 참으로 서글프고 찜찜했다. 당연히 보호를 받아야함에도 공무원이라는 신분적 약점을 이용한 악랄한 수법에 손을 든 것이다. 그들의 수법은 야비하다. 경찰이나 검찰은 조사를 핑계로 출석통지서로 괴롭히고, 기관장에게 압력을 넣는다. 유전무죄 무전유죄, 압수수색은 우리 사법제도의 치부이다. 초록은 동색이란 말은 허언이 아니다.

연금 불입을 안한 두 사립고

1992년도 사학연금공단으로부터 전화를 받았다. 광주시내 모 고등학교와 전남에 있는 모 고등학교에서 교직원들의 연금이 몇 개월째 입금되지 않고 있다면서 꼭 확인해 달라고 했다. 그 학교는 내가 행정계 직원으로 근무하고 있을 때 인가되었기 때문에 잘 알고 있었다. 그런데 광주 시내 고등학교와 전남에 있는 고등학교는 한 법인에서 경영하는 학교였다.

얼마 안 되어 방송뉴스를 듣고 사실 이었구나 했다. 연금공단으로부터 연락을 받고 예감이 잘못되었다고 생각했다. 학교에 연락하니 매월 다 불입했다고 대답하였다. 그럼 서류를 가지고 오라고 했더니 납부 영수증 등을 가지고 왔다. 직원에게 놓고 돌아가라고 하였다.

영수증을 검토했다. 은행의 일부인이 이상했다. 해당 은행에 전화하여 직원에게 각종 공납금 영수증에 찍어주는 일부인이 은행를 대표하는 직인의 역할을 하느냐고 물었다. 어디냐고 하여 전남교육청 행정과라고 하니 ○○학교 때문에 그러냐고 하여 그렇다고 하였다.

혹시 모학교와 모학교가 아닙니까? 그렇다고 하니 그 은행직원이 바로 울면서 사정하였다. 어찌해서 울고만 있냐고 했더니 전화를 끊었다. 얼마 후에 은행 대리와 직원이 찾아왔다. 대리가 다시는 이러한 일이 없도록 하겠으니 한 번만 봐달라고 하면서 사정하였다.

나는 그 대리에게 다시 말하였다. 은행이나 우체국에서 찍은 일부인은 바로 그 기관을 대표하는 직인과 같은 효력이 있다. 어떻게 이런 일이 발생했냐고 추궁했다. 대리는 공납금을 가져오면 납부서에 행원이 일부인을 찍고 있으니 학교직원이 납부서가 많다며 자기가 찍을 테니 일부인을 달라고 하였다. 행원은 일부인을 주니 찍으면서 일부인의 날짜를 고쳐서 찍은 것 같습니다 하였다.

나는 행원이 직인을 창구의 손님에게 맡겨 찍으라고 할 수 있습니까하고 따졌다. 그러다 은행에 큰 책임이 발생할 수 있는데 다시는 이러한 일이 없도록 각별히 조심하시라고 타이르고서 돌려 보냈다. 은행 대리와 직원들이 가면서 행정과장에게 인사를 깍듯이 하고 갔다.

이어서 해당학교의 서무과장을 교육청으로 오라고 하였다. 그 과장은 내가 행정계 직원으로 있을 때 서무과장이었다. 왜 이런 일을 하느냐? 모든 것을 제대로 하지 않으면 언젠가 다 밝혀지는데 지금까지 이렇게 행정을 하니 학교가 항상 말썽이 있지 않느냐고 하면서 다음부터는 이러한 사례가 없도록 하시라고 돌려보냈다.

행정과장이 대리와 여직원이 울면서 사정한 것을 보셨다. 무엇 때문에 그러하냐고 물어서 자초지종을 얘기했더니 어떻게 연금공단에서 자네에게 전화하고 은행직원이 와서 울면서 사정하는 일은 있을 수 없는 일이네 하면서 자네 어떻게 발견하였는가? 대단하네 하셨다.

내가 그 뒤에 생각하니 연금공단에서 광주광역시교육청에 연락하지 않고 전남교육청에 전화하였으며, 그것도 행정계장을 찾아가지고 말하였을까? 지금 생각해보아도 의문스럽다. 혹시 학교 내부자가 내게 전화한 것이 아닌가 하는 생각이 들었다. 그리고 영수중 일부인을 일일이 확인하지 않았으면 발견하지 못하였을 것 아닌가 하는 생각을 하였다.

전남외국어고 설립 준비

1993년 초, 교육감님이 찾으셔서 갔더니 외국어고등학교를 설립하고자 하였다. 설립에 앞서 타 시·도 외국어고등학교 운영실태를 알아보고 보고하라 하였다. 행정계, 시설과, 장학사 등 4명이 전국 외국어고등학교를 살펴보기 위해 체크리스트를 만들어 출장을 가게 되었다.

운영실태 파악 대상은 공립외고 2개교와 사립외고 2개교, 총 4개교로 결정하였다. 그때 당시 공립인 2개교의 교육과정은 교육청의 지침과 국가에서 제시한 교육과정에 따라 운영되고 있는것 같았으나 사립외고의 경우에는 공립외고와 많이 다르다는 것을 느꼈다.

설립취지를 무시하고 입시위주의 교육과정을 운영해도 되느냐고 물었다. 학교 측은 그렇지 않아도 종전에는 시교육청에서 교육과정 운영 등 학교운영에 관여하지 않았다. 그러나 최근에 교육청에서 관심을 가지고 장학지도를 자주 온다면서 참으로 많이 힘들다고 한다.

외고 관계자는 설립 취지대로 교육과정을 운영하면 학생들이 오지 않는다고 했다. 사실 공립인 외고의 경우 겨우 정원을 채운다고 하였다. 그러면서 불가피하게 학부모와 학생이 선호하는 쪽으로 하다 보니 입시 위주로 교육과정을 운영할 수밖에 없다고 실토했다.

강남의 한 인문계 고등학교를 가 보았다. 학년 당 학급이 상당히 많은 큰 학교였다. 교장실 응접탁자에 서류가 가득있었다. 교장 선생님께 물었더니 교사들의 지도안이라 했다. 나는 그것을 보고 깜짝 놀라 어떻게 이것을 교장 선생님이 다 보시냐고 다시 여쭈어 보았다.

당신은 학교에서 결제하는 것은 이것밖에 없다고 하였다. 나무 도장 두 개를 서로 다르게 만들어 하나는 교감에게 하나는 서무과장에게 주어 아주 특별한 것이 아니면 교감은 교무실 모든 서류 결재를 서무과장은 서무과 서류 결재를 하도록 하였다. 학교의 주요 사항과 그 내용은 회의할 때 별도 보고토록 하였다고 하셨다. 그리고 나무 도장 두 개를 서로 다르게 한 이유는 교감과 서무과장의 책임 한계를 분명히 하기 위함이었다고 하였다.

나는 또 물었다. 교장 선생님이 왜 지도안을 직접 하십니까? 교사가 많은데 하면서 여쭈었다. 학교의 주된 일 즉, 학교의 생명은 교사의 수업인데 그 무엇 보다 더 중요한 것이 있습니까? 하신다. 그러면서 지도안을 전부 모두 살펴보는 것이 아니라고 부연하셨다.

그리고 오전과 오후에 수업을 순회한다는 것이다. 지나면서 보면 열심히 수업하는 교사와 성의 없는 교사의 지도안을 보면 사유를 알 수 있다. 이를 바탕으로 해당 교사를 만나면 칭찬 또는 지도안 보안 사항을 말하거나 지도안에 칭찬 또는 보완 사항을 쪽지에 메모하여 돌려준다고 하였다. 참으로 대단한 교장이라고 생각했다.

그리고 반편성할 때 우열반을 편성, 수준에 맞는 수업을 한다고 하였다. 어떻게 하는가를 물었다. 가령 서울대반 수업은 교과 담당 교사가 지도안을 작성 후 첫 번째 수업은 보통반에서 1교시를 하고, 두 번째, 세 번째 수업은 서울대반의 수업을 하게 한다. 열등반은 당초 지도안을 보완하여 학생들의 수준에 맞게 한다고 하였다.

특히 서울대반의 수업은 여러 요소를 고려해서 한다. 중요과목의 경우 학생들의 집중도가 높은 시간대를 택해 수업한다. 나도 용정중학교에서 교사들에게 매주 금요일 오후에 지도안을 제출하게 했다. 이를 당직 교사가 보고 사인한 후 일요일 오후에 내가 보고 사인 후 교사에게 격려와 보완할 점을 별도로 메모하여 돌려준다. 이렇게 하니 선생님 상호간에 지도안을 보고 서로 보완하는 효과가 있다. 학기별로 작성한 교사별 통계를 선생님들이 보도록 하였다.

아울러 해당 학교의 시설실태의 활용도를 살펴 본 후 청에 돌이오면서 의견을 모았다. 직원들의 생각은 외고의 설립에 의문점을 제기하는 의견과, 그래도 외고가 있어야 한다는 의견으로 갈렸다. 복명서에 외고 현황과 운영실태, 출장자의 의견을 넣어 보고 하였다.

의견은 외고 교육과정에 어려움이 많다고 봤다. 즉 설립취지를 일탈한 입시위주의 교육이란 것이다. 설립 동기는 그 지역에 외고가 없기 때문이었다. 결국 외고가 없으면 타시 · 도의 외고로 학생 유출이 가장 큰 고민이었다고 한다.

복명서에 그런 취지대로 보고했다. 만일 광주에서 외고를 설립하면 전남학생들이 선호 할 것이나, 전남 외고가 설립되면 학생들의 광주 유출은 소수일 것으로 판단하였다. 따라서 전남외고가 원만하게 운영되려면 광주보다 빨리 하였으면 한다는 의견을 제시하였다.

이런 취지의 출장 복명을 하였더니 중등교육국장님께서 협조를 하여 주시면서 토를 다셨다. 즉 교육 과정을 편법으로 운영하여 외고의 설립 정신을 위반하려면 설립하지 않아야 된다고 하셨다. 중등교육국장님의 논리는 교육자로서는 당연하나 현실과 다소 괴리가 있다.

그럼에도 외고를 설립 추진하게 되었다. 설립 계획을 결제 받는 과정에 중등교육국장님은 절대 합의하여 주지 않았다. 실정을 그대로 부교육감님에게 보고하고 교육감님께 갔다. 교육감님께서 왜 중등교육국장님의 협조를 받아오지 않았냐고 하시어 사실대로 반대한다고 말씀 드렸다.

교육감님은 중등교육국장님의 태도를 불쾌하게 여겼다. 처음에는 외고를 설립하자고 해 놓고 이제 와서 반대하느냐면서 부교육감님과 관리국장님도 오시라 하였다. 그 자리에서 교육감님께서 대노해 이럴 수가 있느냐고 하셨다. 그러자 부교육감님이 중등교육국장님에게 가서 사정해도 막무가내였다.

다시 중등교육국장님을 찾아가 말씀드렸다. "공문서 규정대로 하여 주십시오." 하였더니 공문서 규정이 무엇이냐고 물었다. 그래서 나는 "협조함에 있어서 그 내용과 다른 의견이 있을 때에는 당해문서 또는 별도로 그 의견을 표시하도록 되어 있습니다." 하였더니 "그럼 알았어!" 하시면서 반대의 뜻을 표시하고 사인 하셨다.

중등교육국장님이 결재한 문서를 가지고 교육감님께 갔다. 교육감께서 관리국장과 부교육감이 계시는데 그것 하나를 설득하지 못한다고 나무랐다. 뒤에 중등교육국장님이 오셔서 "외고 실태조사 복명서를 보니 교육과정을 입시 위주로 운영한다는데 어떻게 그런 학교를 합니까?" 하였다.

나는 그때 중등교육국장님을 대단한 사람으로 보았다. 그러나 전남외고는 설립하게 되었다. 광주시교육청의 모 간부로부터 연락이 왔다. 나에게 전국 외국어고등학교 실태조사를 다녀왔냐고 하여 다녀왔다. 내용을 물어 대충 답변하여 드렸더니 자기들도 외고를 검토하고 있다고 하였다. 그러면서 전남도가 외고를 설립하면 자기들은 외고를 설립하지 않아야겠다고 하셨다. 이에 따라 지금까지 광주에는 외고가 없다. 나는 관리국장을 하면서 공문서 규정대로 하자고 하여 나도 협조는 하되 나의 의견대로 반대한다는 뜻을 표시하고서 협조한 사실이 있었다.

건강을 위해 국선도와 등산

1984년도에 구례관리과장을 시작으로 진도, 보성, 해남을 거쳐 1992년 9월 도교육청 행정계장으로 왔다. 그동안 하고 싶었던 승용차 운전면허시험과 건강관리를 위하여 국선도를 수련해야겠다고 마음먹었다. 매일 퇴근하면 버스를 타고 충장로에 있는 국선도 도장을 찾아갔다.

도장에 가서 수련하는 모습을 구경했다. 40대쯤 되는 부인이 축법 즉 물구나무서기를 하는데 깜짝 놀랐다. 나도 저렇게 할 수 있을까싶었다. 사범님께 여쭈어 보았더니 약 2~3개월 다니면 자기도 모르는 사이에 하게 될 것이라 하였다. 바로 다음 날부터 다니기로 하였다.

국선도란 요가와 동작은 비슷하다. 그런데 요가는 숨 쉬는 것을 중요하게 다루지 않고 몸의 유연성을 위한 각종 동작에 중점을 둔다. 반면 국선도의 동작도 요가와 유사하나 숨 쉬는 것이 일정한 주기에 따라 들숨날숨을 쉰다. 이를 단전호흡이라고 하여 호흡에 중점을 둔다.

국선도를 수련 중인 용정의 건아들

단전호흡은 숨을 들이쉬고 내쉬는데 이를 들숨 날숨이라 한다. 녹음기에서 나오는 사범의 구령소리에 맞춰 숨을 쉰다. 도복 허리에 띠는 흰띠→ 노란띠→ 파란띠→ 빨간띠→ 검정띠 5단계이다. 유도나 태권도와 같다. 각 띠마다 동작이 다르며 숨 쉬는 것도 다르다.

소요시간은 40~50분에서 1시간 안팎이다. 수련을 개시할 때는 차렷 경례 등의 예를 갖춘다. 이어서 바로 준비운동을 거쳐서 단전호흡 동작 즉 본격적인 운동에 들어간다. 그리고나서 마무리 운동 등 3단계로 구분된다. 준비운동과 마무리 운동은 요가 동작과 같다.

단전호흡법은 네 마디씩 구령이 4차례 즉 16마디의 구령이 계속 반복되는데 4마디씩 끊어서 나온다. 16마디는 정각도원→ 채지채능→ 선도일하→ 부활창생이다. 흰띠, 노란띠는 네 마디 숨을 들이쉬고 4마디 내쉬고를 반복하며 파란띠와 빨간띠는 네 마디는 들이쉬고 여덟 마디 참고, 네 마디 내쉰다. 이를 단전호흡이라고 한다.

단전호흡은 각 띠마다 호흡시 동작이 다르며 단전호흡 마무리 단계는 모두가 가부좌를 하고 한다. 이 호흡에 심취되면 자기 몸이 자기도 모르게 움직일 수도 있다. 이렇게 심취되면 기분이 좋아진다. 다만 자주하면 안 좋을 수가 있어 반드시 구령에 맞추어 하도록 한다. 일반 단전호흡은 구령 없이 하는 경우도 있는데 국선도는 이러한 것을 방지하기 위하여 반드시 구령에 맞추어 하도록 한다.

호흡 운동을 하는 동안의 동작은 단계별로 나누어져 있다. 이것이 일반 단전호흡과 요가와 다르다. 준비운동과 마무리 운동의 소요시간은 각각 10분 이내다. 운동을 하고 나면 아주 기분이 상쾌하고 유연해져 곧 날아갈 것 같고 추운 겨울에도 몸이 온기가 돌고 상쾌하다.

한 3개월 되니 나도 모르는 사이에 축번 즉 문구미무서기가 되었다. 기분이 좋았다. 1년을 열심히 다녔다. 오영대 교육감님의 취임으로 전남교육발전기획단 업무를 맡게 되면서 1년 6개월 동안 쉬었다. 다시 정년 때까지 다녔으나 사정으로 가끔 빠지는 경우가 많았다.

용정중학교는 국선도를 특성화 교과로 편성했다. 초창기부터 지금까지 전교생으로 하여금 주 5일제 전까지는 주 4시간 월요일과 토요일을 빼고 4일간 매일 오후 1시간씩, 그리고 주 5일 실시 이후부터 주 3시간씩 3일간 오후 1시간씩 전교생이 하고 있다.

초창기 어려움이 있었으나 학생들의 유연성과 집중력 향상으로 학습능률 신장과 고른 신체발달과 인내심 향상에 많은 도움이 됐다. 10월 말 용정축제 때 학생들이 무대에서 시범을 보이는데 학부모님들을 비롯한 관객들이 우와~ 하는 함성과 함께 많은 박수를 받았었다.

학생들이 능력에 따라 학기당 1회씩 평가하여 승단식을 전교생 앞에서 갖는다. 또한 학년별 남녀별 도복의 띠별로 줄을 맞추기 때문에 1학년 2학기 도중에 노란띠로 승단하는 학생이 있었다. 3학년에 이르면 거의 대부분이 빨간 띠인데 노란 띠인 학생도 몇 명 있다.

용정 교사들도 빨간 띠의 선생님도 많다. 후임 교장은 교감으로 오셨는데 자기도 해야 하냐고 물어 나도 하는데 하십시오 하였더니, 힘들어 하셨다. 그는 국선도 시간이 되면 제일 먼저 도복 갈아입고 나오셔서 물구나무서기가 되니까 그렇게 좋아하시는 것을 보았다.

1인 1악기와 댄스교실

노래 학원을 다녔다. 평상시 노래를 잘 부르는 사람이 매우 부러웠다. 도청에 근무하는 한 친구가 노래를 잘 부른다. 술집이나 노래방에 가면 그 친구가 분위기를 좌지우지하였다. 그리고 직장에서 회식이 끝날 무렵에 노래를 부르는데 나에게 참으로 힘든 시간이었다.

충장로 왕자관 옆 골목에 노래교실이 보였다. 용기를 내서가봤다. 가서 보니 대부분이 기타를 가르치고 있었다. 원장에게 노래를 배울 수 있느냐고 물었다. 배울 수 있다고 하여 국선도가 끝나면 노래교실로 갔다. 아무 노래라도 불러보라고 하여 소양강 처녀를 불렀다.

원장이 웃고는 알았다면서 한번 해보자고 하였다. 그가 시키는 대로 해도 잘 안되니 여태껏 노래를 그렇게 안 불러 보았느냐고 했다. 2개월간 열심히 할 테니 하루도 빠지지 말고 다니라고 하여 열심히 다녔다. 원장이 2~3주 후에 노래를 시켰다. 고향 무정을 배워 불렀다.

원장은 끝까지 해보려 하였는데 의지가 있는지 의문이 든다고 하고 이렇게 안 될 수가 있냐면서 실망스러워하였다. 함께 노래를 불렀는데 이제는 가르치는 것보다 노래방을 다니면서 연습하는 것이 낫겠다고 했다. 그날 둘이 소주 한잔씩하고 노래교실 교습을 그만뒀다.

역시 노래라는 것은 선천적으로 타고나야 되는 것이라고 생각하였다. 나는 경험을 바탕으로 용정중학교에서 모든 학생이 반드시 악기 하나씩은 할 수 있도록 하여야겠다고 시작하여 1인 1악기를 하게 하였다. 잘 노는 것도 공부에 못지않게 중요하다고 느꼈기 때문이다.

악기는 어려서부터 길러주어야 한다. 그래서 학교에 1인 1악기는 물론 밴드, 드럼, 댄스실을 설치한 것이다. 용정중학교 댄스실은 댄스 교습소보다 좋게 만들어져있다. 교실 삼면이 거울로 되었으며 발레 연습 때는 벽 손잡이까지 갖춘 댄스 교실에 안성맞춤이었다.

무등산의 모든 코스 등산

등산을 열심히 다녔다. 시·군에 근무하면서 많이 다니지 못하였다. 광주에 온 뒤부터는 평일 아침 일찍이 운암산을 다녔으며, 일요일이면 새벽에 산수 오거리에서 6시 반 경에 버스로 산장으로 갔다. 무등산 중턱으로 돌아 당산나무 밑 대호식당으로 오는 코스를 다녔다.

또 다른 코스는 지산 유원지에서 무등산 관광호텔 뒤로 하여 깃대봉과 너덜강을 거쳐 당산나무 밑 대호식당으로 가는 코스 등이 있었는데 아침밥은 대호식당에서 보리밥을 먹었다. 박사장, 송여사, 송전무 등이 계셨는데 우리 친구들이 그 식당의 가장 큰 손님이었다.

일행은 보리밥을 먹은 다음 삼봉을 쳤다. 삼봉치며 판당 천원씩 빼어 밥값을 계산하였다. 일요일 등산을 하면서 대호식당 보리밥과 가

용중중학교 예술제. 학생들은 1인 1악기 권장에 따라 모든 학생들이 악기를 연주할 수 있다.

끔은 닭죽까지 먹고 내려오는 경우가 많았다. 그때 김휴빈 선배님이 함께하였다. 참으로 재미있었는데 일찍 돌아가셔 많이 아쉬웠다.

내가 대호식당 박사장에게 식당 주변 무등산 골짜기를 곧 정비할 것이다. 그러니, 유실수를 빼곡히 심어두면 다음에 보상을 많이 받을 거라고 정보를 주었다. 박사장은 유실수를 많이 심었는데 그 뒤 중심사 골짜기 정비사업 때 많은 보상을 받았다는 소리를 들었다.

대호식당은 정비 후 골짜기 밑으로 이주했다. 그 식당을 지금도 운영하고 있는데 거기서 우리 지우회 모임도 몇 번 가졌다. 몇 년 전까지 몇 번 갔는데 혼자서도 가끔 가면 밥값을 절대로 받지 않아 미안하였다. 그때가 나를 비롯한 우리 친구들의 전성기였다고 생각한다.

제3장

전남교육발전계획수립

오교육감과의 오해와 신뢰

1993년경이다. 서모 행정과장님이 나를 불렀다. 만났더니 대뜸 자네 왜 호랑이 수염을 건드렸는가한다. 그 말씀이 무슨 말씀이시냐고 반문했다. 자네가 오영대 교육위원님을 욕하고 다녔다면서한다. 오위원님께서 단단히 화가 나서서 가만 두지 않겠다고 하셨다고 전했다.

오위원님이 자네에게 주의를 주라고 하셨네. 왜 제가 오위원님을 험담하겠습니까? 혹시 오해가 있거나 제가 해남교육청에서 모씨에게 밀려 행정계로 올 때 이모 국장님과 조금 말씨름이 있었습니다. 다른 부서를 희망하였는데 엉뚱한 곳으로 발령됐기 때문입니다. 그때는 총무과가 관리국장 소속이 아니고 부교육감 직속이었다.

당시 다툼의 요지는, 이모 국장님께서 황인수는 일도 잘하고 하니 행정계를 주라고 하였다기에 똑똑하고 일 잘하는 사람인 모씨를 데려가지. 그러면서 해남 사람들이 다해먹어 버리라고 한 적이 있습니다. 오위원님은 전혀 언급되지 않았다고 해명했다.

서과장님은 오해를 풀라고 하셨다. 기회를 잡지 못하고 있던 중 오위원님이 행정과에 오셔서 서과장님과 얘기를 나누고 가신 뒤였다. 서과장이 왜 자네 지금까지 오위원에게 말씀 안 드리었냐고 하셨다. 바로 교육위원 휴게실에 가보니 양모 위원님과 바둑을 두고 계셨다.

제가 오위원님께 오국장님(학무국장을 지칭함) 잠깐 드릴 말씀이 있습니다. 뭐 자네가 나한테 할 말이 있냐면서 할 말 있으면 여기서 하소. 양모 위원님께서 이 사람아 저기 가서 이야기하고 오소 하였다 아니 그냥 여기서 말해 봐! 하시기에 제가 국장님을 험담하고 다닌다고 하셨다는데 결코 그런 사실이 없습니다라고 해명했다.

오위원께서도 그래 나도 자네가 그럴 사람이 아닌 것으로 아는데 그런 얘기가 들려서 그랬네 하셨다. 제가 물었다. 그럼 그 말을 한 사람이 공무원입니까? 업자입니까? 업자네 했다. 바로 업자 이름을 대면서 오늘 저녁에 만나 얘기하겠습니다고 하였더니 만류하셨다.

오국장님께서 말씀하셨다. 자네 그 사람을 만나 이야기하면 또 그 이야기가 다시 돌아다니니까 전혀 그런 사실이 없다면 되었네. 가보소! 하시였다. 서모 과장님께서 가끔 나를 만나면 오영대 씨가 교육감이 되면 너는 죽었다고 놀리시곤 했다.그랬는데 얼마 되지 않아 참으로 오영대 씨가 교육감으로 당선되었다. 조금 걱정이 되었다.

오영대 교육위원님이 교육감 당선된 다음 날이었다. 당신께서 전화하시어 자네 지금 일 없으면 금남로 흙다방으로 나와주면 좋겠네 하셨다. 왜 만나자고 하실까. 솔직히 기대 겸 걱정이 되었다. 나는 흙다방에 가서 잠시 자리에 앉지 못하고 서성거렸다. 오교육감이 앉으라고 하시어 앉았더니 차를 시키라고 하여 차를 시켰다.

오영대 교육감님께서 무슨 말씀을 하시려고 만나자했을까? 아마 얼마 전 당신께서 나를 혼내 주겠다고 하는 말이 먼저 떠올랐다. 막상 하신 말씀은 "자네가 내 말을 좀 들어 주소"하셨다. 자네한테 말하면 할 수 있다고 들었네 했다. 내가 무슨 말씀인데요 하고 물었다.

오교육감은 단도직입으로 말씀하셨다. 특유의 어법이다. 나는 도장 찍는 교육감, 자네는 일하는 교육감 그렇게 하세! 하시기에 무슨 뜻인지 도저히 이해가 안 되어 무슨 말씀입니까? 반문했다. 허어~ 이 사람아! 자네한테 말하면 다 알아 듣고 할 수 있다 하데! 하신다.

나는 곰곰이 생각하였다. 교육감님께서 하시고 싶어 하신 일을 제가 4년간 하실 일의 계획을 세우라는 말씀입니까? 그래 이 사람아 하시면서 덥석 내 손을 잡으신 것이다. 사람들이 자네는 틀림없이 할 수 있다고 들었네. 내일 저녁 퇴근길에 집으로 오소 하셨다.

오교육감은 집주소를 가르쳐주셨다. 멍하니 어떻게 할지 고민이 되었다. 사신 곳은 증심사 쪽이었다. 헤어진 후 사무실에 돌아와 곰곰이 생각해도 머리에 좀처럼 그림이 떠오르지 않았다. 서 과장님이 자네 어디 갔다 왔는가 하시어 시내 일 좀 보고 왔다고 하였다.

저녁밥을 먹고 생각해도 뭐가 떠오르지 않았다. 몇 가지 메모를 하고 다음날 출근하였다. 시·군에 근무할 때 가끔 메모하였던 노트를 찾아봤다. 막상 노트에 적힌 메모를 어떻게 정리할지 엄두가 나지 않았다. 그 노트와 몇 가지 메모한 것을 가지고 오교육감 댁을 방문했다.

오교육감님께 메모와 노트에 있는 몇 가지를 설명하였다. 예컨대

해남교육청 근무 때 중학교 선진지 시찰을 설명했다. 그것이 나중에 교민합동 해외연수의 모태가 되었으며, 해남에서 6학급과 12학급의 교수 학습자료 정비 사업을 설명했다. 또 1991년에 광주일보에 소개된 일본 농어촌학교 살리기 보도를 가지고 가 보여드렸다.

오교육감께서 자네가 교육감 하려고 준비했구만! 하셨다. 내가 자네를 만난 것은 천운이네 하시며 악수를 청하셨다. 그러면서 이 사람아 교원해외연수는 교육부에서 지금 하고 있는데 어떻게 우리가 할 수 있는가? 그러면서 당신이 할 수 있는 범위 내에 있냐고 하셨다.

나는 업무소관도 말씀드렸다. 즉 교원연수는 시·도 교육감 업무이나 교육부에서 하고 있으니 시·도교육청으로 돌려달라고 하시면 줄 것이라고 했다. 해외연수 말고도 교육부와 협의하여 가져 올 것이 또 있습니다. 오교육감은 자네가 준비하여 교육부에 가보세 하셨다.

1993년 10월 25일 오영대 교육감이 취임하셨다. 오교육감님은 취임식 후 2주일간 말씀이 없었다. 어느 날 오전에 비서실장께서 교육감님이 찾으시니 빨리 가라고 하셨다. 갔더니 상황실에 국·과장님이상 간부회의 중이었다. 어안이 멍멍했다. 비서실장께서 옆에 의자를 가져와 놓으니 저에게 그 의자에 앉으라 했다.

나는 국장님 뒤에 서 있었다. 교육감님은 몇 말씀 드리겠다하시면서 여기 황인수가 4년간 하여야 할 계획을 세우는 일을 할 것입니다. 그러니 황인수가 요구하는 것은 예산이나 직원 등 제백사하고 제일 우선하여 해결하여 주라고 하셨다. 국·과장님들이 멍하셨다.

국·과장님들은 무슨 말인지 이해가 되지 않는 모양이었다. 저는

1993년경 판문점 견학

사전에 이야기 하시겠지 하였는데 아무 사전예고도 없이 갑자기 하시니까 당황하였다. 여러분은 무슨 말인지 알겠지요? 재차 다짐을 하신다. 사무실에 내려와 어떻게 하여야 할지 참으로 난감하였다.

우선은 사무실과 인원구성이 급선무였다. 서무과에 부탁해 상황실의 한 실을 사무실로 사용하기로 하였다. 교육공무원 4명으로 교장, 교감, 초등장학사, 중등장학사 각 1명, 행정공무원은 나를 포함 5명으로 사무관 1명, 직원 3명으로 모두 9명으로 구성키로 했다. 내가 기획총괄을 맡게 되었다.

그리하여 1993년 11월 초에 기획단을 구성하여 1994년 10월에 "전남교육발전계획"이라는 책을 발간하였다. 책자 발간은 전국 시·도교육청 최초로 발간해 교육부와 각 시·도 교육청에 배부하였으며, 처음 실시된 시·도교육청 평가에서 1위를 받게 된 배경이 되었다.

다음은 예산이었다. 예산편성 시기로서 내년도 예산에 반영해야 하기 때문이다. 일단 교육감님이 취임사에 밝힌 교육의 본질 회복을 위한 3대 과제 즉 △전인교육 실천, △진로 직업교육 강화, △교육사회 조성을 위한 전남교육발전 계획의 의의와 방향을 설정하였다.

교육의 본질을 하려면 전남교육의 현황과 문제점을 파악하는 것이 급선무이었다. 현황과 문제점이 제대로 파악되면 전남교육 수요와 전망, 전남교육의 발전 방향과 기본계획을 수립토록 하였다. 그리고 이에 따른 신님교육 발전 기계별 추진계획을 수립토록 하였다.

그리하여 3대 과제별

첫째, 전인교육실천에 있어 녹서토론 교육 충실과 학생야영장 및 수련 시설 확충 등 12개 과제
둘째, 진로·직업교육의 강화에 있어 진로교육의 체제 정비, 실업계고교 개편과 통합고교군제 운영 방안 강구 등 7개 과제
셋째, 교육하는 사회 조성에 있어서 농어촌 교육 활성화에서 지역민과 교직원 합동 해외연수, 표준학교 가꾸기, 원어민 보조교사 운영 등 12개 과제

전남교육 발전계획

이러한 과제를 뒷받침 하는 행·재정의 합리화를 위하여 소규모 학교 통·폐합, 교원 수급계획, 직속기관 통·폐합, 교원의 연수 체제개선, 교직원 임대주택, 교직원 수련 시설, 유아 및 특수교육 여건 개선과 학교장 책임경영제 확립과 사학육성 등 21개 과제를 선정하였다.

총 52개 과제를 선정하여 1994년 예산에 반영하는 등 과제별 4개년에 걸친 연도별 투자계획을 수립 추진할 계획을 세웠다. 과제 중에서도 특히 독서교육의 충실과 농어촌 교육의 활성화를 위하여 교직원과 지역민 해외연수, 표준학교 가꾸기, 원어민 보조교사 초빙, 교직원 연립사택 건립 등은 당시에는 획기적인 시책으로 돋보였다.

도교육청 주관 교민합동 해외연수

1995년 1월 20일자로 기획감사담당관으로 발령났다. 전남교육발전계획 추진업무를 총괄하게 되었다. 당시 교직원 해외연수는 교육부에서 시·도별로 몇 명씩 추천받아 30~40명씩 연수단을 꾸려 시행하였다. 당시만 해도 해외연수는 교직원들이 선호했으나 한 시·도에 1~2명씩 밖에 배정되지 않았다. 그런데 전남도교육청은 40명씩 연수단을 구성하는 것은 생각지도 못하였다.

연수목적도 종전방식에서 탈피했다. 이는 같은 목적이라도 구성원이 교육현장에 참여하는 위치에 따라 다르기 때문이다. 예컨대 또래집단끼리만 연수 즉 교장은 교장끼리 교사는 교사끼리 하기 때문에 항상 자기는 빼고 다른 집단만 개혁의 대상으로 삼아 연수하기 때문에 연수의 효율성이 떨어지고 불평불만이 표출되었던 것이다.

이런 폐단을 거울삼아 연수단 구성을 획기적으로 개선했다.

즉 시·군단위로 교사·교감·지역민·교육청직원·교육장 등 40명 단위로 구성하되 규모가 큰 시·군은 지역별로 구성토록 하였다.

이는 연수현장에서 체감한 것을 연수 후 당해 시·군에 바로 반영할 수 있도록 하였다.

연수단원은 교원연수원에서 사전연수를 받게 하였다. 연수의 취지와 연수 일정과 특히 도교육청에서 추진하고 있는 각종 시책 등을 소개 하였다. 연수지역은 가깝고 제도와 국민정서가 비슷한 일본을 정하여 사전 답사를 하였다. 사전답사지는 구마모또 지역과 나가노현을 선정히서 부교육간, 영어과 장학사, 본인 등 3명이 갔다.

답사지역은 일본의 남북부 지역으로 선정하였다. 구마모또는 남부지역이고 나가노 지역은 북부지역이었다. 일행이 현청(縣廳)을 방문하자 직원이 어떻게 방대한 시책을 구상하였느냐며 아주 부러워하였다. 당시 나가노현에서 동계 올림픽이 열리게 되어 손님맞이가 한창이었다.

합동해외연수 2차 연도에 주일본 한국대사관에서 청와대와 교육부에 보고되면서 화제가 됐다. 나는 청와대와 교육부의 요청으로 시·도교육청 해외연수담당자 연수 때 참석, 우리도의 연수배경과 과정을 설명했다. 모두가 놀라며 어떻게 업자 선정을 일반경쟁으로 할 수 있느냐고 물어서 그 과정과 내용을 자세하게 설명하였다.

교민합동 해외연수와 표준학교 가꾸기 등의 전남도교육청의 시책은 전국의 교육현장에서 변화의 바람과 함께 많은 활력소의 역할을 하였다. 실시한 첫해는 188명이었고, 95~97년 3개년 동안은 매년 920명씩, 4개년에 걸쳐 총 2,948명이 당초 계획 이었는데, 호응이 좋아 실제로는 3천여 명보다 훨씬 많은 사람이 다녀오게 되었다.

사실 이러한 교민합동 해외연수는 해남교육청이 원조라고 할 수 있다. 앞에서 언급했듯이 해남에 근무할 때 관내 중학교 교장 선생님들이 학교경영에 대한 어려움을 토로하시기에 자세히 들어보니 구성원 사이 의견 충돌이 원인이었다. 학교 경영의 애로를 교육청 주관 선진지 학교 시찰을 통해 해결하려는 차원에서 접근하면서 시작됐다.

교육청 주관으로 선진학교 시찰연수를 실시하고, 또 실시한 결과를 교육청에서 보고를 하고, 학교별로 보고토록 한 바 있다. 그때 좋은 호응을 거두었기에 합동해외연수를 착안하였다. 또한 지역민 합동 해외연수에 따른 경비는 도교육청에서 부담하되 지역민은 해당 시·군의 시장, 군수가 부담하는 시·군에 우선 실시토록하였다.

나는 영암군 지역 연수단에 참여했다. 초·중학교와 지역 공민관과 평생교육원, 관광지도 포함하였다. 하루는 방문학교 1층 컴퓨터 교실

1994년 11월 28일 교민함동해외연수 영암군 교육청 연수단과 함께
일본으로 떠나는 부산여객터미널

에서 수업하는데 수학 삼각형에 대한 수업을 하고 있었다. 길이가 똑같은 막대가 나타나 막대 길이가 같다는 것을 그림으로 보여주는 한편 그 막대가 삼각형이 되는 과정을 수업하는 것을 봤다.

또 복도를 지나면서 다른 교실 수업을 구경하고 다시 처음 들어갔던 곳으로 나오면서 컴퓨터 교실을 보게 되었는데 과학 수업을 하고 있었다. 그것을 본 지역주민이 안내한 교장 선생님께 컴퓨터 수업을 하신문이 남님 선생님인시 컴퓨터 진공 선생님인기를 질문하였다.

교장 선생님 답변하셨다. 모든 담임이 주 1시간씩 컴퓨터 수업을 하신다면서 한국은 컴퓨터 보급이 세계에서 제일 높은 곳으로 알고 있다고 하셨다. 나오면서 지역민이 하신말씀이 우리나라 컴퓨터실을 이중 철창으로 도난방지에만 신경 쓰지 활용은 안 한다고 하셨다.

학교를 두루 보고난 후, 협의실에서 질의응답 시간을 가졌다. 우리 선생님이 시간외 수당에 대하여 질문을 하였다. 그러자 교장 선생님이 시간외 수당을 이해하지 못하였다. 근무시간이 끝나고 근무하게 되면 수당을 지급하지 않느냐고 물으니 교장께서 무슨 수당을 지급하는냐? 당시 일본에서는 주5일제를 시행하고 있었다.

교장 선생님은 토요일과 일요일의 쉬는 날에도 많은 학생이 학교에 나와 운동과 독서활동을 한다. 선생님들도 특별한 일이 없으면 학교에 나와서 학생들을 그룹별로 지도 한다고 하셨다. 우리 선생님이 주말에 나오는 선생님들은 당번같이 정하여 하느냐고 물으니 그렇지 않다고 하신다.

선생님들이 휴일에 나와 일해도 수당은 지급하지 않는다고 하셨다.

교장 선생님께서는 선생님들의 경우 일반 행정직과 달리 교육공무원으로서 신분 보장과 보수 등에 일반 공무원과 달리 대우하고 있지 않느냐고 했다. 그런데 별도로 보수를 지급하느냐? 한국도 교원은 별도로 신분보장과 보수를 대우하는 것으로 안다고 하셨다.

우리 연수단의 다른 선생님이 교직원 휴게실에 대해 질문하셨다. 함께 연수에 참여한 지역민이 여기까지 와서 돈만 밝힌다면서 준 돈의 값어치도 못하면서... 그 학교에 휴게실 같은 공간이 있는데 거기에는 사물함과 응접탁자 등이 있었다. 그것을 본 우리 연수단 선생님이 질문을 한 것 같았다.

그 학교 교장 선생님이 휴게실은 외부강사들이 사용하는 공간이라 했다. 즉 가방 등의 물건을 보관하고 학교에서는 전달 사항 등의 공문을 거기 사물함에 넣어 둔다고 하신다. 나오는데 연수단 지역민이 우리나라 선생님은 보수 지급한 만큼의 일도 안 한다고 하셨다. 그러면서 똑똑히 보고 듣고 돌아가 실천하기 바란다고 한다.

하루의 스케줄이 끝나고 호텔로 갔다. 저녁 식사를 마치고 연수단이 모여 하루를 반성하고 내일 일정을 소개하는 등의 일정을 보고했다. 귀국하여 당해 시·군에서 자체 보고회를 갖는 것으로 연수를 마친다. 이렇게 일 년 정도 해외연수를 하니 도내에서 반응이 좋아 도의원도 참여를 희망하여 희망하는 도의원은 함께 참여하였다.

연수를 다녀온 도의원들은 완전히 교육 프로그램이지 관광이 아니어서 참으로 힘들었다면서 그 다음부터는 참여하는 도의원이 없었다. 처음 이 프로그램은 중등교육과 영어과 장학사님이 맡으셨는데 복잡하고 힘들어 못 하겠다고 하였다. 당시 내가 감사담당관이었기 때문에 기획감사담당관실로 이관하여 계속사업으로 진행하였다.

해외연수 업무는 처음에 중등교육과 주관으로 여행사 선정을 수의계약으로 하였다. 감사담당관실로 이관하면서 일반경쟁 입찰을 실시하게 되었다. 문제는 일반 건설공사도 아닌 해외연수업무를 어떻게 여행을 경쟁 입찰 할 수 있느냐는 것이었다. 의문은 당연하였다.

그러나 1~2외가 아니고 세속하는데 수의계약으로 하면 부자용과 말썽이나 본래의 취지에 어긋나 반드시 입찰을 하여야 한다고 주장하였다. 입찰을 하되 그 대신 일본어 교사를 파견시켜 진행하였다. 각 시·군별로 모두가 참여하니 일본 측의 수용을 고려 각지로 분산해 추진하였다. 일본 자체에서도 큰 관심과 화제 거리가 되었다.

표준 학교 가꾸기 사업

표준학교 가꾸기는 오영대 교육감님의 중점시책이다. 이는 나의 다양한 행정경험의 소산이기도 하다. 즉 진도·해남·보성교육청 편에서 이미 밝힌 교육과정 분석과 학습자료 선정위원회운영을 통해 많은 경험과 실제 현장에서 교수 학습개선에 많은 도움과 변화를 가져왔다.

진도교육청에서 일선학교의 물품 보관창고를 점검해보니 구입해준 학습 자료가 뭉치체로 방치되어 있었다. 이는 학생들의 학습에 도움이 되지 않은 자료였기 때문이다. 그럼에도 불구하고 이를 애써 무시하고 교육청별로 일괄 구입해 조달하면서 조무원들을 괴롭혔던 것이다.

애물단지로 방치된 학습 자료를 어떻게 개선할 것인가. 실제로 교육과정에 필요한 자료를 구입해 배부하든지, 아니면 학교에서 필요한 자료를 직접 구입 하도록 하는 방안을 연구하였다. 그런데 진도에서는 개선책을 강구하지 못하고 보성교육청으로 발령을 받아 옮겼다.

보성교육청 관리과장 때 구체화했다. 즉 학습 자료선정위원회를 만들기로 했다. 학무과에 초등교사 12명과 교감 1명으로 선정위를 구성했다. 위원들은 일정 요일 퇴근 후와 방학 중에 도서관에서 교육과정을 분석하여 교육과정에 맞는 교수 학습자료의 발굴 작업을 하였다.

먼저 취지와 과정을 설명하자 왜 이 작업을 학무과에서 하여야지 관리과에서 하느냐고 질문했다. 어쩌면 당연한 의문이다. 나는 지금까지 업자들이 배포한 카달로그를 보고 교육청에서 구입해 배부해왔다. 그 학습 자료들은 실효성이 없어 학교 창고에 쌓여있다고 했다.

그래서 선정위원회가 자료를 선정해주면 우선순위를 정해 구입 배부하려 한다고 했다. 그러나 실현하지 못하고 해남교육청으로 발령이 났다. 부임하여 학무과 취지를 설명하고 교사 12명과 교감 1명을 추천받아 선정위원회를 결성했다. 선정위가 연 2~3회에 걸쳐 학습 자료를 선정해주면 선정된 자료를 구입, 학교에 배부했다.

선정위원회가 선정한 학습 자료는 현장에서 신뢰를 받았다. 이에 따라 전남도내 초·중·고등학교의 향후 통·폐합 대상이 아닌 학교를 대상으로 94~97년까지 4개년 계획을 수립, 초등학교 256교, 중학교 157교, 고등학교 18개교에 총예산 234억 4천만 원을 투자키로 하였다.

초·중학교는 시·군교육청에서 추진하게 했다. 표준학교 가꾸기 실무위원회에서, 고교는 도교육청에서 지도하되 각급학교는 표준학교 가꾸기 실무위를 조직하여 추진하도록 했다. 실무위에서 학교 구성원과 주민이 참여하여 심의위원회를 거쳐 예산을 직접 집행토록 하였다.

표준학교 가꾸기 사업은 대단한 성과를 거두었다. 그동안은 사업별로 분산투자하여 효율성이 떨어졌던 것이다. 가령 전남도교육청의 경우 각 과별로 학습 자료를 구입하고 설치하는데 찔끔찔끔 집행했다. 그러던 것을 효율적이고 일관성 있게 예산을 집중적으로 투자하여 4년을 넘지 않아 지역 중심학교를 완성학교로 가꿀 수 있었다.

또 학교시설이 현대화됨으로써 일거양득의 효과를 올렸다. 즉 교직원과 학생들이 참여의식이 향상되고 교수학습이 정비되어 획기적으로 개선되었는 점이다. 학교가 가시적으로 크게 변하면서 지역민과 학부모님들이 학교에 대한 신뢰와 협조분위기를 고양시킬 수 있었다.

특히 이러한 시책이 교민합동 해외연수와 원어민 보조교사 초빙 등으로 지역사회에 돌아오는 농어촌 교육에 큰 기대감을 갖게 되었다. 특히 교직원 공동연립사택 건립과 전세임대료 지원은 학생감소로 인해 통·폐합이 예상되고 사택 관리에 예산이 낭비 등 어려움이 있다.

그래서 공동연립사택 건립을 4개년을 세웠다. 이 사업에는 총 216세대와 전세 임대료 지원에 4년간 총 69억 4천 6백 원 계획으로 투자하게 된다. 이는 학교의 통·폐합에 따른 효율적인 사택 관리 및 교직원 주거생활 안정으로 교육 활동의 활성화에 기여하게 함과 동시에 교직원에 대한 복지시책 확대로 사기 진작에 기여하게 되었다.

원어민 보조교사 초빙

국제화·개방화·지구촌시대라는 표현이 미디어를 뒤덮었다. 오교육감님은 이런 시대의 조류에 부응하고자 외국어교육 제고와 농어촌교육활성화시책을 적극 추진했다. 나는 1976년부터 신문 주요 관심 기사를 스크랩을 하여 왔는데 91년 광주일보 서영진(2000년대 오사카 총영사) 주일 특파원이 보도한 기사를 스크랩해 두었다.

그때 일본 농어촌은 인구감소가 큰 사회문제로 비화되었다. 광주일보는 농어촌 인구감소를 막기 위해서 교육에 활력을 불어 넣어야 한다고 지적했다. 한국도 일본처럼 농어촌 인구가 감소되는 추세였다. 나는 그 스크랩된 기사를 보고 돌아오는 농어촌교육을 착안했다.

그래서 오영대 교육감의 3대 시책을 수립했다. 즉 돌아오는 농촌이란 슬로건으로 △교민합동 해외연수 △표준학교 가꾸기에 이어 △원어민 보조교사를 초빙해 농어촌학교에 새로운 바람을 불어 넣고자 했다. 당시의 사회적인 여건이나 분위기로 가히 획기적인 구상이었다.

도교육청은 원어민 보조교사 초빙을 위해 1994년부터 1997년까지 4개년 계획을 세웠다. 매년 23명을 시·군당 매년 1명씩을 배정하여 1명은 지역교육청에 상주하여 소규모 학교를 순회하게 했다. 규모가 큰 학교는 2~3개 학교를 묶어 1명 씩을 배치하여 활동토록 했다. 원어민교사 초빙을 위해 오영대 교육감이 나섰다. 오교육감은 박진채 영어과 장학사와 함께 미국 현지로 건너가 교섭하였다. 원어민교사를 초빙하자 모두 놀랐다. 효과는 농어촌 교육에 신선한 바람을 불러 일

으켰으며, 전국 시·도 단위로 원어민초빙은 처음이었다.

경기도 손학규 지사가 2000년대 후반에 원어민을 초빙하여 영어마을을 조성했었다. 1996년 5·31 교육개혁안은 전남교육의 시책과 일치한 부분이 많았다. 정부의 교육개혁은 개혁의 주체인 교원들을 홀대해 실패했다. 일을 시키면서 일한만큼의 혜택이 있어야 하는데, 교원들에게 돌아가는 혜택이 없기 때문에 성공하지 못하였다.

성부와는 반내도 찐님에시는 교민합동헤이연수아 표준하교 가꾸기 등 교원들이 직접 참여하여 호응이 좋았다. 그리하여 정부에서 처음 실시한 시·도교육청 평가에서 1위를 차지하여 부상으로 많은 예산 지원을 받았다. 이는 50년간 변하지 않은 학교 현장을 변혁시킨 업적이다.

결국은 표준학교 가꾸기와 교민합동 해외연수, 원어민 초빙 영어교육, 교직원 연립사택 건립과 교직원 사택지원비 지원 특별회계 기금 조성(교육부 반대로 보류됐다 시행)등의 시책의 결과였다. 이들 일련의 시책들로 전남이 농어촌교육의 많은 변화를 가져왔기 때문이다.

당시 교육부와 청와대가 전남교육에 많은 관심을 가졌다. 어느 날 교육감님이 찾아 교육감실에 갔더니 손님이 한 분이 계셨는데 교육감님께서 그 손님에게 저 사람이 다하였습니다. 이렇게 소개하니 손님이 나에게 초등출신입니까? 중등출신입니까? 물었다. 교육감님께서 그 사람 일반직입니다. 현재 감사담당관입니다라고 하셨다.

손님은 나더러 자리에 앉으라고 하면서 명함을 건네주어 보았더니 청와대 교육비서관 김성동 씨였다. 그분이 그다음 교육부 기획관리실장으로 근무하였다. 그때 정부 교육개혁에 대하여 나에게 물어 보았다. 나는 개혁의 방향은 좋은데 주체인 교원들에 대한 보상이 따르지 않아 성공하는데 의문점이 제기될 것입니다고 답했다.

왜 그러냐고 되물었다. 박정희 대통령 시절의 새마을 운동을 예로 들었다. 우리도 한번 잘살아 보세라는 구호가 국민들에게 많은 관심을 주었다. 그렇듯이 우리 교육현장도 교원들이 참여하면 보상이 따라야 하는데 5·31 교육개혁은 보상이 따르지 않았다고 말했다.

김성동 비서관은 또 어떻게 해서 이러한 시책을 하게 되었냐고 물었다. 교육감님께서 부임하신 후 기획단을 꾸려 4개년 간의 전남교육발전계획을 수립하라는 지시를 받고 이런 시책을 수립했다고 하니 많

1991. 6. 26. 광주일보 사진

은 치하를 하면서 앞으로 한번 만나서 대화를 하고 싶다고 했다.

그 후에 교육부 안병영 장관님과 최이식 보통교육국장님이 우리 도 교육청을 방문했다. 안장관님은 장성교육청과 관내 학교를 순방하시고 점심 식사를 함께하는데 내가 오영대 교육감님을 수행하게 되었다. 식사 자리에는 장성교육청 김모 교육장과 나도 동석하게 되었다.

식사 도중 전남교육청에서 이렇게 좋은 시책을 하게 되었냐고 교육감님께 물었나. 교육감님께서 저 사람의 아이디어라고 하시어 내가 교육감님의 지시대로 따라서 하였습니다고하였다. 그다음 교육감님께서 하신 말씀이 당신은 도장 찍는 교육감, 나를 가리키면서 저 사람은 일하는 교육감이라 하셨다. 그래서 모두 함께 웃었다.

그리고 안 상관님께서 저 사람 우리가 데려가도 되겠습니까했다. 교육감님께서 그러시라고 하자 최국장이 저 사람 데려가면 전남교육청은 안 되겠지요 하면서 웃었다. 그때 나는 오영대 교육감님이 대단하신 분이라는 것을 깨달았다. 다른 교육감님 같으면 자기가 아이디어를 주었다고 자랑하실 터인데 하는 생각이 들었다.

이런 사람을 두고 대인무기(大人無己)라 하는가. '큰 덕이 있는 사람은 자기가 없다'는 뜻이다. 장자(莊子) 추수(秋水)편에 나온다. 안장관님의 말씀처럼 용인술을 가졌다고 생각했다. 장관님은 교육감님께서 사람을 발탁하는 능력이 탁월하십니다. 내게는 교육감님을 잘 만났다하셨다. 4개년 전남교육발전계획의 효과는 반향이 컸다.

전남교육발전계획은 전남교육위원회와 도의회의 교육사회위원회에도 보고됐었는데 예산을 심의할 때 전남교육발전계획에 있는 시책은 교육위원이나 도의회에서 묻지 않고 따지지도 않았다. 예산심의에도 많은 도움이 되고, 효율적 집행으로 예산의 낭비를 줄일 수 있었다.

이는 전국 시·도교육청의 교육발전계획의 최초였다. 다른 시·도교육청은 장기계획을 수립할 때 사전에 교육부와 협의토록 지시하는 공문이 시달되었다. 교육부에서 전남교육발전계획에 대하여 문제를 제기한 것은 교육부에서 시행하던 교직원 해외연수 문제 때문이었다.

즉 시·도교육청의 예산으로 교육부가 해외연수를 시행했는데 이를 전남도교육청에 환원했기 때문이다. 또 전남교육발전계획에 포함돼 있는 교직원 연립 사택지원 특별회계는 전남교육청에서 별도 주머니를 만들려고 한다면서 재정과장이 극구 반대했으나 후에 시행됐다.

통합고교군제 운영방안의 문제이다. 동일구내 이질적인 계열 즉 보통과와 농과, 공과계열이 공존하는 종합고다. 보통과와 실과를 같이 운영하면 생활지도에도 문제가 많다. 지역단위로 몇 개 학교를 묶어 고교 1학년 교육과정은 보통과 위주로 운영하되 2학년 때부터는 학생의 희망과 진로에 따라 학생들을 재배치하는 것이었다.

그 후 교육부에서는 모 실고에 통합학교군제로 시행했다. 그러나 통합학교군도 실패했다는 것이다. 이는 처음부터 불가능한 시도라고 볼 수 있다. 한 학교에 농과와 공과 등 실과를 보통과와 함께 운영했기 때문이다. 이는 옛날이나 가능하였지만 지금 시대는 맞지 않은 것이다.

전남도교육청도 조직개편을 시도했다. 일부과 사무분장을 위하여 교육부에 제출했으나 조직개편 사무담당과와 조직개편 대상과의 비협

1995년 1월 20일 전남교육청 기획감사담당과으로 발령장을
오영대교육감으로 부터 받고있는사진

소로 뜻을 이루지 못했다. 이유는 개편의 대상이 된 공무원들이 교육
부에 로비를 하여 실패한 것이다. 당시 교육감님께서 크게 화를 냈다.

D모 교육감이 당선되셨다. 취임하고 인사차 교육부를 방문하실 때
김성동 씨가 기획관리실장으로 있었다. 방에 들르니 반갑게 맞아주시
면서 악수를 청하셨다. 내가 D모 교육감님을 소개했더니 김 실장께서
이 친구 아주 능력이 있으니 잘 도와주십시오 하셨다.

잡음 많은 중등교원 인사

도교육청은 사실상 인사청이라 해도 지나침이 없다. 대한민국 여러
기관 중 여러 부서가 저마다 소속 구성원에 대해 인사를 하는 곳은 없
다. 중·고교에 근무하는 중등교원들의 인사를 과목담당 장학사들이

하고 있기 때문이다. 인사는 부패와 잡음의 온상으로 치부돼 그간 여러 문제점을 교육감님에게 말씀 드렸으나 하대명년이었다.

　과목담당 장학사들의 인사에 따른 잡음은 천태만상이었다. 실제로 일선 학교에 대한 장학 지도할 때 담당교사와 약속하는 형, 은밀히 만나 모사하는 형 등 부지기수의 형태이다. 함량미달의 장학사는 장학 지도를 실력으로 하지 않고 인사권으로 한다는 말이 있을 정도다.

　주요과목 장학사의 인사권은 교육감도 부럽지 않다. 즉 국어, 영어, 수학, 과학, 사회 등은 중학교와 고등학교로 나누어 중학교 담당 장학사, 고등학교 담당 장학사가 각각 맡아 한다. 같은 중등교사라도 중학교와 고등학교를 전과(轉科)로 보기에 중·고 교류의 장벽이 된다. 그러니 인사 때마다 중·고등 담당 장학사가 다투는 모습을 보았다.

　그때의 인사는 점수제가 적용되었던 시대이다. 교사들이 내신서를 내려면 사전에 담당 장학사를 만나 상의 하는데 거기에서 일정 부분 교통정리가 된다. 담당 장학사와 교과 교사는 누가 그 학교 만기가 되고 어떤 교사가 어디로 가고 싶어 한다는 것을 대부분 알고 있다.

　담당 장학사에게 문의하면 해당 교사의 점수로 보아 희망 교로 갈 수 있다. 그런데 그 교사가 내신을 내면 자기가 봐 주고 싶은 교사가 불리하게 될 때는 자네는 점수가 부족하니 다른 곳으로 내신하라 한다. 자기가 봐주고 싶은 교사를 위하여 사전에 정리한 셈이다.

　반대로 봐주고 싶은 교사가 안 되겠으면 이번 내신서에는 점수가 부족하니 다른 곳으로 내신을 하라고 유도한다. 내신서를 낸 후 담당 장학사와 전화나 면담하면서 그 과정에 잡음이 생긴다. 인사가 잘못

되면 해당 교사의 반발을 무마시키기 위하여 다음 연도에 책임지겠다는 각서를 써주는 등 여러 가지 추태가 발생한 것이다.

나는 교육감님께 중등교육과의 인사로 인한 잡음을 보고했다. 그러자 중등의 모든 인사는 체육과를 제외하고 교직과 인사계에서 하도록 건의했다. 교육감님께서는 자네의 말은 맞는데 일선 교사들이 말썽이 없겠냐고 물었다. 이미 부탁했거나 장학사와 친척간인 교사를 제외하고는 친성하는 교사가 더 많을 것이라고 말씀 드렸다.

교육감님은 하겠다고 결단을 내렸다. 다음 날 간부 회의에서 중등교육국장에게 인사는 교직과에서 하라고 지시하셨다. 불똥은 나에게 떨어졌다. 중등교육국과 장학사들이 많은 항의와 모략과 중상이 그치지 않았다. 괴롭지만 내가 총대를 맸으니 감수할 수밖에 없었다.

중등교육국은 중등인사에 왜 감사담당관이 관여하느냐고 강하게 어필했다. 일선 교사들의 설문조사를 제의하여 좋다고 했다. 그러자 중등교육국이 지정하는 학교에서 설문 조사를 하자고 하여 못 하겠다고 했다. 대신 기획단에서 대상 학교를 선정하면 하겠다고 하였다.

중등국의 불만과 제의사항을 교육감님에게 보고하였다. 교육감님은 그다음 전 직원 월례조회 때 장학사는 장학지도에 힘써야지 인사에 관심이 있으면 안 된다고 하셨다. 인사를 하고자 온 장학사는 당장 내신을 하면 가급적 본인이 원하는 학교로 발령하겠다고 하셨다.

중등교육과의 인사권 박탈의 불만은 잠잠해졌다. 물론 가끔 집으로 전화하여 항의 하곤 하였다. 이후부터 중등교사 인사는 중등교직과 인사계에서 하게 되었으나 인사가 인사계로 이관되니 어찌할 줄 몰라 걱정을 하였다. 그런데 무슨 이유인지 인사 후평이 좋지 않았다.

교육감님께서 감사를 지시했다. 감사계는 2년간 무엇이 잘못됐는가를 조사해 지도하겠다면서 감사에 지적된 것은 일체 책임을 묻지 않고 사무처리 과정의 잘못을 시정 하겠다고 하는 말씀을 드리고 교육감님도 그렇게 하라고 하셨다. 중등교육과에 그 사실을 알렸다.

중등교육과는 격노했다. 나에 대한 음해도 노골화됐다. 인사권이 갑작스레 넘어와 실수할 수 있는데 그 점을 이용해 일반직이 인사권을 가져가려한다. 황인수가 교육감님께 잔꾀를 부렸다고 일렀다. 교육감님께서 나를 불러 화를 내시면서 그러한 사실을 이야기하면서 일반직이 인사권을 가져가기 위하여 그러냐고 물어보았다.

교육감님! 어떻게 그렇게 하겠습니까? 직제에 장학관이 인사담당관으로 되어있습니다. 어떻게 일반직이 인사담당관이 되겠습니까? 그리고 감사는 업무 처리 과정의 문제점을 지적, 시정하는 방법을 강구하는 것입니다. 교육감님께서 그럼 그렇지! 교직과장을 불러 오해를 풀도록 하라고 하시어 해결되었다.

나는 중등교육과 장학사 인사권 박탈의 주범으로 찍혀 별의 별 중상모략을 견뎌야 했다. 예상된 사태이긴 했지만 일반직이 언감생심 인사권을 쥐려는 계략으로 모는 것은 수준 낮은 작태다. 이는 구성원들이 법의 규정도 모른 까닭이 아닐 수 없다. 도교육청 개청 이래 본청 업무감사는 전무후무한 기록을 세웠었다.

개보기 싫으면 낙지 사먹어

1991년 지방자치가 부활되면서 새로운 권력이 등장했다. 바로 광역이나 기초단체의 의원, 교육위원들이다. 이들의 집행부에 대한 공통적인 민원은 행정이나 교육기관 모두 인사 청탁이다. 반면 행정기관은 공사도급청탁이 민원 중에는 가장 큰 비중을 차지하고 있다고 한다.

의원들의 청탁은 전보나 승신은 아니고 신규새용이다. 즉 각급 학교 고용원과 영양사 신규채용에 집중된다. 청탁을 모두 들어주기 어렵고 또한 원칙도 불분명했다. 영양사 채용에 대한 사전 검토가 시급하다고 판단했다. 실제로 대상학교를 조사한 바에 의하면 모든 학교가 급식을 하게 되는 학교였다. 추세를 감안하여 사전에 원칙을 세워 놓기로 했다.

예상된 정부방침과 향후 신규지정 급식학교를 파악하고 미리 채용원칙을 수립해 놓자는 것이다. 이를 위해 2년간의 대상 학교 수 만큼의 영양사 공개경쟁 시험을 통하여 선발한 후 합격자 성적순으로 신규 채용하는 안을 계획하여 교육감 결재를 받아 시행하도록 하였다.

사전에 이러한 취지를 국장님께 말씀드렸다. 국장님께서도 잘 생각했다면서 성가신 부탁이 없어지게 되었다고 하셨다. 교육감님께도 취지를 설명 드렸더니, 시험을 치르면 직원들이 고생하겠는데 하시면서, "개보기 싫으면 낙지 사 먹는다."고 했는데 하시며 결재하셨다.

직원들이 고생하더라도 그렇게 하면 일이 더 간소화 될 수도 있겠네 했다. 그런데 자네들 권한이 없어지는데 그래도 그렇게 하겠다니 잘 생각하였다 칭찬했다. 더불어 공개경쟁시험 업무처리에 소홀함이 없도록 꼼꼼히 검토하여 계획을 잘 세워 추진하도록 지시하시었다.

영양사 공개시험계획을 마련해 시행하게 되었다. 경쟁시험합격자들은 직원들에게 공개경쟁을 통하여 임용을 하게 되어 고맙다고들 하였다는 이야기를 들으니 흐뭇하였다. 다만 도의원들과 교육위원들은 자기들이 청탁하는 것을 막기 위한 조치라면서 "개보기 싫으니 낙지 사 먹는다."라는 교육감님 말씀과 똑같은 말들을 하였다.

서로 다른 초·중등인사원칙

교원인사와 관련해 또 하나의 모순이 있었다. 중등교원인사원칙과 초등교원인사원칙의 용어가 서로 다른 점이다. 두과에서 협의하여 시정하면 될 사안을 놓고 서로 자기 것이 맞다고 주장하는 것이다. 같은 교육감 산하에 있는 조직이 용어조차 다르다면 이상한 현상이다.

그리고 감사담당관실에 근무하는 초등출신 평교사 장학사가 근무하고 있었고, 공보실에는 중등출신 평교사가 장학사로 근무했다. 나는 중등출신 장학사가 교감자격연수를 받게 되자 감사실에 근무하는 초등출신 장학사도 교감자격연수를 받게 초등교육과에 가서 부탁했다.

그러나 안 된다는 것이다. 왜 안 되냐고 물었다. 이유는 승진후보자 명부작성을 할 때 경력평정에 있어 평교사 경력을 기타 경력으로 평정하기 때문에 점수 차이가 많이 나기에 안 된다고 했다. 그럼 승진후보자 명부작성은 장학관 승진후보자 작성 명부이지 않느냐?

다시 물었다. 그 적용된 점수를 그대로 교감 자격연수 대상자 명부에 적용하기 때문에 안 되는 것 아니냐? 그렇게 하면 누가 평교사 장학사를 하겠느냐고 따지면서 중등교육과에서 적용하는 사례를 이야기 하였더니 초등교육과에서는 그렇게 할 수 없다는 것이었다.

납득이 되지 않았다. 그래서 중등교육과에서 어떻게 하는가를 살펴보았다. 교감 자격연수 대상자 선발 대상 인원수를 학교 평교사에서 몇 명, 도교육청출신 평교사출신 장학사 몇 명, 지역교육청과 직할기관 근무 평교사출신 장학사 몇 명 등으로 안배한 차이였다.

즉 일선학교는 교사들끼리 순위가 작성되고, 도교육청 근무자는 장학관 승진후보자 명부에 등재되는 평교사 출신 장학사끼리 순위에 따라 결정됐다. 평교사출신 장학사의 그 순위에 따라 배정된 인원수가 결정하는 것이다. 이로 미루어 보면 중등교육과에서 하는 것이 합리적이라고 생각되어 그 내용을 교육감님께 보고하였다.

교육감님께도 제가 처음 실시하는 평교사 장학사 제도가 초등의 경우 누가 평교사 출신 장학사를 하려고 하겠습니까? 나는 초등교육국장에게 당시 감사담당관실에 근무하신 장학사님이 너무 고생 많았다고 말씀드렸다. 그래서 중등교육과와 동일하게 고치기로 했다.

감사담당관실의 L 장학사

대한민국 모든 기관장은 대소의 행사에 참석해 말씀을 한다. 대통령이나 각부 장관 등은 전담부서나 요원을 두고 행사의 성격에 맞는 원고를 담당시킨다. 역대 교육감님의 경우는 전담요원을 두었으나 근무 장소는 일정하지 않았다. 부속실이나 공보실 등에 있었다.

도교육청도 일정하지 않았다. 교육감님께 말씀드렸다. 나는 배치부서에 대해 의견을 개진했다. 공보계 장학사가 중등출신이니 기획감사실 장학사는 초등출신을 발탁해 전남교육발전계획에 대한 이해와 추진에 도움이 되고 교육감 말씀 원고도 담당하면 한다고 말씀드렸다.

교육감께서 좋은 생각이라고 동의해주셨다. 그러면 교육감님께서 비서실을 통하여 그 담당자를 불러 고려해야할 대목을 당부해주시라고 했다. 그러면 담당 장학사는 교육감님의 의중을 헤아려서 말씀 원고를 작성하도록 하겠다고 말씀드렸다. 교육감은 쾌히 허락하셨다.

나는 교육감의 그런 뜻을 초등교육과에 가서 전달하면서 그 일에 적합한 장학사를 추천하도록 부탁하였다. 며칠 후에 모 교육청에 근무하고 있는 L장학사를 추천하여 주셨다. 바로 교육감님께 보고하였더니 해당 장학사를 기획감사담당관실로 발령 조치하여 주었다.

L장학사님이 감사담당실로 오셨다. 차분한 성격에 기획능력도 탁월하셨다. 우선 일이 너무 많아 매일 늦게까지 격무에 시달렸다. 고등학교 표준화 가꾸기 사업까지 맡았다. 위장까지 좋지 않아 고생하였다. 여기다가 목포까지 출·퇴근하니 건강이 참으로 염려되었다.

그런데 계장(사무관)과 가끔 다퉜다. 사무관에게 말씀 원고는 교육감님의 의중을 반영해야 하니 너무 관여하면 안 된다고 했다. 그래도 이 장학사의 기색은 좋지 않게 보였다. 나는 감사담당실 직원은 모두가 일반직인데 고생시켜서 미안하다. 일반직과도 사귀며 참고 근무한 경험이 앞으로 많은 도움이 될 수 있다고 격려하였다.

이 장학사님은 내가 퇴직 후 용정중학교를 운영하면서도 많은 도움을 받았다. 장학사님을 추천하여 주신 서모 장학관님과는 지금까지 연락하면서 가끔 만나면 그때의 이야기를 하곤 한다. 참으로 고마운 분이었다. 그리고 이것이 사람 사는 인연이 아닌가 생각하여 본다.

돈으로 매입되는 등급 표창

1980년대 초에 후배가 도교육청으로 나를 찾아왔다. 그의 이야기를 들어보니 등급 표창이 있는데, 자기가 남의 이름으로 즉 대필하여 등급표창 주제에 대한 발표할 내용을 써 주었는데 그것이 발각되있다는 것이다. 내가 대가가 있느냐고 물으니 돈을 받았다고 하였다.

정말로 별일이 다 있구나 생각했다. 해당과에 가서 사정하여 없었던 것으로 처리하여 주면서 앞으로는 절대 이러한 것 하면 안 된다고 신신 당부하였다. 학생을 가르치는 선생님이 되어 가지고 돈 받고 대필이라니 그리고 그때 알아보니 그러한 일이 많다고 들었다.

등급 표창을 받으면 수고비로 얼마씩 주는 것이 일반화 되었다는 것이다. 그리고 그러한 사실은 교육청에서도 어느 정도 알고 있다는 것이다. 1995년 무렵 내가 감사담당관으로 근무할 때 등급 표창제도를 살펴보았다. 표창은 교육감과 시·도 교육회장이 주게 됐다.

시·도교육 회장은 사전에 교육감과 협의해야 한다. 이는 교육 관련 시책으로 주제를 정하면 그 내용을 발표를 하도록 했다. 발표자는

일본 여행 중에

일정 비율로 1등급, 2등급, 3등급의 표창장을 수여할 수 있다. 그런데 발표도 않고 서류 심사하여 표창장을 수여하고 있었다.

해당과에 물었다. 관계자는 신청자 전원을 발표를 시킬 수 없다고 해명했다. 나는 사전에 서류를 심사하여 일정비율로 대상 인원 수 만큼을 발표를 시켜 그 자리에서 심사해 등급에 따라 시상하지 않아 부작용이 발생하지 않느냐? 앞으로 그렇게 하면 안 된다고 했다.

특히 1~2등급 해당 인원 수 만큼은 반드시 발표시켜 등급 표창장을 수여하도록 하였다. 이러한 것이 일선 교육현장의 부조리로 교사들의 불신을 초래하게 되는 것이다. 그리고 이러한 지침을 사전에 공지하여 소정의 절차를 반드시 거쳐 시행하도록 시정토록 하였다.

광주와 전남 공동학군제

1990년대 초에 담양군에서 광주와 담양 인근 지역을 공동학군제로 요구하였다. 그 지역주민들이 학생들을 광주 시내 학교로 다닐 수 있게 하여 달라는 요구가 거세게 있었다. 이양우 교육감님이 많이 힘들어 하셨다. 교육감께서 광주와 공동학군으로 하게 되면 전남교육감이 존재할 이유가 없다고 강하게 반대하셨다.

담양지역을 공동학군제로 하면 장성과 나주에서도 요구할 게 분명하기 때문이다. 그러면 안 된다고 하여 잠잠해졌다. 오영대 교육감 취임 2년차에 다시 그 말이 고개를 들기 시작했다. 교육감님께서 불러 갔더니 담양지역의 공동학군제 때문에 골치 아프다고 하셨다.

교육감님께 이양우 교육감님이 전남교육감은 필요 없다고 하시지 않았습니까? 그러니 교육감님께서도 고민하시지 마시고 단호한 입장을 가지고 대처하시라고 주문했다. 만일 조금이라도 빈틈을 보이면 절대 안 됩니다. 그렇게 말씀드리자 교육감님이 알았다고 하셨다.

몇 일 후에 간부회의 때였다. 모 과장이 황인수 자네는 자식이 없기 때문에 자식 교육에 대하여 부모들의 심정을 모른다고 했다. 이해 할 수 있으나 자식을 길러보지 않았으니 교육시키는 학부모의 마음을 알겠는가? 하는 말은 당사자에게 말하는 것은 심했다.

모 과장의 짐작은 나름대로 그럴싸했다. 그날 오후에 생각하니 교육감님께서 공동학군제에 대해 단호한 입장을 밝히시니까 혹시 내가 교육감님께 말한 것이 아닌가 하는 의심을 모 과장이 하신 것 같았다.

캥기는 부분이 없지 않지만 전남교육을 위해 불가피한 것이다.

사무관시험 폐지의 득실

사무관은 일반직 모두의 로망이다. 고시에 합격하지 못한 말단 공무원은 사무관 시험 폐지는 꿈을 빼앗는 것이다. 교육감님께서 불렀다. 사무관 시험에 대해 물어보셨다. 전국 시·도교육청은 폐지 쪽으로 기울어 갔다. 광주시교육청도 추천제로 한다더라고 거론하셨다.

사실상 폐지 쪽에 기울어졌다. 내가 교육감님! 그것은 절대 안 됩니다. 타 시·도가 다 없앨지라도 교육감님은 절대로 폐지하면 안 됩니다! 단호히 말씀드렸다. 1년에 3~5명이 사무관이 되는데 교육감님께서 단 한 명이라도 할 수 있을 것 같습니까? 어림없습니다.

도의회, 교육위원회 등 대상자들이 모든 수단을 동원하여 로비하게 되면 교육감이 어떻게 감당하시겠습니까. 시험제보다 훨씬 문제가 발생 됩니다. 문제가 발생 되면 밖에서 오영대 그 사람이 그럴 줄 알았어 하고 비난하면 그것을 어떻게 감당을 할 것입니까?

그리고 이 문제는 공동학군제와는 또 다릅니다. 금전 관계가 따르니 꼭 유념하셨으면 합니다. 그래 알았네. 자네 말 명심하겠네. 곧 당신 입장을 밝히시겠다고 말씀하셨다. 바로 다음 날 간부회의 때 앞으로 사무관 시험 관계는 일절 거론하지 말라고 단단히 당부했다.

그날 오후에 모 과장이 감사실로 왔다. 자네 요즘 교육감님 만나서 무슨 이야기 하였는가 하여 물었다. 시치미 떼고 별도로 만난 적이 없다고 하였더니 사무관 시험 관계를 교육감님이 며칠 전에 검토해보라고 했다. 그런데 갑작스럽게 태도가 돌변했다고 했다.

모 과장은 타시·도 사례와 광주시 이야기를 하였는데 저렇게 완강하게 반대하신 것을 보니 이상하다. 누군가 교육감님께 반대 입장을 주입시켰기 때문인 것 같다고 하면서 돌아갔다. 그때 오교육감님께서 당신 집안일 등으로 인해 여러 가지로 많이 괴로워하셨다.

도의회 간부와 모 교육장

모 교육장과 그 지역출신 도의회 간부와 사이가 좋지 않았다. 도의회 간부가 교육감님께 왜 이런 사람을 자기 지역교육장으로 보냈냐면서 하루 빨리 인사를 요구했다. 교육감님께서 그 교육장을 불러 왜 자꾸 말썽을 일으키느냐며 제발 말썽을 부리지 말라고 당부했다.

그리고 빨리 도의회 간부를 만나라고 넌지시 일렀다. 만나서 앞으로 잘하겠다고 하라고까지 했다. 좋게 말해 화해이고 나쁘게 보면 사실상 항복을 종용한 것이다. 모 교육장은 제가 다 알아서 잘 처리하겠습니다. 걱정하시지 말라고 대답했다. 그러나 아무런 진전이 없었다.

그런데 교육감께서 모 교육장을 또 불려 들였다. 나는 그때 교육장님이 교육감님을 만나고 나갈 때 만났다. 나와 교육장과는 형님 동생하였다. 내가 모 교육장님께 형님 제발 교육감님 말씀 좀 들어 주십시오 했더니 자네는 무엇을 모르면 아무 말 하지 말소하였다.

내게도 다 뜻이 있다하여 형님 그게 무슨 뜻이 있습니까? 자네도 곧 알게 될 것이네 하였다. 이때를 놓치면 안 되고 자기 뜻을 관철하겠다고 하였다. 얼마 안 되어 상급지 교육장으로 영전 발령이 났다. 발령 뒤에 만났더니 자네 이제 알겠지? 나도 다 계산이 있어서 그런 것 아닌가 하길래 세상에 이런 경우도 있구나 생각하였다.

국정감사와 국회 교육사회위원장

총무과장으로 재직하고 있을 때였다. 국정감사가 예정되면 수감기관은 초비상이 걸린다. 더구나 총무과장은 주무부서 책임자이니 신경을 곤두세워야 한다. 감사도 받아야 하고 손님도 대접해야 하기 때문이다. 국정감사를 받는 당일이 되었다. 도착시간을 알아야 했다.

나는 국회 상임위원장실로 연락해 식사를 알아보았다. 아침 식사를 하지 않고 내려온다고 했다. 식사 메뉴는 전복죽으로 정했다, 진도교육청 재임시절 전복죽을 잘쑤기로 유명한 서망식당 할머니에게 전화로 물었다. 전복죽 쑤는 요령을 알려줘서 전복죽을 쑤게 했다.

할머니께서 일러준 요령은 이랬다. 전복죽을 많이 쑬 때는 한꺼번에 쑤면 안 된다. 최소 단위로 나누어 쒀야한다. 국회의원들은 모두가 맛있게 먹고 한 그릇을 추가하기도 하였다. 점심메뉴를 물었더니 생선과 굴비로 정해져 준비를 했다. 본격적으로 감사가 시작됐다.

국정감사가 시작되었다. 교육감님께서 인사말씀을 하시는데 오늘의 국정감사는 전라남도교육청에 대한 국정감사가 아니라 오영대 인생에 대한 국정감사라하니 국정감사장이 숙연해졌다. 감사를 마치고 점심 후 버스에 국회의원님들을 모시고 비엔날레를 안내하게 됐다.

버스에 탑승했다. 위원장(자민련 충남 당진 출신 김모 의원)께서 앞자리에 앉았는데 내가 입구에 서 있으니 옆자리에 앉으라고 하여 앉았다. 여러 말씀을 하였다. 국회의원이면 화려하게 보이지 않느냐? 그렇지 않습니까? 위원장님은 화려할 때도 있지만 힘들 때도 있다고 했다.

위원장은 말씀을 이어갔다. 지역구에 가면 아주머니들이 노래방에 가사고 하면 노래방을 가야하고, 모내기 현장은 가면 논둑에서 노래를 부르라고 하면 노래를 부르는데 이러한 일들은 참으로 힘들다고 하셨다. 그러면서 교사위원장님과 상당한 대화 시간을 갖게 되었다.

D 교육감님이 취임 인사차 국회를 방문할 때 내가 수행하여야 했나. 위원장실에 갔더니 저를 반갑게 맞으면서 D 교육감님에게 저를 잘 부탁한다고 하셨다. 대외적으로 화려하게 보이지만 사실은 국회의원도 내면으로 들어가면 보기보다 어려움이 많은 모양이었다.

1995년 4월 식목일 행사 식수

오교육감과 영원한 이별

오영대 교육감님이 임기를 마친 뒤 몇 번 뵀으나 차 한 잔 마실 시간이 없었다. 나는 오 교육감을 만난 것을 인생의 행운으로 여긴다. 그분은 보스적 기질과 명석한 판단력 그리고 카리스마를 지니셨다. 될 일 안 될 일을 전광석화처럼 결정을 내리신다. 뱃장도 있다.

내가 퇴직한 후 용정중학교 몇 번 오셨다. 오실 때마다 애들 책을 사주라고 돈을 주셨다. 그러면서 자네는 열심히 좋은 학교를 꼭 만들 것이라고 하셨다. 몇 년이 지난 뒤에 전남대병원에 입원 했다는 소식을 들었다. 병문안을 갔더니 저의 손을 잡으면서 당신이 돌아가시면 일체 연락을 하지 않을테니 그리 알라고 말씀 하셨다.

얼마 지나지 않았는데 아들에게서 전화가 왔다. 아버님이 돌아가셔서 그다음 날 선영에 모셨다고 전했다. 오 전 교육감님은 돌아가시기 전에 고향 송지 선영에 당신의 가묘를 만들어 놓으셨다. 그리고 유족들에게 부음이니 장례니 일체 하지 말라며 다음날 발인했다.

D모 신임교육감 수행

D모 교육감이 국회 문사위원장실과 교육부를 인사차 방문했다. 그날 교육부에서 광주·전남 출신 직원들을 초청, 저녁을 하게 되었다. 평상시 향우회는 10명 정도 모였는데 DJ가 대통령이 될 것 같으니 평소 고향이 아니란 이도 나왔다. 2~30명이 모여 분위기가 좋았다.

식사를 마치고 귀광하는 차중에서 상임위원장이 교육감님께 나를 칭찬한 배경을 설명했다. 국정감사 전에 상임위원장실에 전화해 국회의원들이 아침 비행기로 오기 때문에 아침식사와 점심 메뉴를 알아보

❀❀❀ 民選 初代 吳榮大 敎育監 退任 記念 1997. 10. 15 ❀❀❀
1997년 10월 15일 오영대 교육감 퇴임식(왼쪽 끝이 필자)

아 준비했다. 아침은 전복죽을 준비하였는데 모두 잘 먹었다고 했다.

점심때는 위원장께서 시레기 국과 생선 호박 조림과 생선구이를 말하여 갈치 호박 조림과 영광 굴비를 구웠더니 좋아하셨다. 식사 후 위원장께 비엔날레를 안내할까요? 좋다하여 안내하며 많은 대화가 있었는데 위원장께서 좋은 기억으로 남아 있는 것 같다고 설명했다.

교육부 기획관리실장은 시·도평가에서 우리도가 1위를 하자 김선동 비서관(기획관리실장)이 도교육청을 방문, 오영대 교육감과 대화 도중 나를 불러 그와 대화를 하였다. 그는 전남이 좋은 시책을 많이 발굴했기에 때문에 왔다면서 격려하여 주시었다고 배경을 설명 드렸다.

내가 이런 배경을 D모 교육감에게 설명한 것은 오해를 살 수 있었기 때문이다. 공교롭게도 국회 문사위원장이나 교육부 기획관리실장이 나를 잘 부탁한다고 하니 이상스럽게 보였기 때문이다. 듣기에 따라서는 내가 마치 일부러 공작해놓은 것으로 보일 수 있었다.

이모 장관 댁 홍어택배

DJ의 국민의 정부가 들어서면서 이모 의원이 교육부장관에 발탁됐다. 당시 교원의 정년문제가 초미의 관심사로 떠오를 때였다. 즉 교원의 정년 65세로 인해 젊은 교사의 수급에 어려움이 많았던 시기였다. 이 장관은 문제를 해결할 책임자라서 국민의 주목을 받았다.

그런데 교육부로부터 이 장관이 흑산도를 방문한다고 연락이 왔다. 사전대책이 필요했다. 우선 흑산도를 상징하는 홍어를 흑산도를 다녀간 뒤에 선물하기로 했다. 김모 서무계장으로 하여금 홍어 한 마리와 1kg 정도의 손질된 홍어를 이 장관의 댁으로 택배하기로 했다.

물론 홍어 요리와 손질 방법 등 유인물을 만들었다. 서울 시내 홍어 전문요리 집의 전화번호 등도 준비하여 동봉했다. 이는 홍어 요리에 문외한에게 바른 요리법을 알리기 위해서이다. 장관 사택을 방문하니 장관 모친께서 보시고 깜짝놀라 어찌할 줄 몰랐다 하셨다.

개인끼리도 처세하기가 어렵다고들 한다. 기관이나 단체라고 해서 처세가 쉬운 것도 아니었다. 문제의 홍어 소식에 의하면 장관이 지역구 당원들과 맛있게 먹었다는 소식을 들었다. 이 장관과 D모 교육감은 목포비행장에서 헬기를 타고 흑산도를 방문하였다.

바늘방석에 앉은 총무과장

D모 교육감님이 취임하시어 몇 달 지났다. 내가 총무과장을 할 때 나에게 만나자고 하셨다. 교육감께서 오영대 교육감 때 내가 하였던 전남교육 발전계획을 조금 도와 달라고 하시어 네하며 도와 드리겠다고 하였다. 얼마 안 돼 또 같은 말씀을 하시어 같은 대답을 했다

행정계상일 때노 그 일을 했기에 그렇게 내답하였다. 교육감님은 1970년도 도교육청 초등교육과에 근무할 때 장학사로 오셨다. 다른 장학사들은 50대 후반인데 40대 초반으로 실력파로 나와 친하게 지냈으며 토요일 오후에는 동명동 도교육청사 앞에 있는 밥집에서 식사를 함께하면서 서로 여러 가지 이야기를 하고 지낸바있다.

오교육감 때 전남교육발전계획업무를 볼 때 연구원에 계셨는데 당신이 도와줄 일이 있으면 도와주시겠다고 하셨다. 그때도 교육감에 뜻이 있다는 소문도 있어 전남교육발전계획 마무리 단계에 분야별 협의회를 갖게 됐는데 교육사회분야를 부탁하니 적극 협조해주셨다.

그로부터 얼마 안 되어 교육위원이 되셨다. 교육감 선거에 뜻이 있어 나에게 오교육감께 부탁하여 당신을 도와주시면 오 교육감의 시책을 이어받아 계속 추진하겠다고 하셨다. 그대로 오교육감께 말씀하시니 좋은 생각이다고 하시면서 나보고 잘 도와 드리라고 당부했다.

어느 날 부교육감께 찾아갔더니 부교육감과 간부 2명이 계셨다. 나에게 최근 교육감님을 만난 적이 있느냐고 물어 만났다고 하였다. 저보고 발전계획을 도와 달라 했다고 전했다. 부교육감님께서 혹시 내

신상에 대해 말한 적이 있느냐고 물으시어 그 얘기는 없다고 했다. 그때 간부께서 나더러 감사과장으로 가라고 했다. 그럼 나와 감사과장을 바꾸겠다는 것이냐고 물으니 그렇다 했다.

내가 일반직 인사원칙에 보직자는 전임지로 못 가도록 되어 있는데 그런 인사를 할 수 있느냐고 따졌다. 그럼 행정과정으로 가라고 했다. 내가 그럼 그렇지 솔직하게 처음부터 총무과장 자리를 비켜달라고 해야지 이리 저리 돌리느냐. 무슨 전남교육 발전계획을 도와 달라고 하느냐?

보직자는 전임지로 갈 수 없다는 규정을 교육감님께 먼저 설명 드렸으면, 교육감님께서 전남 교육발전계획을 도와주라는 이야기를 하지 않았을것 아니냐, 그 자리에서, 교육감님이 바뀌면 총무과장을 내놔야 되지 않느냐는 말이 나왔다. 나는 어이없고 모멸감을 느꼈다.

내가 이제 알았으니 마음대로 하라고 했다. 도서관으로 보내든지 어디로 보내든지 알아서 하시라. 그리고 내려와 사무실 책상을 정리해 집으로 와 버렸다. 와서 생각하니 기가 막혔다. 사전에 협의가 없고서는 그런 자리가 없을 것 같았다. 세상인심이 과거의 정이 소용없음을 절감했다.

잠이 오지 않아 인근 학교운동장으로 나갔다. 늦게까지 달리다 걷다를 반복하며 시간을 보냈다. 한밤중이 되서야 들어와 잠을 잤다. 다음 날 아침에 부교육감께서 전화를 하셨다. 웃으시면서 오늘 출근하라고 했다. 제가 출근하지 않겠으니 아무 곳이나 발령하라 했다.

부교육감은 말을 이었다. 오늘 아침에 교육감님께서 연락이 와서 시내에서 만났더니 황인수와 오랜 인연이 있다. 그런데 본인 의사에 반하는 인사는 절대 하지 말라고 하셨다고 그러니 출근하라고 했다. 출근해 부교육감실에 갔더니 빨리 교육감님께 인사드리라 했다.

교육감님께 인사를 드렸다. 서로 오해가 생겨 미안하다고 하셨다. 제가 교육감님의 의중을 살피시 못하여 죄송하다고 말씀드리고 나왔다. 보좌하는 사람들이 잘못된 이야기를 하여 교육감님은 계속 발전 계획만을 이야기 하였던 것이다. 총무과장석이 바늘방석 같았다.

얼마 지난 뒤 교육감님께 말씀드렸다 그동안 의중을 살피지 못하여 죄송하게 되었다면서 다른 곳으로 가겠습니다. 참으로 잘 생각하였다고 반가워하시었다. 대신 교육감님께 부탁이 있습니다. 말하라고 하시어 관리국장이 정년하면 제가 그 자리로 가고 싶다고 했다.

혹시 교육감님께서 생각하신분이 계시면 말씀해달라고 했다. 그러면 저는 이번에 전남대학교로 가겠습니다. 그리고 저를 꼭 도와 달라고는 하지 않겠으니 교육감님께서 중립만 지켜 주라고 청했다. 당신께서 누구를 도와주려고 그런 일은 없을 것이라고 하시기에 내가 의사국장으로 가게 되었다.

그 뒤 관리국장이 되어 교육감님께 인사드리려고 갔더니 축하한다면서 나에게 대단한 사람이라고 하시었다.

배임죄와 뇌물죄의 차이

공공기관의 시설공사에는 잡음이 그치지 않는다. 지금은 많이 깨끗해졌다고 하나 그렇다고 잡음이 완전히 해소된 것은 아니다. 시설공사나 각종 물품의 납품을 매개로 공무원과 업자간의 부정한 거래는 거의 중독성에 가깝다. 다소의 차이는 있을지라도 여전한 비위다.

시설공사에 따른 2차 공사의 수의계약 건이 있었다. 그 수의계약 예정가격을 작성할 때 전차 공사 낙찰률을 적용할 수 있다는 규정이 있다. 그런데 전차 공사 낙찰률이 수의계약 당시 낙찰률보다 높았다. 그러므로 전차공사 낙찰률을 적용하면 업자에게 이익이 돌아간다.

당시 직원이 예정가격 작성 조서를 가지고 와서 예정가격 작성에 대한 설명을 했다. 전차 공사 낙찰률을 적용하여 작성하자고 하여 왜 그렇게 하는가하고 물었다. 해당 법규에 의하면 계속 공사를 수의 계약하면 전차 공사 낙찰률을 적용할 수 있다면서 그렇게 하자고 했다.

내가 그렇게 하면 안 된다고 했다. 직원은 종전에도 그러한 사례가 있었다면서 감사원에 질의하여 답변자의 직위과 성명을 가지고와 전차 공사 낙찰률을 적용하여도 된다고 하였다. 종전에도 그렇게 한 사례가 있으니 국장님이 계시는 동안 이러한 경우는 있을 듯 말듯 한다고 했다.

어이가 없었다. 그의 말속에는 묘한 여운이 함축되어 있었다. 저 사람이 나를 어떻게 생각하고 하는 말일까. 사실 뇌물이란 상대의 코를 끼우는 작전이다. 여러 생각이 들었다. 직원에게 차액을 물었더니 2억 원 조금 넘는다고 했다. 2억 원을 우리를 다 주겠는가?

내가 다시 직원에게 물었다. 그럼 업자가 50% 준다고 가정해도 1억 원인데 다 주겠는가? 교육감부터 자네까지 나누어 주어야 하지 않겠는가? 그럼 자네 차지는 얼마이고, 내 차지는 얼마인가 물었다.

내가 법규를 인용해 말했다. 법규에 "할 수 있다."는 규정은 안 하는 것이 원칙이다. 특수한 경우에만 예외인데 이것이 특수한 경우라고 하지만 그 업자에게 말하게 예정가격은 전차 공사 낙찰률이 아닌 현재 낙찰률을 적용할 테니 그렇게 못하면 입찰하겠다고 하라했다.

나는 많은 생각을 하였다. 직원이 진심으로 생각하고 하는 말이지만 만약에 그렇게 했을 때 나를 어떻게 생각할까? 그리고 향후 후환은 없을까. 당시 수의계약 여부는 경리관 소관이다. 그러나 수의계약은 경리관 단독의사 결정이 아닐 수도 있다. 하지만 예정가격 작성은 경리관 단독행위다.

예정가격 작성 조서는 아주 복잡하다. 조서에 예정가격을 쓰고 경리관의 도장 찍고 그 조서를 봉투에 넣어 봉함하고 다시 봉투에 밀봉 도장을 찍는다. 이러한 행위는 경리관 단독 행위라는 것이 머리에 떠올랐다. 경리관인 관리국장의 책임이란 속된 말로 독박이 된다.

만약 전차공사 낙찰률을 적용하면 어떤 결과가 나오는가. 업자는 2억 원의 이익이 있는 반면에, 교육청에 2억 원의 손해를 끼치는 것이다. 국가 예산이지만 형법상 배임죄(형법 제355조 제2항)에 해당이 된다. 즉 타인의 사무를 처리하는 자가 그 임무에 위배되는 행위로써 이익을 취득하거나 제3자에게 이익을 취득하게 하여 본인 즉 교육청에게 손해를 끼치는 경우에는 배임죄에 해당되는 것이다. 그 업자로부터 뇌물을 받으면 또한 뇌물죄가 추가로 성립된다.

최근 실시된 20대 대통령 선거 때도 배임죄가 논란이 되었다. 이는 자기가 돈을 받은 사실이 없더라도, 제삼자에게 이익을 취득하게 하며, 소속기관에 손해를 끼치는 경우에는 배임죄가 될 수 있다. 또한 현재 재판이 진행 중인데 앞으로 배임죄 여부가 큰 관심이 될 수 있다.

"할 수 있다"라는 표현은 재량권 행위이다. 이 경우는 재량권 남용과 일탈에 해당될 수 있다. 그 공사 계약은 현재 낙찰률을 적용하면 교육청 예산이 절감되는 낙찰률을 적용해 수의계약했다. 그 후 직원은 이동하게 되자 특정 부서를 원하여 안 된다고 인사의 룰을 자세하게 설명하여 주었다. 공사 수의계약 시 참으로 잘하였구나 하는 생각이 들었다.

시설 감리단 사업의 반납

2001년 초에 전라남도교육청 산하 모든 기관과 초·중·고등학교의 시설을 전산화 사업을 하기 위하여 교육부에 건의했다. 내가 전남교육발전기획단에 있을 때 전산화사업을 하지 못한 것이 아쉬워 업무경감과 학교시설의 현대화를 위하여 이것은 꼭 하여야겠다고 생각하고 건의하였던 것이다.

교육부 보통교육국장께서 나에게 전화를 주셨다. 전남교육청에서 요구한대로 하여 주겠다고 하시면서 시설감리단 시범운영도 이야기하시었다. 그렇게 하겠으니 서기관 정원과 전산화사업에 필요한 예산을 지원하여 주시면 열심히 하겠다고 하였더니 좋다고 하시면서 예산 1억 원과 서기관 정원 1명을 주시겠다는 공문을 받았다.

Y모 교육감께 이 내용을 자세하게 설명을 드렸더니 잘 생각하였다면서 꼭 추진하시겠다고 하셨다. 그때가 그해 10월, 교육감 선거가 있

는 시기였다. 어느 날 시·군 지역교육청 교육장 회의 때 그 말씀을 교육감께서 말씀하셨다. 회의할 때는 교육장들께서 별 말씀이 없었는데 며칠 지나니 일부 시·군 교육청에서 반대의 소리가 있었다.

반대 이유는 지역교육청에서 하는 일의 일부가 감리단으로 가게 된 것을 반대한 것이다. 감리단의 업무는 모든 시설공사의 발주를 종전대로 하며, 또한 보수공사도 종전대로 하되 일정액 이상의 신·개축 공사의 발주는 종전과 같이 하고, 다만, 감리 업무 즉, 공사의 지도·감독만 감리단이 하는 것인데 이 또한 지역교육청의 일인데 자기들의 업무를 빼앗아 가는 것이라고 해 반대가 심했다.

교육감 선거철이 다가오면서 추진이 어려웠다. 그러자 다른 시·도에서 전남교육청에서 추진하지 못하고 있으니 자기들에게 돌려주기를 바라는 시·도가 있었다. 결국 우리 전남에서 추진하지 못하여 타시·도에서 가져가게 되었으며, 몇 년 지난 뒤에는 전국 모든 시·도 교육청에도 감리단이라는 기구를 설치하여 운영하게 되었다. 지금 생각하여도 그때 하지 못한 것이 많이 못내 아쉬웠다.

교육감에 대한 충성맹세

2000년 어느 날 직원이 집으로 찾아왔다. 교육청 간부들이 거의 전부가 충성맹세를 하였다는데 나만 충성맹세를 안 하였다면서 교육감께서 관리국장을 바꾸려고 하신 것을 자기가 만류하였다면서 빨리 충성맹세를 하시면 좋겠다고 했다. 희한하고 어이가 없는 일이었다.

1998년경 김대중대통령 전라남도 방문시

　내가 어떻게 충성맹세를 하느냐? 돈을 갔다 드리라는 말이냐? 나는 관리국장으로서 맡은바 임무를 잘 처리하는 것이 교육감을 돕는 것이라고 하면서 알았다고 하였다. 그 뒤 청에서 Y모 교육감께서 당신을 좀 도와 달라고 하시어 예 알겠습니다. 저는 관리국 소관 업무를 잘 처리하는 것이 교육감님을 돕는 것이라고 생각합니다 하였다.

　그때 생각이 혹시 전산망 구축사업에 내가 반대하니까 그러신가도 생각하였다. 그런데 또 직원이 집으로 찾아와 교육감님께서 관리국장을 바꾸려고 하시니 빨리 교육감님께 충성맹세를 하시라고 그 전과 똑같은 말을 하여, 내가 교육감님께 한 말을 그대로 전하면서 관리국장을 바꾸려면 바꾸시라고 하고 이렇게 협박같이 하려면 앞으로는 나에게 다시는 이러한 말을 하지 말라고 하였다.

순진한 교육감의 의심증

2000년 말 어느 토요일 시내에서 교육감님과 도의원 몇 분과 식사를 마치고 차를 타고 청으로 돌아오는 도중이었다. 차에서 나에게 일반직 인사는 황 국장을 통하지 않으면 안 된다고 하던데 하셨다. 왜 교육감이 저런 말씀을 할까? 잠시 후에 교육감께 그런 말을 누가 하던가요? 도의원이 아닌가요? 물으니 직원이 그리디라 했다.

순간 교육감 참으로 순진하시구나 생각했다. 내가 재차 본청직원이 그러한 말을 해요 하였더니 그렇다고 말씀하여 잠시 생각하니 짐작되는바가 있었다. 청에 들어가서 확인하여야겠다고 생각하고 사무실로 들어오니 내 사무실에서 인사계장과 직원이 일을 보고 있었다.

내가 두 분에게 누가 인사 자료를 가지고 교육감께 설명하였느냐고 물으니 두 사람이 아무 말이 없었다. 내가 재차 그럼 귀신이 가서 했다는 말이야 하면서 내가 나에게 부탁한 사람들의 메모를 정리를 한 것이 있지 않느냐? 그것을 내가 자네들한테 주었지 않느냐고 물으니 메모를 정리한 것은 받아서 정리하였다고 하였다. 그럼 두 사람 다 교육감실에 안 갔다고 되물으니 절대 간 사실이 없다고 하여 그럼 자네들은 내려 가시라고 하였다.

내가 부탁받은 메모를 교육감님께 누군가 보고드린것 아닌가?

지금까지 인사하면서 중간 간부가 부탁받은 메모를 교육감님께 보고한 사실이 있는가? 아무리 경쟁 사회라 하지만 이것은 심한 것 아닌가 하는 생각이 들었다.

심부름꾼에 불과한 국장

2000년 말 교육감님께서 불러서 갔더니 앉으라고 하셨다. 무슨 말씀을 하려고 앉으라고 그러실까? 교육감께서 담양 K 모 인사를 만나고 오라고 하셨다. 무슨 일로 그 사람을 만나러 갑니까? 일반직 인사를 해야 하는데 그에게 잘 얘기해야 인사가 잘 풀릴 것 같다고 하신다.

무슨 인사를 어떻게 하는데 그렇습니까? 승진후보자 명부 1순위자인 K모 인사가 명부는 1순위인데 승진을 못하고 다른 사람을 승진시키려면 K모를 설득하여야 한다고 하셨다. 그렇다면 그런 인사안을 제안한 사람에게 만나고 오라고 하여야지, 왜 제가 가야합니까?

자네가 K모씨와 친하다고 하셨다. 나는 이미 허수아비 국장이라고 소문이 났는데, K모씨가 내 말을 믿고 승낙을 하겠습니까? 인사안을 실제로 짠 실세가 가야지 않겠습니까? 그래도 나보고 다녀오라고 했다. 예! 말을 전달하고 오겠다고 하고는 교육감실을 나왔다.

어이가 없었다. 허수아비 국장으로 이런 굿은 심부름꾼이나 하게 되었구나 하는 생각을 하면서 다녀왔다. 뒤에 들으니 사무관의 꽃이라는 자리를 틀림없이 보내줄 터이니 교육감을 도와주라고 하면서 일을 시켰는데… 교육감이 자신의 약속을 지키지 않으려는 포석이었다.

당사자가 반발하고 나섰다. 그러니까 당초 약속대로 안 해주면 사표를 내겠다고 하여 복잡하게 되니 그를 승진시켜 달래기 위함이었다. 결국 그때 일반직 인사는 모든 사무관이 선망하는 그 자리 때문에 여러 사람이 연쇄적으로 피해를 보게 되는 인사가 이루어졌었다.

모든 일을 순리대로 하지 않으면 결국 후일에 말썽이 되는데 하였다. 그런데 그 뒤 일 처리하는 과정에 느꼈는데 권한을 가진 책임자는 모든 것을 자기 마음대로 할 수 있는 것으로 생각하고 일 처리를 하는 것은 참으로 위험천만한 일이라는 것을 많이 보고 느꼈다.

때문에 인사는 만사다. 어느 기관이나 기관장은 참모를 잘 둬야 한다. 기관장 혼자 모든 일을 할 수 없기 때문이다. 자기가 잘못 판단하면 기관 전체에 미치는 영향은 존폐의 위기를 맞을 수 있다. 지금처럼 모든 정보는 널려 있고 손쉽게 접할 수 있다. 그 정보를 어떻게 가공하며, 어떻게 사용할지는 판단력과 리더십이 필요하다.

섬짓한 암행감찰의 표적

2000년 말쯤이었다. 교육부에서 시·도육청 관리국장 회의가 열려 참석하였다. 회의가 끝나니 모 간부님이 나에게 당신을 만나고 가라고 하셨다. 그런데 또 감사담당관실에서도 나를 보고 자기 방에 들려달라 했다. 이상했다. 두 사람의 간부가 보자고 한 것이 수상했다.

우선 간부실로 갔다. 황국장! 그동안 일도 잘하고 판단력이 좋으신 것으로 본부직원들이나 당신도 그렇게 알고 있다. 왜 교육감 선거에서 현직 교육감을 돕지 않느냐고 물었다. 최근 몇몇 시·도교육감 선거에서 현직이 안 되는 곳이 없이 당선되었는데 무슨 이유가 있느냐고 반문하셨다. 죄송합니다. 어쩔 수 없이 그리 되었습니다.

저로서도 많은 고민을 하였습니다. 관리국장으로서 불가피하게 그리 되었습니다. 그러나 후회하지는 않겠습니다. 그러니 저의 판단이 잘못되었을 때는 도와주시라고 부탁하였다. 그랬더니 황국장이 오직 하였으면 그렇게 하였겠느냐면서 당신이 도울 일이 있느냐고 하셨다. 내가 전남대학교로 보내주시면 고맙겠다고 하였다.

그 간부님께서 황국장이 잘 판단하였을 것이니 그런 일이 없겠지요? 잘하라고 격려하여 주셨다. 잘하겠다고 인사드리고 나와 감사담당관실로 갔다. 팀장이 잘 있었느냐면서, 자기가 나 때문에 광주에서 몇 일간 있다가 왔다면서 나에 대한 감찰을 다녀온 이야기를 했다.

한마디로 뒷조사를 했다. 새벽과 저녁이면 살고 있는 아파트 출입을 하는 사람을 살펴보았다는 것이다. 그리고 도교육청 내에서 황인수에 대한 평판과 시·군 교육청 두 군데와 광주시교육청 직원들의 평판을 듣고 왔다고 했다. 별의 별생각이 머리를 어지럽게 했다.

팀장의 암행감사는 계속됐다. 일요일이면 새벽 일찍 등산 가방을 메고 등산 가서 오후에 돌아오시더라. 토요일이면 어딘가 다니신가? 늦게 집에 오시는데 알아보니 국선도 도장에 다닌다는 말을 들었다고 하신다. 며칠간 나를 그림자처럼 뒤를 밟으며 샅샅이 뒤졌다.

감사의 결론은 이렇다. 출장 올 때의 생각과 완전히 다르다더라. 집도 낡은 주공아파트이고 1층이라 오고 가는 사람을 전부 알 수 있었다. 휴일에 사람을 만나는 것이 아니라 등산과 국선도장에서 수련하는 것도 확인한 것이다. 벌거벗는 임금님이 되었다. 섬짓하다.

현지에 와서 보고 듣고 하는 것으로 보아 사람이 이 정도면 공무원으로서 본받을 정도인데 하면서 돌아왔다면서 그간의 광주에 다녀온 이야기를 들려주면서 공직사회에 근무하다가 보면 여러 가지 일이 벌어지고 있으니 항상 보살피면서 근무 잘하시라 격려해 주었다.

나 때문에 고생하셨다. 죄송하다고 인사드리고 나왔다. 광주로 내려오면서 그동안 있었던 일들을 되살펴 보게 되었다. 그때 느낀 점은 관리국장을 교체하려고 교육부에 타진하였구나 하는 것과 나를 흠집 내어 쫓아내고 내 자리를 오기 위한 모함이 있었구나 생각했다.

관리국장 검찰조사 보도

2000년 말 어느 날 아침에 출근해서 신문을 보았다. 중앙 모 일간지에 "전남도교육청 관리국장 검찰 조사 중, 국무총리실 사정업무 관계자 확인"이라는 제목의 기사가 보도되었다. 광주지방지도 보았더니 모 일간지에도 중앙지에 게재된 그 기사가 역시 보도되었다.

그날도 관리국장실에 과장들이 모였다. 매일 아침 출근을 하면 교육감실 간부회의 전에 관리국장실에서 과장들이 모여 간단한 업무처리에 대한 이야기를 하곤 한다. 나는 과장회의를 마치면 교육감실 간부회의를 참석했다. 과장들은 물론 교육감실 간부 회의에서도 언론 보도내용에 대하여 이렇다 저렇다는 말 한마디 없이 마쳤다.

이상했다. 그 기사가 사실이라면 나는 당연히 알고 있어야 한다. 검찰청도 보도될 정도의 사건이면 나에 대한 무슨 조치가 있어야 한다. 본인도 모르고 조사에 들어갔다는 사정기관도 없었다. 정말 괴이하지 않은가. 관계 당사자들이 모르는 기사가 나왔으니 말이다.

빈총도 안 맞은 것만 못하다는 말이 있다. 오전 내내 좌불안석이었다. 그때 생각이 났다. 언젠가 선배님의 자제가 국무총리실 고위 공무원으로 계신다는 말을 들었다. 나와 절친한 형을 통하여 언론의 보도 내용을 국무총리실에 확인을 좀 해주시면 좋겠다고 부탁하였다.

오후에 연락이 왔다. 국무총리실에서는 전혀 그런 사실이 없다며 걱정 말라고 했다. 나는 중앙지 기자에게 전화를 걸었다. 기자가 본인이냐고 물어 그렇다면서 어떻게 그런 기사가 보도되었는지 물었다. 바로 잘못되어 미안하다고 했다. 정정 보도를 요구하니 정정보도를 하게 되면 자기의 신분에 영향이 있으니 좀 봐달라고 했다.

지방지 기자에게도 전화를 했다. 기자는 중앙지를 받아 보도하게 되었다고 해명했다. 중앙지에 보도가 되었더라도 사실 여부를 확인하고 보도하여야지 않느냐고 했더니 미안하다고 했다. 이상한 것은 누구도 그 기사에 대하여 나에게 이야기 한 사람이 없다는 것이다.

그 뒤로도 문제의 기사가 항상 의문으로 남아 있었다. 얼마 지났을 무렵 모 교육청에 근무하는 모 후배가 요즘 형님에 대한 좋지 않은 이야기가 자자합니다. 그 얘기를 듣고 저 사람이 무슨 말을 저렇게 하지 하고 지나쳤다. 곰곰이 생각해봤더니 그동안 있었던 여러 사건들이 풀리기 시작했다.

조직적인 음해 작전으로 짐작됐다. 교육부 간부가 왜 현직 교육감을 돕지 않느냐는 말과 감사관실 팀장의 복무감찰 그리고 언론의 허위보도 등이 기획된 시나리오로 보였다. 그렇다 나를 모함하여 쫓아내고 그 자리를 노린 사람이 전남교육청과 타교육청에서도 있었지 않는가? 합리적인 의심이 되었다.

범인은 한 사람일까? 나를 내쫓기 위한 공작을 몇 사람이 공유하고 있었지 않을까? 합리적인 의심을 가졌다. 공직사회가 이렇게까지 험함을 다시금 깨닫고 일 처리를 더욱 투명하게 해야겠다는 다짐을 하며 현실에 충실 하는 것이 나로서는 최선의 방어라 여겼다.

이글을 쓰면서도 그때 일이 주마등처럼 떠올랐다. 그 자리가 무엇이라고 한순간인데 허무한 생각이 들었다. 어떻게 보면 나는 삼엄을판의 공직생활이었는데 그래도 나를 아껴 주시고 도와주신 분이 많이 계셨기에 오늘이 있었지 않겠느냐 하는 생각을 갖게 되었다.

위임전결규정 위반

어느 날 점심을 마치고 오후 2시에 도의회에 참석하려고 준비 중이었다. 그런 타이밍에 직원이 결재서류를 들고 왔다. 건성으로 보고 결재를 했다. 출발하려는데 결재한 서류가 이상하다고 느껴졌다. 다시 자리에 앉아 직원에게 그 결재서류를 가져오라고 하여 자세히 살펴봤다. 직원으로서는 그냥 평상시의 마음이었겠지만 찜찜했다.

자세히 보니 전산망 구축에 따른 컴퓨터가 기 조달요구되었는데 기요구한, 컴퓨터의 기종변경을 요구하는 서류였다. 그런데 주무과장의 요구 공문서를 근거로, 조달청에 기종변경을 요구하는 결재였던 것이다. 깜짝 놀랐다. 하마터면 큰일이 벌어질 수 있는 그런 사안이었다.

일단 결재서류의 도장을 뭉개 버렸다. 그리고 직원에게 호통을 쳤다. 업무처리를 이렇게 하느냐? 정신 차리라고 하고 도의회를 다녀왔다. 내가 결제한 시안은 교육감의 결재 없이 과장 요구 공문으로 할 수 없는 사항이다. 이는 위임전결 규정을 위반했다. 몇 억대인데 전결 규정을 벗어난 금액이며 또한 변경한 사유가 없었다.

그리하여 변경 사유와 교육감 결재를 받아 보완하도록 하였다. 나는 그때 도교육청 경리관을 하면서 어떠한 사안이라도 결재 서류를 차분히 잘 검토하여야지 바쁘다고 첨부 서류를 검토하지 않으면 나중에 큰일이 발생할 수도 있다고 생각하면서 결재하는 것을 명심하였다.

나를 살린 공문서 규정

2001년 초, 전라남도교육청 산하기관의 전산망 구축사업에 대한 결재를 주관과 직원이 가지고 왔다. 그때 전산망구축 사업이 교육계의 초미의 관심사였다. 언론도 사업의 추이를 집중 보도 했다. 그런데 이 사업에 대한 예산 조치가 제대로 이루어지지 않았다.

이 사업은 도교육청, 사업소, 지역교육청, 초·중·고등학교가 해당된다. 그럼에도 예산 조치가 확실하지 않았기에 참으로 괴로웠다. 계약업무는 경리관인 관리국장이기 때문에 막중한 책임이 따른다. 사업의 모든 과정을 철저하게 하지 않으면 안 되겠다는 생각으로 임했다.

결재서류를 가지고 온 직원에게 말했다. 공문서 규정에 따라 결재라인에 있는 사람과 협조하는 사람은 의사에 반하는 것은 의사를 표시하고 협조할 수 있다. 즉 교육감을 제외하고 결재라인에 있는 사람들은 직책과 성명, 찬성과 반대의 의사표시를 할 수 있도록 서식을 만들어 기안지 뒷장에 붙여 기안지 표지와 간인하도록 했다.

그래서 결재라인을 국·과장과 협조해야 할 과장과 업무와 관련이 있는 감사과장을 포함했다. 이는 교육감을 제외한 결재라인 간부가 4명이어서 협조란의 간부도 4명으로 하도록 하였다. 나와 예산과장, 재무과장, 감사과장으로 하는 한편 그 배경을 관리국 해당 과장들에게 소상히 설명했다. 그런데 결재 과정에 살펴보니 감사과장을 주관 부서에서 제외시켰다. 이러한 과정은 책임소재를 분명히 하기 위한 조치였다.

실제로 결재라인의 간부들은 의사표시가 분명했다. 협조 부서의 예산과장과 재무과정은 반대 입장을 밝혔다. 나도 국장란에 반대표시를 하고 결재했다. 특정한 행정해위를 하면서 간부들이 문서규정에 따라 반대의사를 분명히 한 것은 첫 사례가 아닐까 여겨진다. 앞서 언급하였듯이 전남외국어고등학교 설립시 모 국장이 반대하면서 협조를 하여 주지 않았다. 그때 내가 모 국장에게 공문서 규정을 이야기 하면서 공문서 규정대로 하시라고 하였더니 협조란에 반대 표시하고 도장을 찍었다. 나는 당시 사실을 머리에 떠올리면서 전산망 구축 사업 결재 시에도 공문서 규정을 적용한 것이었다.

전산망 구축사업은 이런 결재과정을 거쳐 진행됐다. 12월 31일 종무식이 끝나 집무실에 오니 계약담당 과장과 담당계장이 있었다. 이유를 물으니 전산망구축사업의 계약업무가 연말이라 장부정리를 해야 하는데 예산조치가 안 되어 장부정리 마감을 할 수 없다는 것이다.

그것은 업무 주관과에 말해야지 관리국장은 해결할 수 없다고 말했다. 나는 업무 소관 관련 부서에서 해결해야 합니다. 그리고 진즉 조치했어야지 종무식 끝나고 하면 안 되지요 했다. 교육감 선거가 끝나고 바로 해당 업무 관련 간부와 직원이 구속됐다. 이 사건은 연일 언론에 크게 보도됐다. 시중에서는 어떻게 해서 경리관인 관리국장과 재무과장이 괜찮느냐며 안부 전화가 빗발치게 왔다.

교육부 간부님들도 전화했다. 관리국장이 경리관인데 무사하냐면서 사정을 물었다. 나는 결재 협조 때 공문서 규정대로 하자고 요구해 별지에 관리국장, 예산과장, 재무과장은 반대 의사표시를 하고 사인을 했다고 하니 정말이냐고 되물었다. 실제로 그랬다 하니 간부님께서 황 국장이 오죽 했으면 그렇게 했겠냐며 알겠다고 하셨다.

황 국장이 교육감 선거 때 현직 교육감을 돕지 않았다는 말을 들었는데 그 이유를 이제야 알게 됐다고 하셨다. 뒤에 교육부장관님께서 사실을 보고받고 어떻게 행정의 전문가들이 그렇게까지 반대하는데 밀어붙이니까 사고가 나지 않느냐고 하셨다는 말을 전해 들었다.

이후에도 교육부 간부님들로부터 많은 격려와 위로의 전화를 받았다. 그리고 전산망 구축사업 추진과정에서 도급업자도 이러한 과정을 알고 있기 때문에 나를 포함한 관리국 간부들에게 로비를 할 수 없게 되었는데, 결국 사건이 터지고 말았다. 사건이 나니까 모든 간부들이 나에게 그때 참으로 잘하였다고 이구동성으로 말했다.

결국 전산망 구축사업의 파동에서 무사했던 것은 그 공문서 규정이었다. 만일 그 규정이 없었다면 나 또한 한물의 고기가 됐을 게 분명했다. 공문서 규정이 나와 나를 도와주었던 관리국 공무원들도 살린 것이다. 이것이 바로 신의 한 수가 아니었을까. 더구나 내가 부교육감으로 임용될 때도 많은 도움이 되지 않는가 생각됐다.

밤에 혼자 고사 지낸 곡절

2001년 10월에 신남도교육감 신기가 막을 내렸다. 신기결과 김○한 씨가 교육감으로 당선되셨다. 나는 선거과정에 갖은 고초를 겪어야 했다. 교육부의 암행감찰과 검찰의 조사를 받는다는 가짜 보도가 나오기도 했다.

선남교육세가 일련의 사건 이후 뒤숭숭 했다. 나에게 누군가 고사를 지내라고 권유했다. 전임 교육감님도 임기 중에 그만 두시고, 후임 교육감마저 사건이 잇달아 있어 교육계가 바람 잘 날 없이 어수선했다. 그분은 전남도교육청의 터가 좋지 않아 비롯된 결과라는 것이다.

고사를 권유한 분은 본청의 터가 풍수지리상 흉지라 했다. 이유는 청사 바로 뒤쪽으로 도로가 나면서 혈맥이 끊겼기 때문이라 했다. 연속된 악재도 따지고 보면 흉지의 결과라고 설명했다. 나로서는 믿을 수도 안 믿을 수도 없었다. 미신이라며 가만히 있기도 난처했다.

일단 권유한 분의 의견에 따르기로 했다. 신임 교육감이 취임하시기 전에 지내기로 했다. 다만 나 혼자서 할 수 없는 일이었다. 모 과장에게 말하니 좋다면서 교육감 취임 전날 저녁 늦게 지내기로 했다.

제물은 모 과장이 다 준비했다. 교육감실과 청사 뒤에 간단한 제물

제48회 전국과학전람회(좌측에서 11번째 필자)

을 차렸다. 교육감실에서 나와 그 과장 그리고 한 분을 모시고 그렇게 3명이 간단하게 예를 올렸다. 청사 뒤쪽의 고사는 나 혼자 예를 올렸다. 고사를 드리고 나니 무엇인가 개운한 기분이 들고 마음이 홀가분했다.

부교육감 발령의 막전막후

김○환 교육감님이 취임하신 뒤 취임 인사와 나의 신상문제를 협의하기 위해 교육부를 방문했다. 교육부간부들이 교육감 취임을 축하해 주셨다. 나에게는 전임 교육감의 이야기와 전산망 구축사업 추진과정에서 반대의사를 표시하면서 협조하였다는 이야기를 물으셨다.

나는 관리국장으로서 불가피한 선택이었다고 말하니 모두가 놀라워했다. 그리하여 간부님들께 내 신상 이야기를 하면서 간곡히 부탁한다고 했다. 그랬더니 간부들도 적극 협조 하겠다고 하여 기분이 좋았다. 교육부 간부들에게 크게 잘한 것도 없는 나로서는 고마웠다. 인사를 다녀온 후에 교육부 총무과로부터 급한 연락을 받았다.

어려움이 봉착되었다고 전한다. 내가 올라가겠다면서 바로 올라갔다. 총무과에서는 그동안 전국 모든 부교육감은 본부에서 내려갔으며, 현지에서 바로 부교육감이 된 사례가 없다고 하신다. 그래도 본부에서는 나를 도와 주지는 의견이 많으나, 실무부서인 총무과에서 어찌할 수 없어 난처하여 연락하게 되었다고 솔직하게 털어놨다.

내가 교육부에 가서 그랬다. 몇 년 전에 전남교육청에서 관리국장이 부교육감으로 직무대리 발령받은 뒤에 승진 발령된 사례가 있다고 확인해주었다. 총무과 인사담당자는 과연 그랬냐고 물었다. 참으로 그런 사례가 있었느냐고 재차 물었다. 내가 진짜로 그랬었다고 했다.

담당자는 그럼 그때 부교육감 발령 통지서를 찾아볼 수 있느냐고 하여 찾아오겠다면서 내려왔다. 내려와 바로 인사계 직원에게 부탁하여 저녁에 문서고에서 이○열 부교육감의 발령 통지서를 찾아 그다음 날 가지고 총무과에 들어가서 드렸더니 알았다고 하여 내려왔다.

내려오면서 발령 통지서를 못 찾았으면 어떻게 했을까를 생각하였다. 어떻게 보면 본부에서도 그 서류를 찾을 수 있을 것인데 자기들이 찾지 않았을까하는 생각이 들곤 했다. 아무래도 승진대기자를 자극하지 않기 위한 고육책으로 보였다. 세상 살기가 어렵다. 그 후 2002년 3월 4일자로 부교육감 직무대리 발령을 거쳐 2002년 9월 12일자로 정식으로 승진발령을 받았다.

러시아·북유럽의 해외연수

2002. 5. 29 ~ 6. 8까지 10박 11일간 나를 포함한 18명이 북유럽 해외여행을 하게 되었다. 나로서는 36년의 공직생활을 마무리하는 마음으로 그동안 정들었던 좋은 직원들과 부담 없는 여행을 가게 되었던 것이다. 그런데 마음 한구석은 어딘가 모르게 허전하고 아쉬웠다.

그러나 여행은 마음을 설레게 하는 마력을 가지고 있다. 찌든 일상에서 벗어난다는 해방감, 미지의 세계를 구경한다는 즐거움이 있기 때문일 것이다. 여행이 주는 기쁨과 즐거움을 이 정도의 글로 표현되겠는가. 여행은 자신의 존재와 한계를 보여주는 체험의 현장이다.

러시아를 거쳐 핀란드 등 여행을 다니는데, 여행 기간 내내 퇴직 후 어떻게 할까? 고민을 거듭한 끝에 육영사업을 하기로 했다. 방황하던

러시아 해외연수

유럽여행

미로에서 길을 찾은 홀가분한 마음도 잠시뿐 이제는 구체적인 방법을 놓고 고민이 밀려왔다. 여행의 여유가 사라지니 건성이었다.

교육감님께 학교를 설립하려는 뜻을 말씀드렸다. 그러나 구체적인 구상은 미결상태였다. 어떠한 학교를 설립할지 머리에서 떠나지 않아 여행기간이 어떻게 지나갔는지 어디를 어떻게 다녀왔는지 건성이었다. 모처럼의 여행을 퇴직 후의 대책 때문에 보낸 게 아쉬웠다.

2002년은 한·일월드컵을 개최했었기에 화제가 월드컵이었을 때였다. 그러나 해외연수는 부담 없이 잘 다녀온 것 같았는데

해외연수와 젊은 시절의 기록과 사진을 용정학교에 두었다가 몇 년 전 건강 때문에 광주로 옮기면서 모두 버렸는줄 알았는데 큰 조카가 옛날 사진들을 보관하고 있다고 하여 가져와 이 책에 수록하게 되었다.

■ 연수일정

일자	지역	일정
2002. 5.29	광주 서울 모스크바	- 광주공항 출발 - 인천공항 - 모스크바 도착
2002. 5.30.	모스크바	-「807쉬꼴라 학교」방문(초·중·고통합교) - 모스크바대학 - 붉은 광장
2002. 5.31.	모스크바 성페테르부르크	- 헤르미타쥬 박물관 - 천주교 성당의 건축 양식과 변천사 견학 - 네바강 유람
2002. 6. 1.	성페테르부르크 헬싱키	- '피터대제 별궁'(여름궁전)견학 - 카잔성당→순양함 오로르호 견학 - 헬싱키 도착
2002. 6. 2.	헬싱키	- 유적지 견학 (만년하임거리→시벨리우스 공원→암석교회) - 우스펜스키 사원 등 견학
2002. 6. 3.	헬싱키 스톡홀름	- 스톡홀름 도착 「울로프룬드학교」방문 바사호 박물관→시청사→구 시가지 등 - 스톡홀름 공항 출발 - 오슬로 도착
2002. 6. 4.	오슬로 게일로	「발드오슨학교」방문→바이킹 배 박물관 견학 조각공원→스키점프대→시내 등 견학
2002. 6. 5.	게일로 구드방겐	- 게일로 출발 구두방겐 도착후 유람선으로 내뢰이→ 아울란드 피요르드 관광 산양 뼤 등성 - 베그겐 도착
2002. 6. 6.	베르겐 코펜하겐	에드발글릭 생가→한사 박물관 견학 어시장 견학 - 베르겐공항 출발 - 오슬로 경유하여 코펜하겐 도착

2002. 6. 7.	코펜하겐 프랑크프르트	- 그룬트비추모 교회('파이프오르간' 교회) - 「선더마크 학교」방문 　국회의사당→포장마차 할머니 상→ 　인어공주상 등 견학 - 코펜하겐 공항 출발 - 프랑크프르트 경유하여 서울향 출발
2002. 6. 8.	서울 광주	- 인천공항 도착→김포공항→광주공항 도착

학교설립계획 서류작성

북유럽 여행을 다녀온 뒤 학교 설립을 본격적으로 착수했다. 학교 설립은 계획서를 작성하여 교육감의 승인을 받아야 한다. 내가 광주·전남설립 업무를 직접 담당했으나 머리가 무거웠다. 설립에 따른 필요한 자료를 갖추어서 사무관 시험을 준비하고 있는 이종범 씨에게 염치불구하고 부탁하였다. 그랬더니 쾌히 승낙하면서 서류를 작성하여 주겠다고 하여 학교설립 승인 신청서와 법인설립 허가 신청서를 시험공부 중에도 불구하고 빠른 시간 내에 작성해 주었다.

학교 위치는 보성군 미력면에 있던 폐교를 매입 그곳에 학교를 설립하기로 하고 교명은 만주 연변에 있는 민족학교 구 대성중학교 현재는 용정중학교로 정하였다. 한자로 용용 샘정자인 「龍井中學校」로 하였는데 폐교를 매입한 뒤에 알고 보니 폐교가 있는 곳의 부락 이름이 용정리(龍亭里) 용 '龍'자에 정 '亭'자였다. 내가 폐교를 구입할 때는 마을 이름이 「용정」인줄도 모른 상태에서 매입했다. 글자의 발음은 같은데 한문이 다른 글자라 애로가 없지 않았다.

그래서 지금까지 학교 이름을 주로 힌글로 쓰고 있다. 여기다 법인의 이름도 민족학교 「보성(普成)」과 「보성(寶城)」발음이 겹쳤다. 普成이란 이름은 고종 임금이 "널리 사람다움을 열어 이루게 한다"는 뜻으로 내리셨다고 전한다. 한자로는 베풀 '普'에 이룰 '成'인 普成학원인데 신설코자하는 학교의 소재지가 보성군으로 보성군의 보자는 보배 '寶'이며 성은 재 '城'으로 보성이다. 전혀 예상하지 않았던 결과라 우연치고는 별나서 학교법인의 이름도 가급적이면 한글로 쓰고 있다.

그리고 학교설립 목적은 전인교육을 바탕으로 한 실천 위주 인성교육과 체험 위주 진로교육을 목적으로 하였다. 그리하여 2002년 11월 6일 학교법인 보성학원 설립허가와 용정중학교 설립계획이 승인되었다. 무엇 하나 풍족하게 갖추어지지 못한 상태에서 개교준비에 몰두했다. 오직 대한민국 유일의 중학교를 만들려는 일념이었다. 드디어 2002년 12월 2일 용정중학교 설립인가와 특성화 중학교 지정 고시가 되었다. 이 자리를 빌어 이종범 국장(후에 행정국장 역임)에게 감사를 드린다.

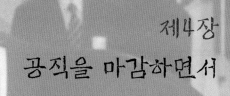

제4장

공직을 마감하면서

정년퇴임과 용정중 개교

2003년 공로연수를 하는 동안 용정중학교 설립과 개교 준비로 하루하루가 아주 바쁘게 지나갔다. 그런데 12월이 되어 퇴임식을 준비 중이라고 연락이 왔다. 이미 알고 있는 사실이지만 퇴임식을 한다니 여러 가지로 마음이 설레이기도 하고 무엇인가 서운하기도 하였다.

우선 퇴임사를 써야겠다는 생각을 하니 무엇을 어떻게 써야 할지 생각이 떠오르지 않았다. 그동안 공직생활을 하면서 나름 최선을 다하였다고 생각하였으나 막상 쓰려고 하니 쓸 것이 없는 것 같았다. 그러나 앞만 보고 달려온 그간의 세월은 결코 헛되지 않았고 보람과 긍지를 가지고 임했기에 자긍심도 있었다고 생각되었다.

그때 나와 임기호 씨가 함께 퇴임식을 갖게 되었는데 많은 분들이 참석하여 주셨다. 그래도 내가 공무원 생활을 마감하는 자리라 생각하니 마음이 울컥했다. 목이 메어 말이 안 나와 할 수가 없었는데 하객들이 빨리 하세요 하는 소리를 듣고 참으로 미안하고 죄송하였다.

특히 임기호 씨에게 미안하였다. 공직생활 중 나를 도와주시고 이끌어주신 선배님이자 동료 직원들에게 감사하다는 말과 퇴임 후에 학교를 설립하여 운영하겠으니 앞으로 관심과 지도를 부탁드리며 반드시 좋은 학교를 만들어 보답하겠다고 약속드리며 퇴임사를 마쳤다. 이 자리를 빌어 퇴임식을 준비하여 주신 김장환 교육감님을 비롯한 전남교육청 직원들에게 진심으로 뜨거운 감사를 드린다.

징년퇴임식을 마친 후 많이 시간이 흘렀다. 내가 여생을 학교사업을 택한 이유는 명예나 돈을 벌자는 목적은 전혀 아니다. 오로지 우리 청소년들이 건전한 인간으로 성장해 인간다운 인생을 구가하기를 바라는 것뿐이다. 나는 그때에 약속드렸던 용정중학교를 설립해 운영하고 있다. 그 학교는 전국에서도 입학하고 싶은 학교, 알아주는 명문학교로 발전했다. 감개무량하고 흐뭇하게 생각하며, 용정중학교가 영원토록 더욱 발전하기를 기원하고 기원한다.

잊지 못할 좋은 분들

사람은 혼자 살 수 없다. 사람마다 혼자 살고 있지만 사실은 여러 사람의 도움으로 살고 있는 것이다. 나도 세상을 살면서 주변 사람들로부터 과분한 도움을 받았다. 이를 인복이라고 할 수 있다. 많은 사람의 도움을 받았지만 특별히 기억되는 몇분을 소개하려 한다.

1) 다시 모시고 싶은 분

1986년경 구례교육청 관리과장으로 있을 때 오영대 교육장(작은 오영대)이 3월 1일 자로 부임하셨는데 참으로 배울 점이 많았다. 그분은 초등교육과 장학사로 계실 때도 실력파로 모든 사람의 존경을 받으셨다.

항상 말씨가 부드럽고 점잖으셨다. 관리과장으로서 도와 드릴 방법이 없었다. 교육청의 규모도 작고 또한 적은 예산이었는데 년초에 전임 교육장께서 어느 정도 집행하고 가셨기 때문이다. 그리고 7월 말경에 집중호우로 곡성~구례간 버스가 도로유실로 다닐 수가 없었다.

그날 일요일 오전에 집중 호우가 쏟아졌다. 그때 나는 점심을 일찍 먹고 열차로 순천으로, 그리고 순천에서 열차로 구례구역을 거쳐 어렵게 구례로 갔다. 오후 늦게 군청에 연락하였더니 구례 관내 몇 군데 도로가 유실되었다고 하여, 오 교육장께 말씀드리고 관내 모든 학교에 월요일 등교 중지를 비상 연락망을 통하여 시달하였다.

2003년 12월 31일 퇴임식 훈장 수여

2003년 12월 30일 정년퇴임식에서 교육감으로부터 공로패를 받고 있다.

교육장께서도 월요일 순천으로 돌아오셨다면서 출근하셔서 나에게
잘 조치했다면서 미안하게 생각하시었다. 그런데 학무과장을 비롯하
여 장학사들이 거의 출근하지 못하였다, 그러니 교육장께서 몹시 화
가 나셨다.

그런 일이 있은 후에 교육장께서 당신의 신상 문제를 이야기하시는
데, 고향이 전남이 아니라면서 향후 자치제가 되면 시·군 교육장도 하
기 어려울 것 같다. 그러니 본청이나 광주시교육청으로 가셔서 광주
시내 교장으로 가셨으면 하셨다. 두 오영대씨는 내게 각별하셨다.

그해 9월 1일자로 전남교육청 본청으로 인사발령이 났다. 그러니
구례교육청에 3월 1일자로 오셔서 고작 6개월 근무하시고 떠나게 되
어 무척 아쉬웠다. 당신께서도 나에게 함께 근무하지 못한 것을 아쉬
워하셨다.

2) 좋은 사람이 더 많다.

내가 행정계 직원으로 근무할 당시 도교육청의 고등학교 설립 업무를 담당하고, 서세창 씨가 중학교 업무를 담당했다. 당시는 중·고등학교 설립 인가권이 교육부 장관에게 있었다. 중·고등학교 설립계획 승인 신청 및 인가신청서는 내가 가지고 교육부를 다녔다. 그런데 교육부 행정과에서도 중학교 담당자와 고등학교 담당자가 다르다.

나는 교육부에 가면 으레 담당과 직원들에게 차 한 잔을 사서 돌렸다. 그리고 먼저 중학교 담당자에게 가서 중학교 서류를 제출하였는데 토지대장이나 등기부 등본에는 학교부지의 면적이 평방미터로 기록되어 있었다. 이를 평으로 계산할 때는 보통 3.3으로 나누어 계산하였다.

필지별로 그렇게 계산하여 합계를 계산하였는데 중학교 담당자가 계산하는 것을 보니 내가 계산하는 방식과는 달랐다. 나는 그때야 그런 방식의 계산을 처음으로 알았다. 평방미터와 평을 계산하는데 3.3으로는 딱 떨어지지 않는데, 소수점 세 자리까지 계산하는 것이었다.

그렇게 계산하니 시간이 한참 걸렸다. 학교마다 계산이 끝나니 다른 것은 검토치 않고 나에게 그 서류를 총무과에 접수하여 가지고 오라고 하였다. 내가 서류를 보관하고 고등학교 담당자에게 고등학교 서류를 제출하였다. 그런데 중학교 담당자와 완전히 다르게 검토한 것이다.

즉 학교 이름, 교명과 학교부지의 지적도 그리고 토지대장, 등기부 등본을 확인한 다음 건물 사진을 검토하고 다 되었다고 하시어, 내가 저를 주십시오. 제가 중학교 서류와 함께 총무과에 가서 접수하여 가지고 오겠습니다. 중학교 서류를 자기에게 주라고 하여 드렸더니 여직원에게 주면서 우리 과직원이 차를 얻어 마셨으니 접수하여 가지고 오라고 하였다. 그런 배려가 참으로 고마웠다.

중학교 담당자와는 사람을 대하는 방식이 다른 것이다. 서류를 검토하는 것이나 나에게 대하는 것이 천지차이였다. 그런데 고등학교 담당자께서 자기가 맡고 있는 업무를 알려주면서 황 선생님의 업무가 아니더라도 전남도교육청에서 자기가 보는 업무에 대하여는 자기에게 연락하면 최대한 편리를 봐 주겠다고 하였다. 그때는 고마웠는데 나중에 생각하니 이게 과잉 친절 아닌가 하는 생각도 들었다.

그 뒤 인사계나 교육위원회 업무 등을 연락하곤 하였는데 나의 사무관시험 합격 소식도 그분께서 전화로 알려주시면서 전남도교육청 합격자도 연락하여 주었다.

3) 건설교통부 간부님들

1989년경 보성교육청 근무할 때의 일이다. 복내초등학교, 문덕초등학교 이설을 주암댐 수몰 지역으로 이설하게 되었는데 그때 당시 다른 학교는 모두 이설이 완료되었는데 문덕초등학교만 부지를 해결하지 못해 이설되지 않았다.

상황을 알아보니 부지 물색을 못하여 못하였다고 하여 현지에 가보았더니 주민들이 이주한 마을 부지로 이설하면 아주 좋을 것 같았다. 그때 소유 농지가 수몰되어 보상을 받게 되면 자기 집까지 보상을 받을 수 있게 되어 마을 전체가 보상을 받아 주민 전체가 이주 되고 기존의 모든 집들이 철거되어 마을이 텅 비어 있었다.

나는 교육장과 함께 건설부를 찾아갔더니 직원이 어떻게 국가에서 보상하여 국유지로 된 곳에 학교를 지을 수가 있느냐면서 절대 안 된다고 하였다. 담당과장에게 교육장님을 모시고 왔으니 국장님을 만나게만 안내하여 달라고 부탁하였더니 건설부 과장이 국장실로 안내하여 주었다. 국장실로 가서 자세하게 설명하였더니 알겠다고 하시면서 자기들 때문에 학교가 이설되게 되었으니 과장에게 보성교육청에서 요구하는 대로 하루빨리 조치하여 주시라 하였다.

나는 주민들이 보상을 받고 이주하여 텅 비어있는 부지가 국유지로 되어있으니, 그 부지에 학교를 이설 할 수 있도록 하기 위해 이왕이면 영구 무상임대하여 주십시오 하였더니 하여튼 알겠습니다. 그렇게 조치하여 드리겠습니다. 그러니 걱정하지 말고 내려가십시오 하여 내려왔다.

그 뒤 부지를 영구 무상임대를 받아 문제의 초등학교를 이설하게 되었다. 당시 건설부 국장과 과장이 참으로 좋은 분이셨다.

"냇가에서 돌만 들었지 돌 밑에 있는 가제는 다른 사람이 잡았다." 는 속담이 있는데 이렇게 시원시원하게 도와주신 분의 고마움을 잊을 수 없었다. 공직생활을 하는 동안 그때 당시 교육부 행정과 직원과 건설부 국·과장 그리고 구례교육청 오영대(작은 오영대)교육장은 지금까지도 내 머릿속에 참으로 좋으신 분으로 기억에 남아 있다.

4) 교육감님 면회와 해후

Y 교육감이 교도소에 계실 때 면회를 갔더니 교육감께서 저를 보시면서 저의 손이 있는 창문에 대고 저에게 하신 말씀이 나에게 정말로 미안하다고 하시어 무슨 말씀이냐고 하였더니 교도소 안에서 그 당시 자네 말을 안 들은 것을 후회를 많이 하셨다고 하셨다.

이제는 지난 일은 잊고 건강관리 잘 하십시오 하였더니, 알겠다고 하시면서 참으로 자네 같은 사람을 왜 사기가 일찍 알아보시 못하고 깨닫지 못하여 그러한 일을 하게 되었는지를 말씀하시어, 내가 다시 지난 일은 다 잊고 건강하게 지내십시오 하면서 돌아왔다.

마음속으로 만감이 교차되었다. 어쩌다가 이분하고 그리됐을까! 출소 후에 우연히 만났다. 내 친구인 순천대 교수 정년 퇴임식에 참석했는데 식사하는 도중에 누가 나에게 '황국장' 하길래 돌아보니 Y모 교육감이었다. 너무도 뜻밖의 조우였다. 사람이 만나고 헤어지는 게 인위적으로 이루어진 것이 아님을 보여주는 그런 만남이었다.

그때도 역시 나에게 미안하다고 하셨다. 그러면서 학교를 운영한다면서 자네는 학교를 잘할 사람이라고 하시었다. 교육감님도 건강하십시오 하였다. 상사와 부하로 만나서 헤어질 때 매우 중요하다고 느꼈다. 비록 연인간의 이별은 어렵지만 그래도 아쉬운 감정이여야 한 것이다. Y모 교육감과의 이별은 그것이 어려웠기에 그렇다.

아쉬운점

내가 공직을 떠나면서 하고자 하는 것을 하지 못하여 아쉬운 것들이 많다. 사람들이 자신이 의도한 일을 완전무결하게 마무리 한 경우는 드물 것이다.

1) 도서 지역 섬마을 선생님

이는 전남지역의 섬이 전국의 70%를 차지하고 있는 실정이다. 그런데 이 섬 지역에 대한 교육을 제도적으로 뒷받침 하는 것은 1967년 진도출신 정시채 국회의원이 제정 발의하여 제정된 도서벽지교육진흥법이다.

이 법의 주요 내용은 도서벽지 근무 교원의 수당 지급이 주요 골자이다. 내가 1995년 경에 교육대학교에 의뢰하여 조사한 바에 의하면 남학생 수가 감소되고. 여학생 수가 증가하고 있었으며, 그때 교육감 추천제도가 전남근무조건으로 근무하는 제도인데 실효성이 없었다.

그때 교육대학교에 부탁하여 몇 년간 학생의 실태를 조사하여 보았다. 교육대학 재학 중 군입대 학생수와 제대 후 복학생 등을 조사하여 보았다. 이 자료를 근거로 공중보건의 같은 제도 즉 의대 졸업 후 의사면허를 취득하여 훈련소 훈련 3주를 포함하여 38개월간 근무하는 제도이다.

공중보건의와 같은 제도를 섬 지역 학교에 섬마을 선생님 제도를 건의하고자 자료를 수집하여 당시 오영대 교육감님께 보고하고 교육부에 건의하고자 하였다. 이는 입법 조치가 뒷 따라야 하였으며, 국방부가 적극 협조하여야 가능하였다. 즉 병역 관계는 관계 법령의 개정과 교사에 대한 법령은 도서벽지교육진흥법의 개정 또는 새로운 법이 제정되어야 하기 때문이다.

이를 교육부에 가서 이야기하였더니 아주 좋은 생각이라고 하여 국방부와 협의하여 이 제도가 꼭 도입되도록 부탁하였더니, 나보고 국방부와 협의하라고 하여 국방부에 갔더니 일언지하에 안 된다는 것이다.

왜냐하면 군 병력 자원이 인구감소로 줄어들고 있어 안 된다는 것이었다. 그냥 돌아올 수밖에 없었다. 그 후 몇 년 있으니까 산업체 그것도 중소기업체까지 군 대체복무제도가 도입되는 것을 보고 많은 회의를 느꼈다.

그 뒤 전남출신 모 국회의원이 발의한 농어촌교육특별법안이 있었다. 그 법의 주요한 골자도 예산지원이었지 섬 지역 학교에 대한 군 대체 복무제도 같은 것은 없었다. 나는 지금도 늦지 않았다고 생각하고 꼭 이러한 제도가 도입되기를 간절히 바란다.

그때 병무청에 알아본 결과 그렇게 어려운 것이 아니라고 하면서 국방부를 설득하면 가능하다고 하였다. 정권 실세가 하면 가능하다고 하여 교육부 장관이 힘이 있는 부서가 아니기 때문이구나 하였다.

정년을 하고 세월이 지난 뒤에도 그 생각이 머릿속이 지워지지 않아 광주일고 출신 모씨가 국방부장관을 하였으며, 또 청와대 안보실장 근무 후 주중 대사를 하신분께 진즉 이러한 부탁을 하였으면 되지 않았을까 하는 생각도 해봤다.

2) 교감과 사무관의 동수 교류

사무관 시험이 있을 당시였다. 오영대 교육감님 재직시였다. 당시 모 과장이 교육감님께 광주시 교육청도 사무관 시험을 폐지한다는 말이 있으며 전국적으로 전라남도만 남아 있으니 폐지하자고 하여 교육감님께 건의하니 교육감님께서 나에게 사무관 시험에 대하여 물어 절대 폐지하면 안된다고 하였다.

만약 폐지한다면 교육감님께 많은 원성이 있을 것이라고 하였다. 나는 한 가지 제안을 했다. 지금 사무관들이 시험 볼 때 교육학을 공부하고 하니 일정 수를 교감과 동수로 전직하는 방안을 건의하였더니 좋은 생각인데 교육감 권한으로 가능하냐고 물으시어 교육감께서 가능할 것입니다고 하였다.

전직 희망자를 조사한 다음 동수로 하고 일정 기간 재교육 후에 연수원과 사업소 교육청 등에서 일정 기간 근무하게 한 후 계속 근무 여부를 재조사하여 계속 근무 희망자는 임용권자가 판단하여 계속 근무하도록 하는 제도를 도입하자는 것이다. 즉 사무관이 교감으로 전직시는 초중등교육법 제21조 제1항 별표1에 의거 교장 자격 검증을 거쳐 교장 자격 연수를 받아 교장 자격을 받으면 가능하며, 교감은 사무관으로 교육감이 특별채용하는 것이다.

이는 교육공무원과 행정공무원이 이원 조직인 교육행정기관에 대한 상호 이해와 경쟁력 제고로 업무능력이 향상되고 업무 추진과 조직의 분위기를 쇄신히는 데도 도움이 될 것으로 판단하였다. 그 뒤 교육감께서 개인적인 사정으로 어려움이 있던 시기였고, 정년과 연금이

2003년 12월 퇴임식

서로 달라 그 선에서 포기하게 되었는데 그 뒤 생각하여도 지금까지 내 머리에 항상 남아 그 제도를 시행하였다면 지금 어떻게 되었을까? 하는 생각도 하여 보았다.

한국 교육의 문제점

1) 국가교육위원회(헌법기관) 구성

우리나라는 진보와 보수로 나뉘어져 정권이 바뀌면 모든 것이 송두리째 바뀌고, 또 바꾸려고 한다. 그러나 교육시책만은 정권이 바뀌어도 가급적 바뀌지 않아야 할 것은 교육과 안보이다.

교육은 몇 년 이내에 성과가 나타난 것이 아니며, 교육 성과는 10년 내지 30년이 가야 성과가 나타난다. 그리하여 장기적인 안목이 필요하고 효과는 10년 이상 걸린다. 그러므로 국가적으로 중앙에서는 국가교육위원회 같은 기구를 대통령 직속으로 두어 대학입시제도 등 기본적인 교육의 틀을 장기적으로 다루어야 한다.

국가교육위원회의 위원의 임기를 8~10년으로 하고 위원의 임기가 동시에 끝나지 않도록 1/2씩을 마치도록 한다. 학령아동연령, 학제개편, 자사고, 외고 교육과정 등 중요사항을 심의하도록 하여야 한다.

그 다음은 통일정책과 안보이다. 우리나라는 남북이 대치하고 있어 세계 어느 나라보다도 항상 안보에 대하여 국민이 불안하기에 세계적으로 초미의 관심사이다. 이 또한 정권이 바뀔 때마다 반복되어 국민이 불안하고 이는 북한의 눈치 보기가 될 수밖에 없다.

영국이나 미국처럼 정권이 바뀌어도 안 바뀌는 경우가 있다. 영국의 경우 내각 책임제인데 총리가 바뀌어도 교육상은 안 바뀌는 경우가 있다고 들었으며, 미국의 경우 국방부 장관의 경우가 해당 되는 것으로 안다.

예를 들면 2006년 제43대 공화당 부시 대통령 때 2006년 12월에 임명된 로버트 마이클 게이츠 국방부 장관은 2009년 1월에 취임한 44대 민주당 오바마 대통령에 의해 2009년 1월 다시 국방장관으로 임명되어 2011년 7월까지 즉 민주당 정부에서 2년 7개월간 근무하였다.

로버트 마이클 게이츠 국방장관은 1943년 9월 25일생으로 최종 계급은 소위이며, 조지타운 대학교를 졸업하였으며 베트남 전쟁 참전용사로 부시 정부 시절 CIA국장을 지낸바 있는 사람이다.

2) 의무교육

의무교육하면 옛날에 못 먹고 살 때에는 교육비에 대한 무상교육의 개념으로 많이 생각하기도 하였으나 헌법 제31조에 모든 국민은 그 보호하는 자녀에게 적어도 초등교육과 법률이 정하는 교육을 받게 할 의무를 진다.

또한 교육기본법 제8조(의무교육)에 의무교육은 6년의 초등교육과 3년의 중등교육으로 한다고 되어있다.

초·중등교육법 제12조에 국가는 의무교육을 실시하여야 하며, 이를 위한 시설확보 등 필요한 조치를 강구하도록 하였으며, 지방자치단체는 그 관할구역의 의무교육 대상자를 모두 취학시키는데 필요한 초중학교와 특수학교를 설립경영 하도록 하였다.

이는 국가가 국민을 공민으로서 갖추어야 할 최소한의 기본교육을 말하며, 국민의 삶의 질과 국가의 품격 등과 직결된 과제이다. 즉 국민의 수준이 국제 경쟁력과 직결된다.

그런데 요즘 실태를 보면 국가와 지방자치단체에서는 이를 완전히 방치하고 있는 실정으로 이는 사회의 각종 문제를 야기시키고 있다.

이는 전국적으로 손을 쓸 수 없는 상태가 되어 정부에서 각별한 조치가 없이는 불가능하며, 옛날 같으면 학교시설이 부족하거나 교사가 부족한 것도 아니고 지금은 학교 시설이 학령아동 감소로 학교가 폐쇄되고 있는 실정임으로 국가 및 지방자치단체에서 실태를 조사하여 지원하는 방안과 지도 감독 등 양성화하는 방법 등 특단의 대책을 강구하여 앞으로 사회문제로 치를 대가를 예방하는 차원에서 정부와 지방자치단체에서는 노력해야 한다.

이는 헌법과 관계법규에서 언급한 바와 같이 의무교육의 본래 취지대로 국민을 공민으로서 갖추어야 할 최소한의 교육을 즉 국가가 제시하는 정규 교육과정을 받도록 하는 것이 국가와 지방자치단체의 책무이고 경제 성장만이 선진국이 아닌 국민의 삶의 질이 선진국답게 국민의 삶의 질을 높이고 행복을 추구하는 일이라고 생각된다.

3) 중앙통제식의 폐해

모든 시책을 전국적으로 일선학교까지 일률적으로 하는데 교육부에서는 국가 수준의 목표제시까지, 시·도 교육청은 지역 실정에 맞는 교육시책, 교육자치에 걸 맞게 시·군 지역교육청은 특색사업과 일선학교 지원업무 위주로 개선해야 한다.

그리고 일선학교 교육 현장의 모든 문제를 중앙에서 일괄 해결하려고 한다. 문제점은 대학입시와 사교육, 인성교육, 특성화 교육이며,

대학입시 제도가 매년 바뀌어 이에 따라 보통교육 전체에 미치는 영향이 크다. 그리고 문제가 되는 사교육 등은 도시 위주인데, 이를 도시 위주로 해결하려고 하니 농어촌 교육은 도시와 격차가 갈수록 심화되어 인구가 도시 집중의 큰 요인으로 작용하였다.

4) 일회성 정책

모든 정책과 시책은 장단점이 있을 수 있는데 이의 장단점을 파악하여 장기적인 안목에서 대처가 아닌 즉 문제가 생기면 그 정책 또는 시책을 전면 백지화하는 일이 반복되어 일선에서는 혼란스러워한다.

"너는 ○○가 될 거야"…
아이들에게 꿈 키워주는 교장선생님

동아일보ㅣ사회부
이형주 기자

8일 오전 6시 전남 보성군 미력면 용정중학교. 학교 앞을 흐르는 보성강에서 피어오른 새벽안개 사이로 생기발랄한 소리가 들렸다. 산책을 하던 학생들은 운동장에 모여 '나는 ○○가 될 거야'라고 자신의 꿈을 외쳤다.

학생들은 낮에 공부를 한 뒤 오후 8시 반 간식을 먹고 자율학습을 했다. 이후 기숙사에 하나둘씩 모여들었다. 남녀 기숙사는 방 3개, 거실, 자습실 등으로 이뤄진 아파트 형태다. 아파트 한 채에서 12명이 생활하며 규칙을 토론으로 정하는 이색 방식으로 운영된다.

용정중은 전교생이 132명에 불과한 작은 시골학교다. 용정중 학생 6명은 올 5월 한국 학생들을 대표해 미국 아이오와주립대에서 열린 세계창의력올림피아드 대회에 참가했다. 용정중은 역사가 13년밖에 되지 않았지만 전국에서 학생들이 몰려들어 입학 경쟁률이 8 대 1에 달한다.

용정중이 짧은 역사에도 비약적 도약을 한 비결은 꿈을 키워주는 교육 덕택이다. 삶의 목표인 꿈을 세워주는 교육의 중심에는 황인수 교장(73)이 있다. 그는 37년간 교육공무원으로 재직했고 부인과 자녀가 없다. 총각이라는 표현을 해도 되냐는 질문에 황 교장은 "7년 뒤면 80세인 산수(傘壽)를 바라보는데 총각은 적절치 않고 독신이 맞다"고 말했다.

그는 전 재산을 털어 학교를 만들었고 월급은 운동장 확장비 등 시설 개선과 교사들의 대학원 학비에 보태고 있다. 자신이 세상을 떠나면 동창회가 학교 운영의 주축이 되도록 할 계획이다. 통상 사학(私學) 이사장들이 학교를 자녀들에게 물려주는 것과 전혀 다르다.

"어차피 인생은 빈손으로 갑니다. 농사꾼 될 사람이 평생 공직생활을 했는데 국가의 은혜에 보답하고 사회에 환원하고 싶어 모든 것을 투자했습니다."

황 교장은 사회 환원을 고민하던 중 교육에 대한 전문성, 열정과 사랑이라는 장점을 깨닫고 학교를 만들게 됐다고 했다. 그는 보성군 조성면 농부의 집안에서 3남매 중 막내로 태어났다. 조성초등학교를 졸업한 뒤 광주로 유학 왔지만 형편이 어려워 이곳저곳을 전전긍긍했다.

또래보다 2, 3년 늦게 1964년 보성 농업고를 졸업한 뒤 육군사관학교에 지원했으나 떨어졌다. 그러나 동네에서는 '황인수가 군인이 된다'는 소문이 파다하게 퍼져 있었다. 고향에서 농사를 짓거나 군에 가는 길밖에 없었다. 그는 군에 자원입대해 강원 인제에서 야전공병으로 복무하며 공부했다.

황 교장은 제대한 직후인 1967년 당시 총무처 9급 공채에 합격했다.

공직 생활 첫 발령지는 전남 보성교육청이었다. 공직에 합격하자 대학에서 공부해 고시에 합격하고 싶다는 욕심이 생겼다.

당시 공직자들은 교통이 불편해 광주에서 근무해야만 야간 대학에 다닐 수 있었다. 그는 일면식도 없는 전남도교육청 총무과장을 무작정 찾아가 '공부를 할 수 있도록 배려해 달라'고 읍소했다. 그는 당시 조선대 법정대에 합격한 상황이었고 도교육청은 광주 동구 동명동에 자리했다.

그는 두 차례 절박한 간청 덕분에 도교육청에서 근무할 수 있었다. 낮에는 공직 생활을 하고 밤에는 대학에 다녔다. 육군 중령 출신이던 총무과장은 그의 학비를 2년간 보태줬다. 그는 1974년 대학을 졸업하고 도교육청 기획감사담당관, 기획관리국장, 부교육감을 역임했다. 행정직이지만 교육에 대한 열정은 남달랐다. 시군 교육청 과장으로 일할 때 교사, 교장들과 '어떻게 학생들을 가르쳐야 할까?'에 대해 자주 심야토론을 했다.

전남도교육청 민선 초대 교육감인 오영대 씨는 1993년 그의 교육적 식견을 알아보고 전남교육발전 장기계획을 짜도록 했다. 수립한 장기계획은 전국 시도교육청 1등을 차지했고 청와대 비서관이 자문하러 찾아오기도 했다. 당시 비서관은 황 교장이 교육행정직이라는 것을 듣고 깜짝 놀랐다고 한다. 오영대 전 교육감이 그에게 "나는 도장 찍는 교육감이고 자네는 일하는 교육감"이라고 표현할 정도였다.

황 교장은 2003년 부교육감 퇴임을 앞두고 국가에 보답하고 많은 사람에게 받았던 도움을 갚는 방법을 교육이라고 생각했다. 그는 교

황인수 용정중 교장은 학생들이 3년 동안 삶의 목표인 꿈과 스스로 공부하는 습관을 길러 고교나 대학에 진학해도 실력을 인정받는다고 8일 밝혔다. 황 교장은 용정중 졸업생이나 학부모들이 자주 학교를 찾아오고 정기적으로 모임을 가질 정도로 끈끈한 정이 있는 것이 자랑스럽다고 했다.

육은 먼 장래를 보고 큰 계획을 세우는 백년지대계(百年之大計)이지만 정부가 임기 내 성과를 내기 위해 깜짝 정책을 추진해 혼선이 빚어지고 있다고 지적했다.

그는 또 중학생 때가 인생에서 가장 중요한 시기인데 사회는 초등학생이나 고등학생 때에 비해 무관심하다고 했다. 그는 "예전에는 학교에서 공부하고 집과 사회에서 인성을 키웠다는 말이 있었지만 현 사회는 공부는 학원에서 하고 인성은 사각지대, 학교는 졸업장을 따는 곳이라는 말이 나오는 상황"이라고 안타까워했다.

황 교장은 새로운 중학교 교육을 하고 싶어 2003년 3월 용정중을 개교했다. 명칭을 용정(龍井)중으로 한 것은 학교가 자리한 곳이 보성군 미력면 용정(龍亭)리라는 점도 있었지만 윤동주 시인 등을 배출한 민족학교인 중국 옌볜의 용정중 같은 배움터가 되라는 바람 때문이었다.

용정중은 교육 과정 운영, 교과서 사용, 학생 선발 등에 자율성을 갖는 특성화학교다. 학생들은 3년 동안 기숙사 생활을 하며 휴대전화·인터넷·TV 사용이 금지되고 과자 등 군것질도 할 수 없다. 용정중은 여타 자율학교와 달리 강조되는 키워드가 꿈과 자율성, 책임감이다.

그는 할아버지처럼 학생들에게 '꿈은 뭐냐. 죽기 살기로 해 본 적이 있냐?'고 자주 묻는다. 또 '꿈은 반드시 이룰 수 있다'는 확신도 심어 준다. 학생들은 학교에서 인사법은 물론이고 식사예절 등 인성을 배우고 젓가락질 훈련도 한다. 스스로 하루 학업계획서부터 1년 학업계획서까지 세워 실천하도록 하고 45세가 됐을 때 어떤 사람이 돼 살고 있을지 구체적으로 그려보는 미래이력서도 쓴다. 학생들은 3년 동안 완벽한 복습과 예습, 철저한 시간관리, 일의 우선순위 등 세 가지 습관을 길러 졸업한다.

올바른 습관 기르기는 수업 이외에서도 고스란히 나타났다. 용정중은 한 달에 두 번씩 교사 6명이 학생 1명의 수업시간에 공부하는 습관을 지켜보고 인터뷰를 한다. 또 1~3학년 선후배가 형제자매 관계를 맺어 모든 것을 챙겨주는 끈끈한 정을 유지한다. 학생들은 지리산 종주, 남도순례 등 다양한 체험과 국선도, 축구, 씨름 등 다양한 운동을 통해 담대해진다. 악기도 하나씩 배워 감수성을 키운다.

황 교장은 '물건은 반품할 수 있지만 학생들은 반품할 수 없다'며 인성교육의 중요성을 강조했다. 그는 학생들이 어떤 학교와 스승을 만나느냐에 따라 인생이 결정된다는 소신을 갖고 있다. 교사들은 예술가처럼 학생이라는 작품을 만드는 데 열정과 애정을 가져야 한다고 했다.

그가 느끼는 가장 큰 보람은 학생들이 성장하는 것을 지켜보는 것이다. 하지만 고생하는 교직원들에게 제대로 복지 혜택을 주지 못하는 것이 못내 아쉽다.

"부모가 자녀들에게 돈보다 올바른 생활습관인 정신직 유산을 물려주는 것이 중요합니다. 대화를 많이 나누십시오."

황 교장이 학부모들에게 말하는 교육 비법이다. 그는 부모가 자식에게 초등학생 때는 훈계하며 따를 만큼 확신을 줄 다음 중학생 때는 잘못한 것을 야단칠 수 있는 형제, 고등학생일 때는 마음을 터놓고 이야기할 수 있는 친구가 돼야 한다고 조언했다.

공무원 생활 마감의 변

정년퇴임을 앞두고 나의 인사기록카드를 보았다. 만감이 교차하였다. 형님 덕분에 고등학교를 졸업하고 군 생활을 하면서 제대를 앞두고 많은 생각을 하였으며, 남보다 많이 배우지 못하여 그때부터 내가 언제, 어디서, 무엇을, 왜, 어떻게 즉 육하원칙에 5가지는 영어 첫 음이 "W 더블유"로 시작되는데 "H 에이치"로 시작되는 "어떻게" 즉 방법에서 답을 찾고자 노력하였다.

그리고 공무원으로 근무하는 곳 어디서나 항상 최선을 다하고자 심혈을 기하였다. 그리하여 야간대학이라도 졸업하게 되었으며, 공무원으로 근무하는 동안 어느 정도 보람과 꿈을 이루어 우리 집안에서 나만 대학을 못 보낸 것을 항상 미안하게 생각하시다가 내가 대학을 못 가게 되어 군대를 지원하여 가게 되니 군입대 2개월 만에 돌아가신 어머니를 생각하면서 나는 마음속으로 말했다.

이만하면 어머니 한을 풀어 드리고, 보답한 것이 아닌가? 생각하였는데 그러나 사람으로서 도리 '人'을 이루지 못하였다. 인간으로 태어나서 부모님의 임종을 못 지킨 자식은 효자가 아니라고 한다. 나도 군대생활 중에 어머니가 돌아가셨다. 얼마나 불효가 막심한가. 내가 이제 할 수 있는 것은 교육밖에 없었다.

그동안 쌓은 모든 것을 바쳐 교육에 헌신하여 나의 족적을 남기고자 생각하여, 학교를 설립하고자 마음속에 굳게 다짐하면서 "부모님들이 자녀들에게 남겨줄 정신적 자산은 올바른 생활습관을 길러주는 것, 그리고 자라나는 청소년들의 가치관이 정립되는 시기이며, 꿈과 추억을 먹고 자란다는 말처럼 청소년들에게 꿈과 추억을 가꾸고 만들어 주는 중학교시기에 대학입시와 암기 위주 교육에 밀려 중학교 교육이 제대로 이루어지지 않고 있음을 현장에서 느껴 자기 주도적 학습력을 길러 어떠한 입시제도에도 대처할 수 있으며, 또 사회성을 길러 우리 아이들이 성장하여 사회인으로서 당당하게 살아갈 수 있도록 하는 것은 목적으로" 했다.

나는 물심양면에 걸쳐 모든 것을 쏟아 부어 수요자인 학생들을 위한 교육을 이루어 보고자 특성화 중학교를 설립한 것이다. 그동안 많은 분들의 관심과 격려와 도움으로 단시일 내에 전국에 널리 알려져서 경향 각지에서 학생들이 모여드는 학교가 되었다. 그러나 정성을 쏟아 학교를 만들어놓았는데 몇 년 전부터 건강이 좋지 않아 학생들과 떨어져 광주에 있으면서 병원 치료를 받아야 했다. 그래도 학교가 보고 싶어 아픈 몸을 이끌고 학교를 가봤더니 법인실과 교장실에 걸린 나의 사진을 보면서 눈물이 나왔다.

그동안 용정중학교 하나만 보고 달려온 인생을 되돌아보면 참으로 행복하였구나 생각하면서도 무엇인가 미완한 부분이 남아 허전하였다. 지금의 나로서는 건강이 허락지 않아 할 수 있는 힘이 없었다. 그러니 오직 이 학교가 길이길이 무궁하기를 기도하는 것뿐이다. 용정중학교에 대한 자세한 내용은 용정중학교 20년사에서 이야기하겠다.

투병생활

1) 오진과 무책임

2017년 겨울부터 왼쪽 발뒤꿈치가 감각이 없는 것 같았다. 걸음을 걸으면 운동화가 헐떡거리고 자주 벗겨지려는 느낌이 들었다. 그래서 이전부터 순환기 내과에서 정기적으로 진료를 받고 있었기에 순환기 진료 시 전남대 순환기 내과 모 교수에게 발꿈치에 대한 이야기를 하였더니, 말초 신경과 말초 혈관 관계를 검사하도록 해당과에 진료 의뢰를 하여 주시어 진료를 받았다.

해당과의 검사결과 특별한 이상이 없다고 하였다. 그런데 2018년 봄이 되니 걸음을 걸을 때 걸음걸이가 더 불편하고 힘든 것 같아 2018년 7월에 광주로 와서 자취하면서 병원 진료를 받게 되었다.

전남대 학동병원에서 정형외과 검사결과 허리 디스크로 인하여 왼쪽 다리가 그렇다고 하여 디스크 치료를 하여도 병세는 갈수록 악화되었다. 그런데 누군가가 족저근막염일 수도 있으니 족저근막염 검사를 받아 보라 하였다. 생전 들어보지도 못한 병이라 무서웠다.

모 대학병원 교수에게 진료를 받으러 갔다. 수습생 3명이 있었는데, 한 사람이 와서 문진하고 다른 수습생이 와서 문진하고 가고, 세 번째 학생이 와서 문진하려 와서, 아무리 대학병원이라고 하더라도 당신들 너무한다. 한꺼번에 와서 하여야지 하였더니 모 교수가 오셨다.

모 교수가 그 수습생들하고 이야기 하고, 내 발을 만져 보고는 족저근막염이라고 하면서 초음파 검사를 받으라고 하고 간 뒤에 다른 사람이 와서 자기 방으로 데리고 가서 아버님 왜 그렇게 원인을 알려고 하십니까? 오늘 그냥 가라고 하여, 조금전 모 교수가 족저근막염이라고 하고, 초음파 검사를 하라고 하였지 않느냐 하였더니 족저근막염은 절대 아닙니다. 그리고 초음파 검사비용이 14만 원인데 돈만 낭비되니 그냥 돌아가십시오 하여 어이가 없었다.

바로 조선대 병원 정형외과로 가서 진료를 받았는데 조선대 병원에서 수습생 이사가 내 발 상태와 증상을 살펴보고 족저근막염은 아니니 그냥 돌아가시라고 하였다. 여기까지 왔으니 교수님의 진료를 받게 해달라고 하였더니 안내를 해주어서 해당 교수에게 갔더니 교수 또한 족저근막염이 아니라고 하면서 누가 그러더냐고 물어 모 대학병원 모 교수가 그렇게 진단하였다고 그간의 사실을 전했다.

그분이 그럴 분이 아닌데 이상하다고 하면서 돌아가시라고 하여 돌아와 집에서 생각하니 어이가 없었다. 그 뒤 그러한 사실을 내 친구에게 이야기 하였더니 그 친구도 모 대학병원에서 그러한 유사한 일이 있었다고 했다. 그 친구는 왼쪽 발목 복성씨 부분이 아파 모 대학병원에 갔더니 교수가 살펴보고는 그 부분을 빨리 수술해야 한다면서 당장 입원하여, 다음 날 수술하기 위하여 바로 입원하였다. 그런데 저녁 무렵에 낮에 진료했던 교수와 함께 있었던 수습생이 병실에 들어왔다. 수습생은 아버님 그것 가지고 참으로 입원하셨습니까? 빨리 퇴원하여 동네 외과 병원에 가서서 치료하면 금방 낳을 수 있다고 하면서 나가라고 했다.

친구와 친구 부인이 하도 어이가 없어 고민하다가 바로 퇴원하여 그다음 날 동네 병원에 갔더니 그 자리를 째고 소독하여 주었는데 자고 나니 다 낳아 버렸다는 것이다. 참으로 이러한 일도 있었구나 하였다는 것이다.

그런 뒤 몇 개월 지나도 나의 병세는 전혀 호전되지 않아 전대 신경과에 가서 머리부터 발 끝까지 검사를 하여 달라고 하였더니 전신 MRI 검사를 받았다.

검사결과 목 디스크가 심하여 발이 그렇다고 하면서 빨리 수술을 하도록 권유하여 큰 병원으로 가봐야겠다고 생각하고 서울 아산병원을 찾아갔더니 거기서도 빨리 수술을 받으라고 하면서 아산병원은 시일이 많이 걸리니 모 대학병원 정형외과 김모 교수를 소개하여 주었다.

2) 친절한 의사

광주에 와서 김○규 교수의 진료를 예약하려고 하였더니 해외연수 중이었다. 수소문해서 광주 대중병원 배봉현 원장이 유명하다고 하여 거기를 찾아갔더니, 배 원장께서 그동안 전남대병원에서 진료 받은 모든 기록을 가져오라고 하였다. 전남대 진료 기록 사본을 가지고 갔더니 자세히 살펴보시고 허리디스크와 목디스크 환자의 수술 결과의 성공률은 70%가 못 되며, 특히 고령자는 성공률이 낮으며 목은 더 위험하니 거동이 특별히 불편하지 않으면 요가와 수영장에 다니면서 걷기 운동을 열심히 하라고 하였다.

그런데 건강이 더욱 나빠지고 우울증이 생겨 혼자서는 자취가 불가능한 상황이 되었다. 2019년 1월에 식사를 해 줄 사람이 있는 곳으로 옮겨 식사를 하면서, 오전에는 동사무소에서 주 2~3회 요가를 하며 매일 우산동 수영장에서 수중 걷기를 열심히 했다.

몇 개월 지나니 우울증이 치료되고 걷기도 좀 좋아지는 것 같아 오전 요가가 없는 날은 광주천 걷기를 열심히 하였는데 2020년 코로나가 유행하면서 요가와 수영장을 다닐 수 없게 되어 걷기가 많이 불편하였다.

3) 위암진단과 천주교 세례

나 혼자 버티기가 힘들어 성당에 다녀보기로 했다. 2018년 겨울부터 강충일 형의 안내로 산수동 성당을 다니는데 갈수록 건강이 악화 되었다. 그러던 차 화순 전남대병원에서 위내시경 정기검사를 받은 결과 위 조기암이라고 하여 며칠간 입원하여 시술을 받고 퇴원하여 집에서 열심히 건강관리에 유념하고 성당을 다녀 세례를 받게 되었다.

참으로 힘들었으나 주변의 도움으로 건강이 조금씩 좋아져갔다. 그러나 2020년 2월부터 COVID19 등으로 힘들어 성당을 직접 다니지 못하고 매월 발간되는 매일 미사 책을 구입하여, 매일 오전에 매일 미사 책을 꾸준히 읽었으며 아침저녁으로 성모 마리아상에 기도를 드렸다.

그런데 2020년 4월 위내시경 검사 결과 위암이 재발 되었다고 하여 입원하여 시술을 받고 퇴원 후 재검사결과 이번에는 위암이 아니었다고 하여 마음이 놓였다. 그리고 2021년 4월 위내시경을 진찰한 결과 괜찮다고 하였는데 2022년 3월말 경에 위내시경 검사를 받았다. 지금도 조금은 걱정이 되지만 나름대로 관리에 유념하고 있다.

서울 모 병원 재활의학과 모 교수가 유명하다고 들었다. 그래서 그 교수가 발간한 책을 읽었다. 읽어본 후 2019년 예약결과 2020년 3월로 예약했었는데 코로나19가 극성을 부려 당시 신천지 등으로 한창 확진자가 많이 발생, 2020년 3월 진료를 할 수 없어 2020년 8월이 되어서야 진료를 받게 되었다. 모 대학병원에서 촬영한 MRI 사진을 보시고 너무 심하여 수술하여도 성과가 없을 것 같다면서 무엇을 주로 하였냐고 물었다. 조카가 책을 많이 읽으신다하니 몇 가지 검사를 하라했다. 그다음에 검사는 오전 9시부터 12시까지 하는데 그때 박실 친구가 인천에 근무하고 있었기에 그 친구와 같이 병원으로 가서 무려 3시간 이상을 기다리게 만들어 너무도 미안하였다.

검사과정에 검사직원이 나에게 아버님 목 수술은 아주 위험하니 가급적 하지 말라고 몇 번이나 당부하여 대학 병원에 근무하는 직원이 목 수술이 위험하다고 하니 매우 위험하구나 하는 생각을 하게 되었다.

그 다음 주에 검사결과 확인차 병원에 갔더니 교수께서 나에게 복도를 걸어 보라고 하면서 정 교수는 지켜보았다. 그 다음에는 앉았다 섰다를 세 번 하라고 하여, 하니까 또 뛰어 보라고 하여 세 번 뛰었더니 검사 내용과 환자의 증상이 너무나 차이가 있다면서 열심히 한번 해보자고 하여 조금 안도가 되었다.

그러면서 2021년 3월에 오라고 하여 갔더니 그동안 변화를 물어 변화가 없었다고 하니 혹시 소변을 흘리는 일이 있느냐고 물어 그런 적이 없다고 했다. 그럼 9월에 오라고 하여 그대로 내려왔다.

2021년 4월 말 5월 초 경에 소변을 가끔 흘리는 것 같은 느낌이 들고 가끔 흘리는 것 같더니 날이 갈수록 그러한 증상이 자주 있는 것 같아, 3월에 모 교수가 소변 흘리느냐고 물어본 것이 생각나 아~아 이것이 목 신경과 문제가 생겼구나 생각이 들어 이제는 수술을 해야 겠다고 생각을 하고, 전남대에서 할 것인가? 서울대병원에서 할 것인가? 생각하니 서울대병원은 수술은 믿을 수 있지만 수술 후 통원치료가 힘들 것 같고 전남대병원은 통원치료는 용이하나, 수술할 때 위험성이 걱정되었다.

여러 사정을 고려하여 수술은 서울대병원에서 하기로 결정하고 서울에 사는 모 씨에게 부탁하여 목 수술을 하려고 하는데 서울대병원 정형외과와 신경외과 어느 과에서 하는 것이 좋으며, 어느 교수에게 하는 것이 좋은지 알아보라고 부탁하였다. 신경외과 모 교수를 추천 받아 7월에 예약하고 그 교수에게 갔더니 빨리 수술하여야겠다고 했다. 수술은 목 앞쪽으로 한다고 하면서 몇 가지 검사를 받아야 된다고 했다. 매주 월요일 오전 검사를 받으러 새벽에 조카와 같이 KTX 열차를 타고 다녔다.

4) 정말 좋아진 세상 실감

역에서 KTX를 타기 위하여 계단을 오르내리기가 아주 힘들었다. 두 번째부터는 송정역에서 자기들이 휠체어로 모셔서 KTX에 태워드리고 내리는 역인 서울역에 연락하여 열차가 도착하면 그 역에서 휠체어를 가지고 나와 택시 타는 곳까지 안내해 드린다고 하였다. 요금을 물었더니 무료라고 하여 아~아 참으로 좋은 나라이구나 하였다.

그 후로는 서울대병원에 다닐 때마다 오가는 편을 다 휠체어를 이용하였다. 검사가 끝나고 9월 9일 수술 날짜가 잡혀 9월 8일 저녁에 입원하였다.

새벽 2시에 MRI, 새벽 3시에 CT 촬영하여 저녁에는 한 숨도 잘 수가 없었다. 다음 날 10시 수술실로 갔는데 거기서 교수가 당초에 목 앞으로 디스크 수술을 하기로 하였는데, CT 검사결과 목 디스크보다 위험한 목 골화증이 있어 목 뒤로 수술을 하게 되었다고 설명하는 도중에 마취가 되어있었는가 그 뒤로는 의식이 없었다.

수술실 대기 환자가 2~30명이 넘는 것 같아 놀랐다. 그 뒤 수술이 끝나고 병실에 들어오지 못하도록 하면서 복도를 보조기로 밀면서 세 번 왔다 갔다 하라고 하였다. 걷는데 통증이 아주 심했다. 그리고 다음 날 아침에 자고 나니 어제처럼 통증은 그렇게 심하지 않는데 왼쪽 손가락 끝 감각이 없는 것 같았다.

순회 진료할 때 교수님께 여쭈었더니 그 정도는 감수하시라고 하였다. 그래 3일 후 퇴원하여 광주 모 병원에 한 달간 입원 후 퇴원하였다. 걸음걸이는 특별히 좋아진 것은 없으나 기분은 좋은 것 같아 그동안 복용하던 수면제와 우울증 약을 끊었다.

집에서 시간 나면 틈틈이 걷기를 조금 하다가 병원에 가서 물리치료를 받았는데 COVID19 때문에 다니지 않고 있다. 아파트 단지 내 어린이 놀이터에 가끔 나가 정자에 앉아 있다가 들어오기를 오전, 오후 저녁으로 나가 있다가 들어오는 것이 하루 일과였다.

5) 환자를 배려해준 친구들

2022년 4월 어느 날 김경섭 친구로부터 전화가 왔다. 내가 목 디스크 때문에 수술까지 하고 고생한다는 소식을 듣고 전화한다면서 자기도 허리 때문에 고생하다가 수술하였는데 경과가 좋지 않아 서울대 병원에도 다녀왔다고 하였다. 집도의 교수가 나의 목을 수술한 교수였다.

그래도 차도가 없어서 일산 차병원에서 치료를 받는데 효과가 있는 것 같다면서 나에게 그 병원을 소개하여 거동이 불편하니 서울까지는 다니기가 곤란하다고 하였다. KTX를 타고 지하철을 바꿔타고 하는 것은 휠체어를 타고 가야 하기 때문에 다닐 수 없다고 하였더니 내가 가고 싶으면 자기가 KTX 예약과 KTX 타고 내리고 지하철 타는데 휠체어를 자기가 밀겠다면서 가보고 싶으면 자기와 함께 다녀오자고 하였다. 그 말만 들어도 참으로 고마웠다.

친형제도 그렇게 하기 어려운데 그리고 7~8회는 다녀야 한다는데 그 친구에게 폐를 끼치는 것 같아 마다하였는데 그 친구가 나를 데리고 그 차병원을 다녀왔다. 참으로 고마웠다. 그 친구 정성으로 보아서라고 꼭 좋아지기를 바라면서 지금도 열심히 다니고 있다. 참으로 고마운 친구가 있어 마음속으로 건강이 꼭 좋아지기를 바라며 그리고 내게 이러한 친구가 있어 행복하구나 생각하곤 한다.

2022년 봄 어느 날 광장회 정만호, 조상일(도청근무 정년) 두 친구로부터 집에만 있으면 답답할 것 같으니 교외로 나가 점심 먹고 쉬었다가 돌아오자는 연락을 받았다. 내가 거동이 불편하여 나갈 수 없다고 하였더니 두 친구가 운암동 내 아파트까지 데리러 온다고 하여 아파트 앞으로 나갔더니 장만호씨가 자기 차를 가지고 왔다. 일행은 집 근처에서 점심을 일단 먹고 야외 나가는 것은 생각해 보기로 하고 셋이서 근처 식당에 가 식사를 하였다.

식사 대금을 내가 지불하려고 하였으나 나의 행동이 느려 정만호씨가 계산하고는 자기들이 부축할테니 날씨도 좋고 그러니 바람 쐬러 시외로 나가자고 하여 광주호 위 교육연수원 위에 있는 곳의 찻집에서 차 한 잔씩을 주문하여 마시면서 젊었을 때 이야기부터 장만호씨 집에서 명절 때면 화투치고 어머니가 후라이에 고막 구워 주고 전 부쳐 먹었던 이야기부터 지금까지 살아온 여러 가지 이야기를 하니 나도 함께 웃으면서 시간 가는 줄도 모르고 오후 4시까지 이야기 하면서 시간을 보낸 다음 찻집에서 나와 집에 돌아오는 과정에서 차를 멈추고 창문을 열어 놓고 무등산과 광주호를 바라보니 만감이 교차하였다.

모든 것을 다 잊고 친구들과 봄바람을 쐬면서 이야기하는데 어쩌면 내 마음이 그렇게 확 트인 것 같았다. 그리고 집에 돌아오니 하루가 보람되고 즐거웠으며 그 시간이 나에게는 좋은 시간이 되었고 행복했던 것 같았다. 별것 아닌 것 같아도 그 시간은 모든 것을 잊고 봄 계절을 만끽하고 좋은 친구들과 이야기하는 것이 나에게는 보약이었고 큰 위로가 되었다. 참으로 고마운 친구들이었다.

몸은 좀처럼 좋아지지 않았다. 목 때문에 그동안 못 하였던 걸어온 과정을 더 늙고 힘들기 전에 해야겠다는 생각을 하고 2022년 1월 초부터 마음먹고 힘들지만 메모식으로 틈틈이 기록하기 시작하였다. 그런 과정을 통해 모든 것이 부족한 이 졸작이 나오게 된 배경이다.

존경하는
황인수 설립자님께

은하수 학부모 일동

죽는 날까지 하늘을 우러러
한 점 부끄럼이 없기를
잎 새에 이는 바람에도
나는 괴로워했다
별을 노래하는 마음으로
모든 죽어가는 것을 사랑해야지
그리고 나한테 주어진 길을
걸어가야겠다
오늘 밤에도 별이 바람에 스치운다

— 서 시
(윤동주의 1941년 11월 20일 작품)

중국 용정중학교 교문 안쪽 '용두레 우물가'에 새겨진 윤동주 시인의 서시를, 보성 용정중학교 1학년 아이가 귀가하는 차 안에서 두 눈을 반짝이며 너무 멋진 시를 배웠노라며 더듬더듬 낭송합니다.

아이의 다음 구절을 기다리는 그 찰나의 적막과 오후의 햇살을 받아 반짝이는 보성강의 윤슬이 더해져 순간 마음속에 행복한 추억으로 깊이 각인되었습니다. 가장 멋진 구절은 '잎 새에 이는 바람에도 나는 괴로워했다'라며 마치 시인이 본인의 마음을 대변했다는 듯 고민 많은 사춘기 아이가 이야기 합니다.

그 이야기를 가만히 듣고 있던 저는 마음속으로 시인처럼 '나에게 주어진 길들을... 언제나 옳은 것을 선택하여 걸어가야겠다.'라고 다짐해 봅니다. 설립자님의 희생과 노력으로, 저희의 자녀와 제가 독립적인 성인으로 동반성장하고 있는 거 같습니다. 감사합니다.

이렇게 편지 쓸 기회가 있어 며칠을 고민하다 윤동주님의 서시를 한 글자 한 글자 적다보니, 설립자님의 마음도 시인의 마음과 다르지 않았을 거라는 생각이 문득 들었습니다. 교육계에서 오랫동안 몸담으시며 대한민국 교육의 현실에 대해 얼마나 많은 시간 고뇌로 괴로워하셨을지...

또 꿈을 찾는 학교를 만들겠다는 비장한 각오와 사명으로 얼마나 긴 시간 방대한 양의 자료를 수집하고, 한 가지라도 학생들에게 더 알려주기 위해 원칙과 지침들을 정리하시며 고군분투하셨을지 그려졌습니다.

늘 바쁘다는 핑계로 놓쳐버렸던 젓가락질과 기본적인 생활태도를 바로 잡아주시고 예의범절을 익히고 매일 올바른 습관을 쌓아가는 아이들의 모습을 홈페이지를 통해 보면서, 하루라도 알차지 않은 날이 없게 가득 채워주신 활동들을 보면서, 인사 잘하는 아이가 되어버린 용정인들을 보면서, 다른 아이들도 귀하게 보이고, 우리나라의 미래는 밝다라는 희망 또한 품어 봅니다.

존경하는 황인수 설립자님께
297

존경하는 설립자님!

아이들이 스스로 자신을 발견하고 건강한 가치관을 가질 수 있게 매일을 주도적으로 해나가고, 나눔, 존중, 봉사, 배려를 통해 다름을 인정하고 더불어 살아가는 삶의 지혜를 터득할 수 있는 학교를 만들어주셔서 너무 감사합니다. 힘들어도 포기하지 않고 꿈을 이룰 수 있게, 부모로서 좋은 스승이 될 수 있게 더 많이 배우고 전진하도록 하겠습니다. 아이가 저번 주에 이런 말을 했습니다.

세상에서 소음처럼 여겨졌던 분들의 생각이 용정에서는 존중받고 귀하게 여겨진다고…. 그 얘기를 들으며 아이에게 진짜 감정적인 공감을 해주지 못해서 아이가 외로웠구나 하는 마음이 들어 미안하기도 했고, 용정에서 일하는 모든 선생님들의 노력과 노고에 존경과 감사가 우러나왔습니다. 좋은 학교 만들어 주셔서 좋은 환경에서 자랄 수 있게 기회 주셔서 너무 감사드립니다.

존경합니다. 선생님♥

건강하세요. 기도하겠습니다.

P.S 따뜻한 가르침, 마음에 새기며 늘 기억하겠습니다.

편집 후기

졸저의 미숙함 이해 부탁

졸저는 병중에 만들어졌습니다. 흔히 "돈을 잃으면 조금 잃은 것이고, 명예를 잃으면 많이 잃은 것이고, 건강을 잃으면 다 잃는다(失健失諸)"라고들 합니다. 건강할 때는 이 말을 건성으로 들었습니다. 편집을 마무리하고 보니 아쉬움이 많았습니다. 주역에 말은 뜻에 도달하지 못한다(言不盡意)고 했는데 실감했습니다.

정작 어려운 것은 졸저로 인한 선의의 피해입니다. 내용 자체가 공직의 체험이니 거론된 사람은 동료나 상사입니다. 그분들로 인해 제가 있고 저의 오늘이 있는 것입니다. 많은 선후배 동료들의 도움을 받았기에 그 시절이 행복한 시간이었음을 깨달았습니다. 그러기에 이름이나 사실의 적시를 어떻게 표현하느냐가 너무 힘들었습니다.

제 딴엔 하찮은 이 책 한권을 내놓기 위해 혼신의 노력을 쏟았습니다. 기대가 크면 실망도 크다는 말처럼 편집을 하고 나니 부족한데가 많았습니다. 생각 같아서는 다시 써서 보다 성숙한 작품을 내놓고 싶기도 했습니다. 그러나 여러 지인들의 도움을 받았기에 만들어진 것을 되돌리기 어려웠습니다. 미숙함을 이해해주기 바랍니다.

보람으로 보상받은 용정인

이 땅에는 수많은 학교가 있다. 학교마다 그럴싸한 건학이념을 내건다. 어느 것 하나 버릴 것 없는 금과옥조들이다. 표어나 슬로건대로면 지금 인류사회는 유토피아가 되었어도 한참 전에 실현됐을 것이다. 하지만 인류의 문화는 하나뿐인 지구를 병들게 해서 자기 무덤을 파는 꼴이 됐다. 항산은 결국은 스스로 파멸을 가져왔다.

공직생활 중에 수많은 공사립고교를 세웠다. 그 경험을 바탕으로 좋은 학교 만들어 보람과 긍지를 찾고자 했다. 하루 24시간으로도 부족해 잠을 설치면서 노력을 아끼지 않았다. 나름의 성과를 거둬가는 과정에서 몸이 고장 났다. 구약에 하느님이 만물을 창조했음에도 마귀가 조물주의 일을 괴롭힌다. 하물며 사람의 일이 순조로울까.

용정 구성원에게 간절한 염원이 있다. 학교란 새싹을 가꾸는 곳이지 돈이나 명예와는 무관한 곳이다. 적은 월급을 받아 소박한 생활을 하는 직업이다. 혼신의 정성을 다해 제자들을 도와주는 일을 사명으로 긍지를 느껴야 한다. 그들의 성장이 곧 보람이어야 한다. 주자와 신영복 선생의 가르침을 타산지석으로 삼자는 의미로 덧붙인다.

'주자어류' 가르침의 핵심

주자어류를 읽으며 그 심오한 진리에 놀라고 감격해 춤추고 싶었다. 어떤 내용이었을까. '문생들에게'와 '성인은 배워서 이른다.'는 말이다. 그 첫 장은 특히 감동적이다. "무엇이든 자네 자신이 직접 대결하고 자네 자신이 몸소 생각하며 자네 자신이 수양하지 않으면 안 된다. 책도 자네 스스로 읽고 도리도 네 자신이 궁구(窮究)하지 않으면 안 된다. 나는 길을 안내하는 안내자며 입회인에 불과하다. 의문점이 있으면 함께 생각해볼 따름이다."

주자는 제자들에게 앎의 신체성을 강조했다. 훈계에는 '스며들다', '기른다', '적신다' 등과 같은 표현들이다. 인간은 천지의 기운을 받고 태어났다. 고로 마음 안에 모든 것이 구비되어 있다. 그것이 드러나면 '인의예지신'이 된다. 오륜을 아우르면 사단을 대표하는 仁은 곧 천지만물과 하나가되는 것이다. 그 이치를 터득한 존재가 곧 성인이다. 모든 인간은 성인이 될 수 있고, 또 되기 위해 노력해야 한다. 이것이 주자의 대전제다.

순자(荀子) 권학편(勸學篇)의 『學不可以己, 青出於藍, 以出於藍, 氷水爲之而寒於水』는 "배움을 그쳐서는 안 된다. 푸른색은 쪽빛에서 나왔지만 쪽빛보다 더 푸르며, 얼음은 물이 얼었지만 물보다 더 차다"라는 뜻이다. 즉 스스로에게 갖추어져 있으니 자신의 노력여하에 달려있다. 용정의 청소년들도 이 가르침에 따라 노력한다면 어찌 스스로 설정한 목표가 이루어지지 않겠는가?

편집후기

신영복선생의 저서 '담론'

"내가 징역살이에서 터득한 「인간학」이 있다면 모든 사람을 주인 공의 자리에 앉히는 것입니다. 나는 한 사람 한 사람을 유심히 봅니다. 그 사람의 인생사를 경청하는 것을 최고의 '독서'라고 생각했습니다. 몇 번에 나누어서라도 가능하면 끝까지 다 듣습니다.(…)유심히 주목하면 하찮은 삶도 멋진 예술이 됩니다.(…)예술의 본령은 우리의 무심(無心)함을 깨우치는 것입니다."

우리를 절망케 하는 것은

거듭되는 곤경이 아니라

거듭거듭 곤경을 당하면서도

끝내 깨닫지 못하는 어리석음입니다.

어리석음은 공복입니다.

그러나 거듭되는 곤경이

비록 우리들이 이룩해 놓은 달성을

무너뜨린다 하더라도

다만 통절한 깨달음 하나

일으켜 세울 수 있다면

곤경은 결코 절망일 수 없습니다.

이제부터 그것은

새 출발의 디딤돌이 되기 때문입니다.

'담론'에는 이런 구절이 나온다. "'자기(自己)의 이유(理由)', 이것은 우리가 지켜야 할 '자부심'이기도 합니다. '자기의 이유'를 가지고 있는 한 아무리 멀고 힘든 여정이라 하더라도 결코 좌절하지 않습니다. '자기(自己)의 이유(理由)'를 줄이면 '자유'(自由)가 되기 때문입니다." 신영복 선생이 자기의 이유를 고민하는 오늘날의 젊은 사람들에게 남기는 문장이다.

부록

연구자료

필자 이력서

연구자료

시·군 관리과장 재직할 때 틈틈이 독서하면서 메모하였던 것과 교육기관의 관심사 및 교육 자치에 따른 준비와 나의 생각 등을 모아보았다. (필자 주)

목 차

1. 삶이란?

인간은 자신에 대하여 네 가지 정신적 의무를 갖는다.
1) 너 자신을 알라.
2) 너 자신을 갈고 닦아라.
3) 너 자신과 싸워 이겨라.
4) 너 자신을 완성 하여라

1) 너 자신을 알라

나의 분수를 알고, 나의 사명을 자각하고, 나의 설자리가 어디고, 나의 할 일이 무엇인지, 나의 나아갈 길이 무엇이고, 나의 장점과 단점이 무엇이고, 능력과 천분이 어느 정도 인지 자기의 형편과 처지에 맞게 행동하고 살아가야 한다.

자기를 객관화하는 지혜를 가져라.

자기를 냉철히 관찰하는 총명을 지니고, 자기를 과소평가 하지 말고, 과대평가하지도 말고 공평하게 평가하고 슬기를 간직하라.

2) 너 자신을 닦아라

우리는 자기를 갈고 닦아야 한다. 인간은 미숙하고 불완전한 미완성품이다. 남을 다스리기 전에 먼저 너 자신을 다스려라.

자기를 다스리지 못한 사람이 어떻게 남을 다스릴 수 있으랴. 인생의 첫째 사업은 자기의 인생수양이며, 정신 품성함양이다.

3) 너 자신과 싸워 이겨라

인간 최대의 승리는 내가 나를 이기는 것이다. 남과 싸워 이기기보다 자기 자신과 싸워 이기기가 쉽지 않다. 우리는 극기 훈련으로 정신력을 강화하고 나의 자아를 부단히 향상시키고 나의 인격을 끊임없이 연마해야 한다.

4) 너 자신을 완성 하여라

인생은 자아실현을 위한 부단한 노력의 과정이다. 가치는 노력에 비례한다. 피눈물 나는 수련과 노력 없이는 명작을 만들 수 없다는 것은, 무엇인가를 만드는 것은 무엇인가를 이루어 놓는 것이다.

※ 우리는 감정의 노예가 되지 않아야 한다.

우리는 감정의 주인이 되어야 한다.

인생의 불행과 비극은 대개 감정을 잘 못 처리하는데서 부터 생긴다.

건강관리도 중요하지만 인생에서 정말 중요한 것은 감정 관리이다.

※ 나는 죽으러가고 여러분은 살러간다.

누가 더 행복할 것이냐. 오직 사는 자만이 알 것이다.

인생은 지상의 나그네다.

우리는 이 땅에서 60~70세(지금은 80~100세) 살다 간다.

우리는 언제든지 떠날 준비를 하면서 살아야 한다. 마치 이 땅에서 영원히 살 수 있는 것처럼 아집과 탐욕과 이기심의 노예가 되어 스스로를 불행하게 만들고, 남도 불행하게 하면서 구질구질하게 살아가는 사람이 세상에 얼마나 많은가?

인간은 본래 속세의 존재다.

수백억의 거금을 모아도 죽을 때는 젓가락 하나 못가지고 가는 인생이다. 그래서 아집과 탐욕을 버리라고 외쳤다.

모든 존재가 다 자기의 가야야 할 길이 있다.

군자는 군자도, 신사는 신사도, 스승에는 사도, 여성에는 부도, 공무원에는 공직자도 기업인은 기업가도, 지도자는 지도자도 있다.

공자는 아침에 길을 깨달으면 저녁에 죽어도 여한이 없다고 하였다.

※ 백전백승은 선지선이 아니라, 차선지책 이니라.

※ 부드러운 것은 단단한 것을 제어할 수 있고, 약한 것은 강한 것을 제어할 수 있으니 부드러운 것이야말로 참된 덕이니라.

※ 비록 군주라 할지라도 민중의 뜻을 즐거움을 민중과 같이 누리면 이루어 지지 아니 하는 일이 없고, 괴로움을 민중과 같이 나누면 따르지 아니하는 자가 없다. 간사한 말과 눈을 어지럽게 하는 계집은 총명을 흐리게 한다.

※ 나는 나의 갈 길이 무엇인가 바로 찾아야 한다.
　나는 과연 나의 길을 바로 가고 있는가?
　쉬지 않고 확고한 신념을 가지고 기쁜 마음으로 나의 길을 가야한다.
　최선을 다하여라.

※ 나와 남의 생명을 사랑하고 존중할 것
　나의 생명을 높은 경지에 향상 발전시킬 것
　나의 생명을 전력을 다해서 표현하고 완성 할 것

※ 나는 내 인생의 주인 의식을 강조 하고 싶다.
　나는 내 가정의 주인이며, 내 직장의 주인이다. 마음의 주인이다.
　나라의 주인이고, 민족의 주인이 역사의 주인이다.
　내가 온 천하를 내 손에 장악한다 하더라도 내 목숨을 잃어버린다면 아무 의미도 가치도 없는 일이다.

※ 인생이란 짧은 생애를 마치는 동안 위대한 업적을 남기기 위하여피나는 투쟁을 하기도 하고 선하고 의롭게 살다가, 여한 없이 가는 사람도 있는가 하면 천수를 다하지 못하고 요절하는 사람도 있다.

※ 자기의 입은 되도록 적게 열고 가능한 귓구멍을 크게 하여 남의 말을 듣는 도량과 기술을 지녀야한다.

※ 침투하지 못한 것은 시키는 쪽이 나쁘기 때문이다.

※ 시간이 어긋나면 모든 것이 어긋난다.

※ 돈을 떨어뜨리면 쨍그렁하고 소리가 나지만, 시간은 소리가 나지 않으므로 사람들은 낭비하는 것을 깨닫지 못하는 법이다.

※ 젊었을 때 육체를 단련시켜둔다. 건강에 이로운 것은 당장 실행에 옮긴다. 나쁜 것은 당연히 좋지 않다. 자기 자신의 건강조차 컨트롤 할 수 없는 사람이 어떤 일을해낼 수 있을 까닭이 없다. 자신과의 싸움, 자기 자신에게 이기는 훈련을 건강 유지로서 실험해본다. 육체적 건강은 명랑, 바이털리티의 원천이다.

※ 자기 자신을 알아야한다. 누구나 제각기 한가지의 특성을 가지고 있다. 그 특성을 발견하여 가꾸어가는 것이 사회를 살아가는 길이다.

※ 누구나 성공의 첩경으로 자기 자신을 많이 안다는 것이 성공의 지름길이다.

※ 자기의 갈 길을 찾아 헤매는 동안에 약간 빗나갈 수는 있으나 자기의 길이 일단 결정되면 집중적으로 전력투구해야 한다.
※ 커다란 목표를 향하여 지금 현시점에서 어떠한 일을 해야 할 것인가? 항상 생각하여야 한다.
※ 자신의 행동을 제 삼자의 입장에서 냉정하게 잘 살피고 자질구레한 일에

구애 당하지 말고 커다란 대들보를 주시하며 방향을 결정지을 수 있는 시간을 스스로 만드는 것이 중요하다.

※ 앞으로는 단 한번 밖에 시험해 볼 수 없고, 인생길에 자기의 천생을 남김없이 발휘할 수 있는 일을 찾아 헤매게 된다. 일이 곧 천직이라 할 수 있고, 일을 스스로 발견하여 일과 함께 살아가는 사람은 마음이 기름진 사람이다.

※ 자기 의사로 결정하여 자기가 생각하는 일을 해내는 사람은 성공자이며 일하는 보람, 사는 보람을 자기 것으로 만든 사람이라 할 수 있다.

※ 성공이란 자기가 설계한 목표를 달성하는 것을 말한다.
　목표에는 변하는 목표와 변하지 않은 목표가 있다.
　- 변하는 목표: 금년에는 영어 회화를 할려고 한다.
　- 변하지 않는 목표: 인생을 어떻게 살까? 또는 어떠한 인간인가?

2. 교육에 대하여

※ 교육이란?
　교육은 교육하는 기성세대가 이미 가지고 있는 일정한 목적(인간성)으로 이러한 인간을 형성하기(만들기) 위하여 일정한 환경(학교)과 내용(교육과정)과 방법(교육술)을 동원하는 모든 활동이다.

※ 교육학이란?
　교육학은 인간행동의 계획적인 변화를 모색하는 기술학이다.
※ 교육의 일반적인 개념
　1) 인간은 교육을 필요로 한다.
　2) 교육은 언제나 인격적인 활동이다.

3) 교육은 언제나 목적 지향적이다.

4) 교육은 언제나 개인을 상대로 한다.

5) 교육은 인간의 자립과 성숙을 목적으로 한다.

※ 교육의 상식적인 목적인 자립과 성숙에는 기존질서의 적응과 맹목적인 적응 강요에 대한 비판적인 대응능력이 함께 요청된다.

※ 교육은 오직 사회적 제도와 기관의 테두리 안에서만 이루어질 수 있다. 가정은 시기적으로 선행하며 질적으로 가장 중요한 사회적교육기관이다.

※ 교육은 목적을 달성하기 위하여 언제나 일정한 수단을 필요로 한다.

※ 성공적인 교육은 최종적으로 자아교육이다.

※ 학교란?

학교는 의도적이요 형식적인 교육이 일어나는 장소이다. 학교는 사회와 국가적인 차원에서 결정된 교육의 목적을 달성하기 위하여 개개인의 성숙한 인격의 형성과 사회의 발전을 보장하지 않으면 안 된다.

※ 학교기능

1) 학교는 자질 부여의 기능을 수행한다.

2) 학교는 선별의 기능을 수행한다.

3) 학교는 정당화의 기능을 수행한다.

※ 학교의 사회적 선발 기능

학교는 학생을 선별, 분류, 지도, 자격인정, 그리고 배출한다.

상급 학교선발은 하급학교의 성공적 통과를 전제로 한다.

그러므로 개인의 입장에서 보면 학교의 선발에서의 탈락은 어떤 수준의 직업과 사회적 지위에의 자격상실을 의미한다.

※ 교사와 학생의 교육학적 관계

1) 교육은 성숙한 인간의 아직 성숙하지 않은, 그러나 성숙도상에 있는 인간에 대한 정열적이 관계이다. 교사 또한 젊은이가 사회의 의로운 요청들을 충실히 감당해내도록 도와주어야 한다.

2) 교육학적 관계는 언제나 어디서나 보편타당한 관계가 아니다. 역사적이고 사회적인 맥락 안에서 비로소 이해 가능하고 규정 가능 한 관계이다.

3) 교육학적 관계는 결코 일방적인 영향력 행사의 관계가 아니다. 이 관계는 반작용의 관계이다.

4) 교육학적 관계는 강요나 조작에 의하여 이루어져서는 안되는 관계이다. 성공적인 관계는 언제나 자유의지의 동기가 충분하게 존중되어져서 이루어지는 관계이다.

5) 교육학적 관계는 처음부터 임시적인 관계이다.

6) 교육자의 어린이에 대한 관계는 이중적이다.

3. 교육기관 연구

※ 시도 교육청 및 지역교육청 근무 장학사 등 전문직 인사관리

70년대는 관리국에서 전문직에 대한 인사관리를 하였다.

즉 인사기록관리, 복무관리 등 그런데 지금 초 중등에서 각기 관리하기 때문에 인사관리와 복무관리, 재교육 등에 일관성이 없고, 교육행정 업무추진에 있어 관련 법규 연찬부족, 무지하게 처리하는 업무가 많고, 복무관리에도 일관성이 없으며, 특히 교육부 연구사들의 법규 연찬이 미비하여 법규 정비가 안 되고 있으며 시도교육청 지도에 혼선 초래, 시도교육청의 경우도 일선학교지도에 혼선을 초래하고 있다.

※ 교감과 사무관의 동수 전직

　전직 희망자가 일정기간 재교육 후에 전직 발령하여 일정기간 교류 근무. 계속 근무 희망자는 임용권자가 판단.

※ 교육장, 교육감

　- 헌법과 평등원칙에 위배,

　전문성을 고려, 교육위원 등 정원 1/2이상 선출

　교육감과 교육장은 학교 교육기관의 자체 조직관리, 인사관리가 주 임무라고 볼 수 있으며, 교육정책 결정은 결정과정에서 교육에 대한 전문적인 의견을 들을 수 있으며, 기관장은 행정가이다.

※ 교육행정

　교육행정직은 바로 교육행정에 대한 전문가로 볼 수 있다. 종전에 행정직도 가능하였는데 정통성이 없는 정부와 권력유지를 위하여 교원들의 압력에 극복당하고 정책결정 결정과정에 의해 의견을 들을 수 있으나 특정압력단체를 위해서는 안 된다.

4. 공직자 재교육 - 공무원 능력 발전

1) 교육제도상의 문제점

　- 우리나라 실정: 조선시대의 교육관념(유교사상), 구 시대타파 교육제도, 서구식교육방법

2) 우리나라 사람들의 권위주의

　가. 조선시대의 유교사상과 쓰라린 고통의 일제압박

　나. 부모들의 자식들에 대한 교육열의 - 과보호, 무작정 진학

　다. 공직에 대한 열망과 공직을 받은 이후 공직자로서의 자세

라. 자기를 최고로 알고 더 이상 할 것이 없다고 하는 자세(권위주의)

3) 현대 행정과 세계적 교육행정 및 교육에 대한 추이

　가. 현대 교육제도 및 어린이 지능발달 추이

　나. 이에 대한 교육제도, 교육과정, 교수방법, 교육환경(교사, 교재교구 등)이 알맞은가?

4) 자기 발전에 대한 교육(공직자 재교육)

　가. 외국의 재교육실태

　나. 우리나라 재교육실태 - 기업과 공무원 비교, 군인과 일반공무원 비교 일반공무원은 주로 고시, 그러므로 인간조직 무분현상이 오고 이것을 커버하기 위해 권위주의적이다. 그러나 군은 근대화된 체계적인 교육 체제에서 인재를 양성

　다. 공직자 능력 발전 - 국가발전과 공직자의 역할, 중요성 공직자의 계 속적인 연마태도

　라. 자기실현- 기본태도

5. 교육행정기관의 관리자 재교육

1) 교육행정기관의 조직, 구성, 업무내용 이원화

2) 공직자의 재교육 (능력발전)

　- 현대사회의 배경

　- 우리나라의 현실

　- 국가, 사회, 세계 대처에 있어서 공직자의 역할 중요

　- 이에 대한 재교육

3) 현재 시행하고 있는 재교육 내용

　가. 전문직 재교육 내용: 교장강습, 교감강습, 관리자 양성교육 등을 교육

기관별, 교육종류별, 교육기간 및 교육과정 조사

　나. 행정직 재교육 내용: 교육기관 설치 및 강사 조직 현황과 관리자 교육 및 현 관리자 재교육과정 조사

4) 교육행정기관의 조직 업무분장의 이원화로 인한 문제점- 갈등과 해소방안

5) 재교육으로 인한 상호 업무 이해 및 해소

6) 교육행정기관으로써의 자세 및 업무 통솔 능력, 일반 기업체에서 ROTC 출신 환영 우대

7) 전문직(장학사) 임용 시 직무연수

6. 교수 학습방법 개선

1) 자기수업 반성제 : 개념, 취지, 현재실시 내용

2) 중고등학교 학생 집단내용

　가. 중학교 무시험 추첨제 및 고교평준화 이전

　나. 실시 이후(현재)

3) 중·고등학교 학생 집단 내용상 문제점

　가. 집단상, 학습상 문제

　나. 하향 평준화

　다. 주입식 교육 등

4) 중·고등학교 교사 수업 안 작성 및 교수학습 내용

　가. 수업 안 작성

　나. 시간배정(오전, 오후)

　다. 첫째와 반성 후 비교

5) 전라남도에서 실시하고 있는 자기 수업 반성제(초등) 실시내용

6) 중·고등학교 자기수업 반성제 실시의 필요성

7) 중·고등학교 자기수업 반성제 실시 방법

8) 중·고등학교 자기수업 반성제 실시에 따른 문제점

9) 중·고등학교 자기수업 반성제 실시에 따른 교사의 협조

10) 중·고등학교 자기수업 반성제 실시에 따른 감독자 교장 교감의 역할

11) 중·고등학교 자기수업 반성제 실시 후의 평가

※ 수업설계

　- 주어진 시간에 주어진 과제, 어떻게 학생(집단)을 교육한 나의 종합적인
방안 : 수업안, 교수학습안, 지도안

　- 이는 동서고금에 이르기까지의 최적 안을 사용하고 있다.

　그렇지 않고 더 좋은 방안이 있다면 검증을 거쳐야 한다.

※ 교재교구 보유·활용 실태조사 분석

　1) 활용계획수립

　2) 활용 비용을 검토 방안 강구

　3) 수선을 요하는 것은 방안 강구 및 수선(집중 수선 관리)

　4) 폐기를 요하는 것은 재활용 방안 및 폐기대책 강구

　5) 자체개발 가능한 품목은 자체개발 유도(유치원부터 실시)

※ 행정사항

　1) 관내 교감, 교사들을 선발하여 위원회조직 및 취지 설명

　2) 관내 2~3개 학교를 표본 조사하여 조사방법 및 의견 등을 파악

　3) 본 위원회에서 표본조사 된 내용을 일제조사요령 및 방법 등 확정

　4) 관내 전체 학교 일제조사 분석

7. 지방자치제 실시를 위한 교육행정

1) 교육기관(공립학교) 설치 운영에 있어서 법적 뒷받침

2) 설치 운영 조직 편제 등을 조례로 정하도록 관계법규에 명시되었으나 현재 실시하고 있지 않은 실정으로 감독의 인가를 받았다 하더라도 이는 감독청의 인가이전 설립절차에 법적인 하자가 있는 행정행위로, 공립학교 설치의 법적 문제가 대두

3) 지방자치제가 실시될 경우 교육행정
　▷효과
　가. 교육행정 조직의 정비
　나. 학교 업무 실시
　다. 학교조직 및 업무분장의 명문화로 책임한계 명확화
　라. 서무와 교무의 갈등해소
　마. 교원 업무 경감

　▷ 교감과 서무과장 관계
　문제제기
　각급 학교 하부 조직에 있어 교감과 서무과장의 명문화에 따라
　교육법에 강조된 교감은 교장의 명을 받아 규정을 가지고 서무과장은 교감의 소속이 아니라는 문제를 제기 할 수 있음.

8. 교육위원회 행정감사시 장부제출에 대하여

　○ 국정감사 조사권은 국정의 실태를 정확하게 파악함으로써 새로운 입법과 예산 심의 자료로 삼고(적극적 기능) 집행부의 시정을 감시 비판하며 집행부의 비행을 적발 시정 하는 기능을 다하는 것(소극적 기능)으로 이는 헌법 제 61조 및 국정감사 및 조사에 관한 법률 제2조(감사)에 의하여 국회는 국정전반에 관하여 감사를 행하도록되어 있으며

○ 회계감사는 헌법 제97조 및 감사원법 제22조에 의하여 우리나라는 회계검사 기관의 여러 유형중 행정부형의 합의제 기관인 현 감사원에서 회계검사를 하도록 되어 있음에도

○ 국정감사 및 조사에 관한 법률 제2조에 국정전반에 관하여 감사를 행하도록 되어 있으며 국회가 법률제정권, 탄핵소추권, 예산심의권, 국무위원 해임 건의권 등을 갖고 있으므로 국정감사 시 회계분야를 감사 한 경우 빈번히 여론화 되고 있는 경우가 있으나

○ 시도 교육위원회의 행정감사는 자방교육자치에 관한 법률 제24조 (지방자치법준용) 규정과 동법 시행령 제14조(지방자치법시행령 준용) 규정에 의하여 집행부의 사무를 감사하거나 그 사무 중 특정사안에 관하여 의회의 의결로 조사 할 수 있으며, 현지 확인의 통보 및 서류의 제출, 관계인 출석, 증언이나 의견진술의 요구는 늦어도 그현지 확인일, 서류제출일, 출석일 등의 3일전까지 행하여야 한다고 되어 있으며,

○ 헌법 제 9조 및 감사원법 제22조에 의하여 우리나라는 회계검사를 행정부형 합의제 기관인 감사원에서 회계 검사를 하도록 되어 있고, 이에 따라 지방자치단체의 세입 세출에 대한 계산 증명을 제출하고 있으며,

○ 특히 국회에서 행하고 있는 감사는 국정전반에 관하여 감사하도록 되어 있으나 회계검사에 대하여 논란이 있으며, 교육위원회는 지방교육자치에 관한 법률 제24조(준용)규정에 의한 지방자치법 제36조에 의하면 자치단체의 행정사무를 감사할 수 있도록 행정사무에 국한 한 점과,

○ 서류는 기록이나 사무에 관한 문서이며, 장부는 금품의 수입과 지출을 기록하는 부책으로 이는 회계감사에 필요한 자료이며, 교육자치법 시행령 제20조(지방자치법시행령 준용)규정에 의하여 지방자치법시행령 제31조 1

호의 규정에 "서류 및 장부의 목록"이라고 정한 점과 행정감사규정(대통령 제7082호. 74. 3. 9) 제19조(자료제출 요청 등) 제1항 1호의 규정에"관계서류, 장부 및 물품 등의 제출"이라고 정한 점으로 보아 서류와 장부의 성격은 엄격히 구분 됨.

○ 이상에서 살펴본 바와 같이 행정사무감사는 회계가감사와 구분됨. 따라서 장부는 교육위원회 행정감사자료 대상이 아니므로 행정감사와 관련하여 필요한 경우 열람은 가능 할 수 있으나, 제출은 이를 거부하여 볼 필요가 있다고 사료됩니다.

9. 학생저축보험과 저축하는 방법 간소화 연구

〈학생저축 실태조사〉

이 자료는 필자가 1984년 구례교육청에 근무할 때 배경희 씨(류형석씨 부인)와 함께 전국 주요 도시 중 서울, 부산, 도시지역, 읍지역, 면지역을 구분하여 초등학교를 대상으로 샘플을 조사한 연구한 자료이다. 당시 학생저축은 초등학교에서 고등학교까지 장기 보험적 저축의 실상을 연구하고자 하였다. (필자 주)

※ 용돈의 출처
  ▷용돈의 제공처
  - 양성: 부모(아버지, 어머니). 외부인, 그 밖의 가족, 손님,친구, 기타
  - 음성:물질구입 빙자 잔액, 학용품 구입 잔액, 군것질, 거짓말, 무반응
  - 용돈의 지급방법: 주기적.매일, 불규칙(매일, 1주일, 1개월, 평균 3일, 평균 1주일, 평균 1개월)
  - 용돈의 지급 조건: 보상조건, 전제조건
  ·보상: 심부름, 공부잘했다고, 꾸중 후
  ·전제: 심부름, 공부 잘 해라고, 유용하게 사용하라고, 과자 사먹으라고

※ 지급동기
  - 정기: 부모님이 미리 지급, 아동이 챙겨서
  - 비정기: 부모 스스로 지급, 무반응

※ 지급 시 부모의 배려
  - 지도사항이 있는 경우: 학용품 사라, 저금해라,
  - 지도사항이 없는 경우: 자! 용돈 과자 사먹어라, 아무말없이

※ 용돈 지급에 따른 액수
  - 정기 지급: 일정액, 수시변동
  - 비정기 지급: 거의 같은 액수, 때에 따라 변동, 무반응

※ 용돈 출처에 따른 의지
  계획적, 무계획적, 무반응

※ 학생
  1) 일정기간 용돈 사용액
  2) 용돈의 사용처
    정기지급- 사용계획, -금전 관리 능력, -저축성 고취,
    군것질, 오락, 친구교재, 용품구입(학용품, 오락기구) 저축
  3) 아동의 용돈에 대한 관심
  - 용돈의 필요성 느낄 때 : 절 때, 별로
  - 용돈의 충족도: 지교육적, 보통, 부족, 절대부족
  - 용돈의 사용: 계획적, 그때그때 기록한다.
  - 사용 후 확인: 누가 사용 했는가
  4) 용돈은 누구에게서 타는가(용돈의 출처)

※ 학부모 용돈에 대한 학부모의 인식

용돈의 좋은 점, 계획적으로 지급, 줄 필요 없다.

관심 - 관심주고 있는가, 거의 무관심, 확인 하는가

※ 교사

지도: 계획적인 지도- 교과지도와 관련, 생활지도와 관련, 문제 사례에 적용해서 지도, 거의 소홀히 하고 있다.

※ 용돈 사용의 사전 지도: 아껴 써라, 쓰고 싶은 대로 써라, 사전지도 없음, 무반응

※ 교과서, 참고 도서 구입

※ 교과지도를 통한 용돈 사용지도

사회과 - 우리의 경제생활 5학년 1학기 48p, 52~55p(85년도 당시) 우리가 평소에 용돈을 쓰는 습관 중에 고칠 점은 없는지 생각해보자. 돈이나 물건을 알맞게 쓰는 것이 건전한 소비생활이다.

※ 은행 결정

▷ 어린이 저축에 대한 예탁기관 결정은 : ① 학교장 ② 교감 ③ 업무담당자 ④ 어린이 회에서 결정 ⑤ 교직원 회의에서 결정

▷ 은행 선택 이유: ① 청탁에 의해서 ② 학교시설투자조건으로 ③ 지역학교민의 타협으로 ④ 고 금리 때문이다.

※ 통화의 종류

▷ 본원통화

한국은행에서 밖으로 나간 돈. 즉 가계와 기업과 같은 일반경제 주체가 보유하고 있는 현금 및 한국은행 예치금

▷ 통화
민간이 보유하고 있는 현금과 요구불 예금의 잔고

▷ 총 통화
민간이 보유하고 있는 현금과 요구불 예금의 잔고 및 민간이 보유하고 있는 예금은행의 저축성 예금의 잔고

▷ 총 유동성 통화
- 민간이 보유하고 있는 현금과 요구불예금의 잔고
- 민간이 보유하고 있는 예금은행의 저축성예금의 잔고 및 민간이 보유한 비통화금융기관(단자회사, 투자신탁회사, 상호신용금고 등)의 예금을 제외한 예금의 금리

〈학생저축 개선방법 강구〉
1) 문제제기
　가. 저축의 강제화
　나. 저축금의 고액화
　다. 저축기간 장기화로 기대감 희박
2) 개선방안
　가. 장기 저축유도
　나. 목표액 제시로 미래 계획에 대한 기대감 고취
　다. 장기 저축에 대한 중간 결산
　라. 미래 예측하지 못한 재해 시 보상방법 강구
　마. 장기 저축 불신 해소

3) 연구 전 조사내용

- 시, 읍, 면, 벽지별로 현 저축 실시 내용 조사

가. 학년별 저축액, 저축종류, 저축기관, 이율, 이자 계산방법 및 시기, 학년별 재해학생 조사, 보험가입 가능성 조사(이율, 보상 종류) 저축 환급 방법(졸업 시, 상급 학교연계, 도중 환급 등)

나. 1인별 최고액, 최저액, 저축액, 저축방법수

황인수 이력서

성명(한자)	황 인 수(黃仁洙)	생년월일	1944.07.04.
출생지	전남 보성군 조성면 대곡리 778번지		
학력	1964.02.22.		보성농업고등학교 졸업
	1974.02.25.		조선대 법정대학 법학과 졸업

<table>
<tr><td colspan="6" align="center">근무 경력</td></tr>
<tr><td>연번</td><td colspan="2">기간</td><td>직급</td><td>부서 및 직위</td><td>발령청</td></tr>
<tr><td>1</td><td>1967.12.20.</td><td>1968.06.19.</td><td>조건부 행정서
기보</td><td>보성교육청</td><td></td></tr>
<tr><td>2</td><td>1968.06.20.</td><td>1969.11.30.</td><td>행정서기보</td><td>보성교육청</td><td></td></tr>
<tr><td>3</td><td>1969.12.01.</td><td>1971.02.15.</td><td>행정서기</td><td>강진군 교육청</td><td></td></tr>
<tr><td>4</td><td>1971.02.16.</td><td>1973.07.19.</td><td>행정주사보</td><td>광주북성중학교</td><td></td></tr>
<tr><td>5</td><td>1973.07.20.</td><td>1974.07.31.</td><td>지방행정
주사보</td><td>광주북성중학교</td><td></td></tr>
<tr><td></td><td>(1970.3.15</td><td>1974.7.31</td><td>전라남도
교육위원회
파견근무</td><td>전라남도 교육청)</td><td></td></tr>
<tr><td>6</td><td>1974.08.01.</td><td>1977.10.09.</td><td>지방행정주사</td><td>곡성군 교육청</td><td></td></tr>
</table>

7	1977.10.10.	1978.11.19.	지방행정주사	전라남도 교육위원회 재무과	
8	1978.11.20.	1981.12.31.	지방행정주사	전라남도 교육위원회 관리과	
9	1982.01.01.	1982.09.20.	지방행정 사무관	목포제일여자고등학교	
10	1982.09.21.	1983.07.09.	지방행정 사무관	학무국 중등교육과 학사 계장	전남도 교육장
11	1983.07.10.	1984.09.30.	지방행정 사무관	학무국 과학기술과 (진흥계장)	전라남도 교육위원회 교육감
12	1984.10.01.	1986.11.11.	지방행정 사무관	구례군 교육청 관리과장	전라남도 교육위원회 교육감
13	1986.11.12.	1989.02.28.	지방행정 사무관	진도군 교육청 관리과장	전라남도 교육위원회 교육감
14	1989.03.01.	1990.06.30	지방행정 사무관	보성군 교육청 관리과장	보성군 교육장
15	1990.07.01.	1991.01.04.	4급 지방 서기관 대우	보성군 교육청 관리과장	보성군 교육장
16	1991.01.05.	1992.08.31.	4급 지방 서기관 대우	해남군 교육청 관리과장	전라남도 교육위원회 교육감
17	1992.09.01.	1995.01.19.	4급 지방 서기관 대우	관리국 행정과 행정계장	전라남도 교육감
18	1995.01.20.	1995.03.14.	4급 서기관 대우	전라남도 교육청 기획감사담당관	교육부장관
19	1995.03.15.	1996.12.31.	지방서기관	전라남도 교육청 기획감사담당관	전라남도 교육감

20	1997.01.01.	1998.12.31.	지방서기관	전라남도 교육청 총무과장	전라남도 교육감
21	1999.01.01.	1999.06.30.	지방서기관	전라남도 교육위원회 의사국장	전라남도 교육감
22	1999.07.01.	2002.03.03.	서기관	전라남도 교육청 기획관리국장	대통령
23	2002.03.04.	2002.03.30.	서기관	전라남도 부교육감 직무대리	대통령
24	2002.04.01.	2002.09.11.	3급 부이사관 대우	전라남도 부교육감 직무대리	교육인적 자원부장관
25	2002.09.12.	2002.2.28.	부이사관	전라남도 부교육감	대통령
26	2003.01.01.	2003.12.31.	-	공로연수파견	
27	2002.11.06.	-	-	보성학원 설립허가	
28	2002.12.02.	-	-	용정중학교 설립인가	
29	2002.11.06.	2003.03.18.	학교법인 보성학원 이사장	-	학교법인 보성학원
30	2004.03.01.	2016.08.16.	교장	용정중학교	학교법인 보성학원
31	2017.11.06.	2021.08.15.	학교법인 보성학원 이사장	-	학교법인 보성학원

	연월일	종류	시행청
포 상 · 서 훈	1972.12.05.	국민교육헌장이념구현유공	문교부장관
	1979.09.22.	79년 제4기 행정실무자반 교육 1등	전라남도지사
	1980.12.29.	숨은 유공자 공무원 표창(51718)	대통령
	1992.12.31.	우수공무원 포창 (근정포장 제36672호)	대통령
	2002.12.31.	전남교육상	교육감
	2003.12.31.	홍조 근정 훈장(제9835호)	대통령
	2014.09.25.	보성군민의 상	보성군수

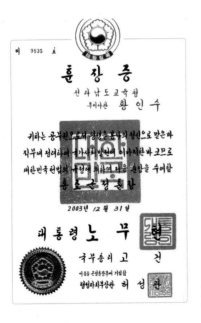

교육을 위한 작은 흔적

초판 1쇄 인쇄일 | 2022년 12월 1일
초판 1쇄 발행일 | 2022년 12월 10일

지은이 | 황인수
펴낸이 | 한선희
편집/디자인 | 우정민 김보선 정구형
마케팅 | 정찬용
영업관리 | 정진이
책임편집 | 정구형
인쇄처 | 신도인쇄
펴낸곳 | 국학자료원 새미(주)
　　　　등록일 2005 03 15 제251002005000008호
　　　　경기도 고양시 일산동구 중앙로 1261번길 79 하이베라스 405호
　　　　Tel 02 442 4623 Fax 02 6499 3082
　　　　www.kookhak.co.kr
　　　　kookhak2001@hanmail.net

ISBN | 979-11-6797-085-5 *03370
가격 | 15,000원